Gregor Maurach

Interpretation lateinischer Texte

Gregor Maurach

Interpretation lateinischer Texte

Ein Lehrbuch zum Selbstunterricht

Einbandgestaltung: Peter Lohse, Büttelborn.

Die Deutsche Nationalbibliothek verzeichnet diese Publikation
in der Deutschen Nationalbibliografie;
detaillierte bibliografische Daten sind im Internet über
http://dnb.d-nb.de abrufbar.

Die Herausgabe des Werkes wurde durch
die Vereinsmitglieder der WBG ermöglicht.
Satz: Setzerei Gutowski, Weiterstadt
Gedruckt auf säurefreiem und alterungsbeständigem Papier
Printed in Germany

ISBN 978-3-534-19700-2

Tibi
Quae iacentem sustuleris,
occaecato oculum aperueris,
obdurato cor remollieris
vitamque feceris vitalem,
gratiam

Inhaltsverzeichnis

Teil II: Schwierigere Texte

Teil III: Proben aufs Exempel

Vorwort

„... nie hätt' ich, Liebe, dessen mich versehn,
dass Du mein Leid so fühlend mit mir trügest,
so hilfreich und so standhaft in Geduld ...“
(nach Sophokles' „Philoktet“, 869ff.)

Auf langen Eisenbahnreisen kommt man ins Gespräch. Auf einer Fahrt nach Hamburg las ich eine Schrift Senecas in einer Ausgabe, die den Namen auf dem Einband trug. Mein Gegenüber fragte: „Ach, Sie lesen Seneca, einen Römer? Kann man das denn noch verstehen? Dass man die Sprache lesen kann, sehe ich an Ihnen, und ich weiß auch, dass man heute noch Latein studiert. Aber das, was er wollte – kann man das noch begreifen? Das ist doch alles schon so lange her, die Menschen ändern sich, und wir haben inzwischen ganz andere Vorstellungen.“ „Sie haben Recht und Unrecht“, war die Antwort, „Recht, weil wir in der Tat manches nicht mehr verstehen, was tagesgebunden war oder religiös gedacht; aber der Mensch hat sich im Grunde ja nicht geändert, darum können wir die Alten im Kern gut begreifen, auch wenn wir in Randbezirken heute anders denken mögen und manche Anspielung für uns verloren ist.“

Genau um diese Fragen wird es in diesem Buch gehen, aber nicht theoretisch.[1] Fern allen Theorien wurde dies Buch für die Praxis geschrieben, und zwar als Hilfe für diejenigen, welche beginnen, lateinische Literatur genauer zu lesen; und was ist genaueres Lesen anderes als Interpretieren? Es fragt sich, ob diese zwei Wörter wirklich zweierlei Verschiedenes meinen. Geschrieben habe ich dieses Buch nach fünfzig Jahren fleißiger Philologie in dem Bewusstsein, nur das bieten zu können, was ich selber getan habe, während ich den Texten zuhörte. Ob ich dabei immer richtig gehört und dann zutreffend geschrieben habe, das stelle ich dem Urteil des Lesers anheim. Versucht habe ich es immerhin.

Was die Publikationslage anbetrifft, so wäre auf zwei englische Bücher hinzuweisen, die sich mit der Interpretation antiker Texte beschäftigen, doch in ganz anderer Weise, als das vorliegende es versucht: Ch. Martindale, Redeeming the Text. Latin Poetry and the Hermeneutics of Reception, Cambridge 1993, und M. Heath, Interpreting Classical Texts, London 2002. In Deutschland erschien im Jahre 1998 die „Einführung in das Studium der Latinistik“ von P. Riemer, M. Weißenberger und B. Zimmermann (in diesem Buch abgekürzt als RWZ 1998), das eine klare und übersichtliche Bestandsaufnahme dessen ist, was in der Latinistik vorliegt und geschieht (Geschichte der klassischen Philologie, Editionstechnik, Metrik, Rhetorik, Gattungen und Autoren in Kurzbiographien), aber ebenso wenig eine Anleitung zum eigenen Arbeiten mit diesen Dingen bietet wie das nützliche Buch von M. Landfester über die Stilistik der antiken Literatursprachen.

[1] Sehr klar führt Schmitz 2006, 26ff. durch die verschiedenen Literaturtheorien. Aber für die Praxis, beim Untersuchen eines Einzelnen hilft die Theorie nicht; man lese bei Schmitz 2006, 74 oben, was über Hom. Il. 12, 18ff. gesagt ist: Es handele sich um „Prolepse“, was im Bereich des Systematischen vielleicht klärend wirken mag, aber wer die Homer-Stelle verstehen möchte, wird eher sagen, dass hier ausgedrückt wird, wie kurzlebig das hastende Tun der Menschen ist, ein Gedanke, der ja auch im 24. Ilias-Buch deutlich genug wird.

Dazu, eine solche Anleitung zu versuchen, haben mich manche lieben Kollegen aufgefordert, haben mich darin auch bestärkt, zum Beispiel Christian Gnilka und Martin Hose, sowie der Lektor des Verlages, Herr Dr. Harald Baulig. Ihnen allen sei gedankt. Herzlich danke ich auch Herrn Dr. Boris Dunsch dafür, dass er nicht die Mühe des Korrekturlesens und des Vorschlagens von Verbesserungen gescheut hat; dieses Buch hat von seiner freundschaftlichen Anteilnahme profitiert. Ein hohes Maß an Dankbarkeit schulde ich meinem Münsteraner Kollegen, Herrn Rainer Henke, dafür, dass er trotz der hohen Semesterbelastung mein Typoskript gründlich durchgesehen und verbessert hat. Eine besondere Freude bereitet es mir, meinem verehrten Kollegen aus Amsterdam danken zu dürfen, Herrn Augustinus Bal, der wieder einmal seine bewundernswerten Kenntnisse und sein scharfes Auge auf eine hilfreiche Korrektur verwendet hat.

Mein Dank geht aber auch zu den Gräbern meiner großen Lehrer hin, zu denen von Ulrich Knoche und Bruno Snell, die mir vorlebten, dass die alten Texte bei aller Mühe, die sie oft bereiten, immer belehren und stets erfreuen, an einzelnen Findertagen und auch das ganze Leben hindurch.

Einleitung

Was in diesem Buch geschieht

§ 1 Seien wir uns klar darüber, dass die Interpretation der persönlichste Teil der Textarbeit ist. Metrische Untersuchungen, also Untersuchungen von Klauseln oder lyrischen Versmaßen geschehen ja ohne persönliche Einsprengsel, ebenso Arbeiten an Wortformen oder an Strukturen von Satz und Buch. Das Interpretieren aber, das Sagen dessen, was ein Text uns zu bedeuten scheint, das geschieht gleichsam zwischen Text und Ich in einem Mischfeld von Faktischem und Persönlichem, sind es doch *unsere* Worte und *unsere* Ausdrucksformen, in die solches Sagen gefasst wird. Wie kann es da aber zu einem auch nur einigermaßen verlässlichen Ergebnis kommen?

Ein nicht ganz geringer Grad von Verlässlichkeit wird wohl dann erreichbar sein, wenn der Interpret dem Text dienen will und nicht seinem eigenen Originalitätsstreben; wenn er versucht, vom Text her zu denken und wenn er sich nicht den Kopf darüber zerbricht, wie er wohl möglichst neuartig, möglichst modern und möglichst auffällig schreiben könnte. Doch was ist das: vom Text her denken? Wir lesen viel, und vieles ist bald vergessen. Doch manchmal hält uns ein Textstück – man weiß zunächst nicht so recht, warum – fest, es fesselt uns und wir beginnen, es zu befragen. Wir schlagen nach, wir vergleichen, wir denken nach; dann suchen wir den Befund mit all den Mittelchen der Philologie zu prüfen und, wenn einiges standhält, bemühen wir uns, es zu sichern und das Gesicherte zu formulieren, kurzum: Wir wenden Mühe auf und beginnen, das inzwischen vertraut Gewordene lieb zu gewinnen. Das ist dann Philo-Logie, Liebe zu einem Text.

§ 2 Liebgewonnenes verbiegt und verfälscht man nicht; man entwürdigt es auch nicht zu Schaustücken des eigenen Einfallsreichtums. Vielmehr hört man ihm achtungsvoll zu, lernt von ihm Neues und schöpft zudem aus dem unter Mühen Liebgewordenen nie endende Freude. Das alles gelingt aber nur, wenn man die Worte klingen lässt, wie sie selbst es wollten, und wenn man ihnen nicht allerhand aufklebt, das ursprünglich nicht an ihnen war, so zum Beispiel Politisches, Soziologisches, Obszönes, kurz: modernes, das wir bewusst oder unbewusst aus unserer Umgebung nehmen. Um Derartiges zu vermeiden, sollten wir uns immer dies vor Augen halten: Wenn wir die Ebene des Philologischen verlassen und uns etwa ans Psychologisieren machen oder ans Politisieren und Ähnliches, überschreiten wir die Grenze unserer Fachkompetenz, es sei denn, wir hätten viele Jahre lang Psychologie oder Politik genau und professionell studiert. Philologie bleibt ja doch stets nur Hilfswissenschaft, sie bereitet verlässlichen Boden, auf dem dann andere Wissenschaften aufbauen können, so zum Beispiel die Archäologie, der wir oft und gern das Fundament für ihre Rekonstruktionen absichern.[2] Ähnlich steht es mit der Alten Geschichte und auch der philologischen Erforschung der antiken Philosophie. Kategorische Urteile, die über die Grenze des Textklärens hinausgehen, sollten wir uns nicht anmaßen.

[2] Mustergültig Chr. Gnilka in: Prudentius über den *colymbus* bei St. Peter, in: ZPE 152, 2005, S. 61 ff.

Zudem haben wir es mit sehr alten Texten zu tun, und der Wert der Begegnung mit ihnen ist ja gerade das Kennenlernen eines Fremden und Andersgearteten. Aber gerade dies ist das Belehrende, das Bekannte kennen wir ja schon. „Man liest den Dichter nicht in der Bereitschaft, von ihm vielleicht etwas Neues zu erfahren, sondern man erwartet nur, dort anzutreffen, was man ohnehin schon weiß“, kritisierte kürzlich Christian Gnilka.[3] Wir begegnen ja auch in unserem Alltag gern Fremden und Andersdenkenden, weil wir so von uns selber Abstand gewinnen, unsere Ansichten überprüfen und vielfach unerwartete Freude finden können. Und den Fremden und Andersdenkenden unterstellen wir ja auch nicht all das Böse, was den antiken Meistern unterstellt wird, zum Beispiel „Image“-Pflege[4] und Voyeurismus. Genau so ist es mit dem Interpretieren alter Texte. Nach vieler Mühe hat man sie lieb gewonnen, hat sich auf sie eingelassen, hat sie das sein lassen, was sie waren und sein sollten. Dann stehen wir bereichert von der Arbeit auf, hoffen, dass wir ihnen gewachsen waren und sie nicht entwürdigt haben zu wesenlosen Talkshows.

In diesem Buch werden keine Untersuchungen geführt mit dem Ziel, neue Erkenntnisse in Bezug auf die Textinhalte zu gewinnen. Vielmehr wird lediglich in Frage-und-Antwortspielen – in aufsteigender Schwierigkeit der Texte – vorgeführt, auf welchen Wegen man die Texte erschließen, wie man sie dazu bringen kann, dass sie zu uns sprechen und ihre Ziele und Absichten offenbaren. Darum wird auch auf die Ansammlung von Literatur verzichtet: Ob die begangenen Wege die neuesten sind oder ob sie zu allseits akzeptierten Resultaten führen, das ist nicht wesentlich; wesentlich ist, dass der Leser viele solche Wege mit mir geht, damit er dann in die Lage versetzt werde, selber derlei Wege zu finden.

Was in diesem Buch nicht geschieht

§ 3 Ein freundlicher Kritiker des Typoskripts monierte, dass nirgends auf den folgenden Seiten etwas über die Metrik als Hilfe beim Interpretieren zu finden sei. Ich habe in meinem Buch „Methoden der Latinistik“ (in der Bibliographie unter Maurach 1998) auf S. 56 ff. einiges dazu beigebracht, aber vielleicht genügt das nicht, um ein prinzipielles Bedenken zu zerstreuen: In wenigen Fällen mag eine metrische Beobachtung der Interpretation helfen, wenn diese Beobachtung nämlich unwiderleglich zeigt, wie der Dichter eine Gestimmtheit durch seine Versbildung gleichsam hörbar machte (Häufung von Kürzen im Sprechvers zum Beispiel). Doch allzu oft gerät solche Suche nach sinnstützender Metrik ins Unbeweisbare, und darum habe ich das gesamte Kapitel „Metrik“ ausgelassen.

Was heißt *interpretari*?

§ 4 *Interpretari* – das bedeutet,[5] so belehren die Lexika, ein Erklären, das ein kundiger Mittler zwischen einem Gesagten oder Geschriebenen (sei das nun ein Kaufvertrag, ein Gesetz oder ein Götterspruch) und einem Hörer unternimmt. Beginnen wir da doch

[3] In dem eben genannten Aufsatz S. 76.

[4] Vgl. Maurach 2001, 216 dazu und in Kürze schon im Vorwort zu diesem Buch.

[5] Vgl. A. Reiff, Interpretatio, imitatio, aemulatio, Würzburg 1959.

gleich mit einem ganz kurzen Beispiel, einem Orakel, um das eben Gesagte verständlicher zu machen. Herodot erzählt (Buch 7, § 138ff.), wie die Athener angesichts der Lawine persischer Kriegsmacht zu Delphi den Gott befragten, der aber durch die Pythia vom Zorne des Ares sprach und in einem zweiten Orakel (7, 141) weissagte, alles Land sei Beute der Perser, und dann etwa so fortfuhr: „Nur die hölzerne Mauer schenkt Zeus seiner Tochter Athene, sie allein bleibt heil zur Rettung, nicht zu Lande halte du Stand den feindlichen Scharen. Es wird Salamis sein, die den Müttern die Söhne mordet." In Athen riet man hin und her über den Sinn dieser bedrohlichen Worte, bis Themistokles (7, 143) die Drohung nicht auf die athenischen Mütter, sondern auf die Feinde bezog und auf deren Niederlage, wenn man nämlich das Land aufgebe und sich ganz auf die Flotte[6] verlasse und mit ihr den Sieg herbeiführe. Was hatte Themistokles hier getan? Er hatte zunächst den Wortsinn, das heißt gleichsam die „innere Bedeutung" (die „hölzerne Mauer" meint die „Schiffe") erspürt und dann die Beziehung auf das Umfeld verstanden, nämlich die andeutend empfohlene Strategie, die Athen verfolgen sollte.

So wollen auch wir künftig lernen, zunächst einfach den Wortsinn der Texte zu klären und erst danach den Bezügen auf das Umfeld der Texte nachzugehen, den psychischen, den literarischen oder auch den politischen Gegebenheiten, doch stets (s. § 2) mit der größten Vorsicht. Wir werden daher im Folgenden die einzelnen Kapitel einteilen in Text und Textsicherung, in Kurzkommentare und die Frage, worüber wohl bei dem jeweiligen Text, ganz eng bei ihm bleibend, nachzudenken sei, um dann am Ende eine Antwort hierauf, das heißt eine Interpretation anzubieten.

Um das alles zu verdeutlichen, beginnen wir am besten mit einem ganz kurzen, scheinbar ganz harmlosen Text, der kaum einer „Interpretation" zu bedürfen scheint.

[6] Klärend hierzu H.-F. Bornitz, Herodot-Studien, Berlin 1968, 91: Die Flotte war vorhanden und stark wegen der Auseinandersetzung mit der Insel Ägina; ohne diese Voraussetzung wäre der Sieg bei Salamis nicht möglich gewesen.

Teil I: Leichtere Texte

Der erste Text: Die Bauinschrift des „Pantheon“

§ 5 Wenn Sie nach Rom reisen und vom Corso, von der Piazza Venezia aus gesehen, nach links abbiegen, finden Sie bald die Piazza della Rotonda, und mit Rotonda ist das Pantheon gemeint. Blicken Sie hinauf zum Giebel. Dort finden Sie eine Inschrift, die M. G. Schmidt in seinem Buch „Einführung in die Lateinische Epigraphik“ (Schmidt 2004), S. 58 bespricht:

M. AGRIPPA L. F. COS. TERTIUM FECIT

Nehmen wir an, der Dozent habe Ihnen diesen Text in die Hand gedrückt und weiter nichts gesagt, als dass Sie ihn erklären sollen. Was nun?

Vor allem anderen: Wir müssen klare und einfache Schritte tun; unterscheiden wir dazu Text und Sache, wir können gemäß dem „Vorwort“ auch von Wortsinn und Textbezug sprechen. Fragen wir zunächst nur nach dem Text und dann erst nach der Sache, das heißt hier: Wir befragen die Inschrift und wenden uns danach der Sache, will sagen: dem Gebäude des Pantheon zu und kommen dann zu der Frage, die seine Inschrift aufwirft.

A. Der Text

§ 6 Authentizität

Ist der Text so, wie Sie ihn bekommen haben, authentisch, das will sagen: Entspricht er dem Original am Giebel des Pantheon? Suchen wir also eine Photographie des Originals. Gehen Sie zu den Archäologen. Die werden Sie zum Beispiel auf E. Nash, Bildlexikon zur Topographie des antiken Rom (2 Bände, Tübingen 1961/2) verweisen, und dort finden Sie im 2. Band auf S. 170 eine Abbildung. Und was sehen Sie da? Die Bauinschrift ist am Original genau die, welche oben auf dieser Seite abgedruckt ist, doch zeigt die Inschrift deutlich Trennpunkte zwischen den Einzelbuchstaben und den ganzen oder abgekürzten Wörtern, und zwar auf halber Höhe der Buchstaben. Sofort geben wir zu: Der Unterschied ist lächerlich klein, aber immerhin: Jetzt haben wir einen authentischen Text.

B. Übersetzung

§ 7 Nachdem der Wortlaut gesichert ist, sollte man eine erste, grobe Übersetzung versuchen, um sich klar darüber zu werden, was wir vor uns haben. Dazu brauchen wir, für unseren Text wohl weniger, bei sämtlichen späteren Texten auf jeden Fall, gute Lexika. Welches lateinisch-deutsche Wörterbuch sollten wir auf dem Tisch liegen haben? Da gibt es das Lexikon von Georges. Es hat den Nachteil, dass bei den deutschsprachigen Belegen, die Georges beibringt, ein „Cic.“ für Cicero oder ein „Hor.“ für Horaz steht, aber ohne Stellenangaben. Wenn wir die Übersetzung von Georges also kontrollieren oder einen guten Kommentar zu der jeweiligen Stelle befragen wollen, geht das hier nicht. Welches Lexikon hat nun aber Stellenangaben? Da wäre das alte, sehr verlässliche (und erschwingliche) von C. T. Lewis und C. Short (Oxford 1879, Nachdruck 1958); neuer und viel ausführlicher ist dann das „Oxford Latin Dictionary“ (1968/82); und an dies wollen wir uns am besten auch halten. (Den Thesaurus Linguae Latinae, der seit 1900 möglichst alle lateinischen Wörter mit möglichst allen Stellen, an denen das Wort vorkommt, anführt und heute bis ans Ende des Buchstabens P vorgedrungen ist, den werden wir später befragen.)

§ 8 Doch bevor wir übersetzen, fragen wir doch rasch nach dem „Who is Who“. Wer war M. Agrippa, dessen vollen Namen Schmidt 2004 natürlich zutreffend mit M. Vipsanius Agrippa angibt? Wo schauen wir da nach? Natürlich in der „RE“, das heißt in Paulys Realencyclopädie der classischen Altertumswissenschaft (1893 ff.), Nachdruck Stuttgart 1958 ff., worin möglichst alle Dinge und alle Personen, die in antiken Texten vorkommen, vollständig erklärt und besprochen sind. Die RE geht nach dem Familiennamen, also müssen wir unter Vipsanius nachsehen und finden in Band 9 A, Spalte 1226 ff., besonders Spalte 1248, Zeile 27 ff., dass dieser hochverdiente, immer Maß haltende Mitstreiter des Augustus 33–12 v. Chr. auf dem Marsfeld ein öffentliches Bad, öffentliche bewässerte Gärten und den Tempel für „Alle Götter“, das Pantheion oder Pantheon bauen ließ (Einweihung 25 v. Chr.). Das brannte später ab, und Kaiser Hadrian (vollere Form: Publius Aelius Hadrianus) errichtete es neu (118–125 n. Chr.). Dieser Kaiser war es dann auch, welcher unsere Inschrift anbringen ließ.

Also nun die Grobübersetzung; sie ist einfach, Schmidt 2004, S. 58 hat sie gegeben: „Marcus Agrippa, Sohn des Lucius, Konsul zum dritten Male, hat (es) bauen lassen.“ Die RE belehrt darüber, wann Agrippa zum dritten Male Konsul war (Band 9 A, Sp. 1248, Z. 26 ff.): im Jahre 27 v. Chr.

C. Sprachkommentar

§ 9 *Consul tertium*: *Tertium*, allein stehend, bedeutet „zum dritten Male“. Agrippa war im Jahre 27 zum dritten Male Konsul; das Pantheon ist nach Meinung der Kenner zwischen 27 und 25 v. Chr. erbaut worden. Es liegt nahe, unter Wahrung der Wortstellung so zu übersetzen: „Konsul zum dritten Male“.

Fecit: M. G. Schmidt übersetzt sinngerecht mit „hat (es) bauen lassen“. Denken Sie einmal darüber nach! *Fecit* meint doch wohl kaum, dass Agrippa selber Hand anlegte. Wenn Sie sicher gehen wollen, müssen Sie vergleichen. Ein solches *fecit* finden Sie bei Schmidt auch auf S. 59, 62 und 67. S. 60 aber belehrt, dass man auch *faciendum curavit* sagen konnte. Die Bauinschrift des Agrippa mit ihrem *fecit* – was ist sie? Ist das *fecit* einfach konventionell oder verkürzt es ein *faciendum curavit*? Wenn Agrippa sagt *fecit* (nehmen wir einmal an, das Wort sei in seinem Sinne gemeißelt), dann meint er doch wohl, dass es sein Wille war, dies Bauwerk zu errichten, sein Wille, sein Einsatz, sein Geld. Welcher Wille? Diese Frage geht nun über einen Sprachkommentar weit hinaus, sie gehört schon ins Gebiet des Interpretierens. Was heißt das hier?

D. Interpretation

§ 10 Das Interpretieren beginnt dann, wenn wir über Sprachkommentar und Textsicherung hinaus Fragen nach dem Warum und Wieso stellen. Zum Beispiel: Wieso setzt Kaiser Hadrian lange Zeit nach Agrippa auf seinen Bau, der nachweislich (die Ausgrabungen haben das bewiesen) nicht dem alten Tempel gleich war,[7] eine Inschrift, die den Eindruck erweckt, Agrippa habe diesen Tempel erbaut? Oben war vom „Willen“ die Rede: Hadrians Wille war es offenbar, dem Betrachter zu suggerieren, er stünde vor dem Tempel aus Augustus’ glorreicher Zeit. Warum? Dies zu fragen, geht über das, was man von einem Anfänger erwarten darf, weit hinaus, denn da muss man Bücher über Hadrian konsultieren, um zu sehen, ob er nicht auch sonst Bauten der ersten Kaiserepoche nachgeahmt oder berühmte Bauwerke auch anderer Länder imitiert hat, ob er nicht stark von Pietät und Verehrung für das Frühere bestimmt war[8] oder von dem Willen, besonders berühmte und schöne Bauwerke in der Form von Wiederholungen in seiner Nähe zu besitzen. (Lesen Sie nach über sein Mausoleum – die „Engelsburg“ – oder über seine prachtvolle Residenz in Tivoli.)[9] Hier ist mir nur wichtig, dass Sie spüren, wie das Interpretieren über das sachlich Feststellbare hinausführt, auf diese Weise dann allerdings auch viel interessanter ist als die bloße Textarbeit. Aber auch die will gelernt und geleistet sein.

Zur Methode

Was wäre über Methode aus diesem ersten Kapitel zu lernen? Etwa dies, dass jeder Text eingebettet ist; das, worein der Pantheon-Text eingebettet ist, wäre sowohl als etwas Historisches wie auch als etwas Persönlichkeitskundliches zu bezeichnen. Auf beide Einbettungen bzw. Bezüge von Texten ist fortan zu achten.

Der zweite Text: Cicero, Ad familiares I 3

Fernbezüge

§ 11 Dieses Mal wollen wir uns an einen längeren Text wagen, an Ciceros Brief an Lentulus Spinther (ad fam. I 3 bzw. nach anderer Zählung 4). Doch bevor wir uns an die Arbeit machen, legen wir uns das wichtigste Arbeitsmaterial auf den Tisch, das heißt Text und Kommentar, in unserem Falle etwa dies:

Ausgaben: Überall greifbar ist M. Tulli Ciceronis Epistulae, Vol. 1, Epistulae ad Familiares, hrsg. von R. Y. Tyrrell, 2. Aufl. London 1885, verbesserter Nachdruck 1954; ertragreicher ist die kommentierte Ausgabe von D. R. Shackleton Bailey, 2 Bände, Cambridge 1977 (in der Penguin-Classics-Ausgabe Harmondsworth 1978); s. auch D. R. Shackleton Bailey, Cicero, Letters to Friends, London 2001, 256f. In diesem Abschnitt folge ich der jetzt maßgebenden, neueren Ausgabe von D. R. Shackleton Bailey, Cicero. Epistulae ad familiares, Stuttgart 1988.

[7] F. Coarelli, Rom, Freiburg, 4. Auflage 1975, 257; F. Kolb 1995, 383.

[8] Hierzu J. Beaujeu, La réligion romaine à l’ apogée de l’ empire, Paris 1955, 117ff. Ferner R. Syme, Roman Papers 5, Oxford 1988, 121: Das Pantheon verdanke sich einer hellenistischen Götterauffassung, doch im Pantheon wurden Venus, Mars, Caesar und Augustus verehrt, das heißt die Begründer des julischen Geschlechts und des römischen Prinzipats. Zur Pietät des Kaisers s. auch U. V. Fischer Pace, Kunstdenkmäler in Rom, Band 1, Darmstadt 1988, 411; von „Bescheidenheit“ spricht F. Kolb 1995, 383.

[9] Vgl. J. B. Ward-Perkins, Roman Imperial Architecture, Yale UP 1981, 106ff.

Vorbemerkung zu antiken Texten überhaupt

§ 12 Doch bevor wir den Text lesen, noch eine Bemerkung, und zwar eine wichtige, nämlich über die Grundeinstellung zum Text. Ein klassischer lateinischer Text ist, auf seine Innenstruktur gesehen, immer sehr bedacht geschrieben (es ist daher unsere Aufgabe, dieses Bedachtsame zu erkennen), und er ist, auf den Außenbezug geachtet, stets aus einer Welt und für eine Welt geschrieben, die nicht die unsere ist. Das will sagen: Wir müssen uns klar darüber sein, dass wir nur durch ständiges Fragen und Nachschlagen uns nicht allein den Wortsinn, sondern auch diejenige Auffassung von Mitmensch, Leben und Staat erarbeiten müssen, welche der Verfasser und sein Publikum hatten. Einfach gesprochen: Erstens müssen wir neugierig sein, zweitens müssen wir fleißig nachschlagen. Jetzt der Text.

A. Der Text

§ 13 M. Cicero s(alutem) d(icit) P. Lentulo Proco(n)s(uli)

A. Trebonio, qui in tua provincia magna negotia et ampla et expedita habet, multos annos utor valde familiariter. Is cum antea semper et suo splendore et nostra ceterorumque amicorum commendatione gratiosissimus in provincia fuit, tum hoc tempore propter tuum in me amorem nostramque necessitudinem vehementer confidit his meis litteris se apud te gratiosum fore; quae ne spes eum fallat, vehementer rogo te commendoque tibi eius omnia negotia, libertos, procuratores, familiam, inprimisque ut, quae T. Ampius de eius re decrevit, ea comprobes omnibusque rebus eum ita tractes, ut intellegat meam commendationem non vulgarem fuisse.

§ 14 Authentizität

Woher kommt dieser Text? Wie hat er sich seit Cicero erhalten? Es gibt mehrere Möglichkeiten, Auskunft zu finden. Die Ihnen nächstliegende ist der RE-Artikel „M. Tullius Cicero“ von Karl Büchner. In Bd. 7 A, Sp. 1195 steht die Begründung für die Annahme, dass im Altertum Ciceros Briefe, nach Adressatennamen geordnet, in Einzelbüchern kursierten. Was davon im 9. Jahrhundert n. Chr. noch übrig war, ist zur Gänze in einer Handschrift eben dieses Jahrhunderts aufbewahrt. Sie liegt in der Biblioteca Laurentiana zu Florenz (wo Sie sie ansehen können) unter der Bezeichnung „Mediceus 49. 9“, in unseren Ausgaben abgekürzt mit „M“. Sie stammt also aus dem Besitz der Medici. Die erste Hälfte der Cicero-Briefe findet sich auch in einer Handschrift des 12. Jahrhunderts, diesmal in London (British Museum, Harleianus 2773), abgekürzt „G“. Ferner findet sich dieser Teil auch in einer Pariser Handschrift (Parisinus 17812, 12. Jahrhundert, „R“ genannt).

Alle diese Handschriften bieten in der 3. Zeile meiner Zählung *gratissimus*, was Dionysius Lambinus im 16. Jahrhundert zu *gratiosissimus* änderte. Das können wir aber erst nach einer Grobübersetzung beurteilen.

B. Übersetzung und Textsicherung

§ 15 Vor der Übersetzung wieder ein kurzes „Who is Who?“ A. Trebonius war offenbar (RE 6 A, 2273, 58 ff.) ein römischer Ritter mit Geschäftsverbindungen sowohl in der Provinz Kilikien (heute Südtürkei, an der Küste gegenüber Zypern), die P. Cornelius Lentulus

Spinther (Konsul 57 v. Chr.) als Prokonsul (etwa Gouverneur) von 56–53 v. Chr. verwaltete, wie auch in der Provinz Asia (Nordwesttürkei). T. Ampius Balbus war Statthalter der Provinz Asia im J. 58 gewesen. Welcher Art die sich über zwei Provinzen erstreckenden Geschäfte des Trebonius waren, ist nicht klar. Jedenfalls war Ampius in Bezug auf den Patronat über Trebonius der Vorgänger des Lentulus. Jetzt eine grobe Übersetzung:

„Mit Aulus Trebonius, der in deiner[10] Provinz bedeutende Geschäfte betreibt, weit reichende und gut funktionierende (*expedita*, s. OLD *expeditus* 1), verbindet mich seit Jahren eine sehr enge Bekanntschaft. Er war bisher stets in deiner Provinz aufgrund eigenen Ansehens und aufgrund meiner und anderer Geschäftsfreunde Empfehlung sehr einflussreich gewesen (*gratiosissimus*). Nun vertraut er voll und ganz wegen deiner Zugetanheit zu mir und unserer Geschäftsverbindung, dass er aufgrund dieses meines Schreibens bei dir Ansehen (*gratia*) haben werde. Damit er sich in dieser Hoffnung nicht getäuscht sieht, bitte ich dich sehr für ihn und lege dir all seine Geschäfte, seine Freigelassenen, seine Verwalter, seinen Bekannten- und Verwandtenkreis ans Herz, insbesondere mögest du das, was T. Ampius in seiner Sache angeordnet hat, gutheißen und ihn in jeder Weise so behandeln, dass er erkennt, dass meine Empfehlung nicht ohne Gewicht ist."

§ 16 Was nun die Textsicherung angeht, so müssen wir zusehen, ob *gratissimus* in Z. 3 oder *gratiosissimus*, das wir übersetzen, zutrifft. Nun, Trebonius will nicht dankbar (OLD *gratus* 1) oder persönlich angenehm im Umgang sein (OLD *gratus* 2 f.), sondern er will förderlichen Rückhalt beim Provinzgouverneur gewinnen, um im Schutz solcher Autorität Kredit und Einfluss zu haben, also *gratia* im politisch-geschäftlichen Sinne. Lambins Änderung ist unumgänglich; sie übernimmt auch R. D. Shackleton Bailey in der oben in § 11 genannten Ausgabe Cambridge 1977, Brief Nr. 56, S. 116 sowie in der Teubner-Ausgabe von 1988, S. 5.

C. Sprachkommentar

§ 17 Wir wollen nun nicht in eine vollständige Kommentierung einsteigen, wohl aber sind Begriffe wie *splendor* und besonders *gratia* höchst interessant und einer Erläuterung wert. Lesen Sie nach in: Wege der Forschung 34, Römische Wertbegriffe, hrsg. von H. Oppermann, Darmstadt 1967, 30, wo neben manch erhellenden Bemerkungen auch Literatur zu *gratia* genannt ist.

Sie haben sicher auch bemerkt, dass zweimal das Wort *commendare* bzw. *commendatio* fiel. Schlagen Sie dies Wort im Thesaurus nach, um zu sehen, was genau damit gemeint ist! À propos nachschlagen! Wollen Sie im Thes. Ling. Lat. finden, was ein Wort bedeutet, dann sollten Sie Stellen aufsuchen, die aus Autoren stammen, welche besonders gut kommentiert sind. Im Falle von *commendare* werden Sie zum Beispiel Horaz, epist. 1, 18, 76 angegeben finden. Die Briefe des Horaz sind oft kommentiert worden, zuletzt und be-

[10] „Deiner" steht vor dem Substantiv, es ist also betont (KS Bd. 2, 608 unten) – wollte Cicero betonen, dass die Provinz die dem Lentulus ehrenvoll zugeloste war? Eine Art „Höflichkeitsstellung" des Possessivpronomens? A. Bal weist allerdings darauf hin, dass *tua*, stünde es nach *provincia*, irrtümlich auf das folgende *negotia* bezogen werden könnte, darum sei es vorangestellt.

sonders gut von Roland Mayer, Horace Epistles Book I, Cambridge 1994. Zu epist. 18, 76, wo *commendare* vorkommt, verweist er auf epist. 9, und dort finden Sie im Kommentar auf S. 181 erste wertvolle Hinweise, u. a. auf Cicero, Ad familiares Buch 13 mit nicht weniger als 79 solcher Empfehlungsbriefe. Wenn Sie dann das bei Mayer genannte Buch von H. Cotton einsehen, werden Sie als Literaturangabe F. Lossmann, Cicero und Caesar im J. 54, Hermes Einzelschriften 17, 1962 finden. Und hier aus dem 1. Kapitel werden Sie ersehen, was alles über unseren scheinbar so harmlosen Brief an Lentulus zu sagen wäre. Denken Sie nun in Ruhe (a) über den *splendor* eines berühmten Mannes und über (b) *commendare* als politischen und wirtschaftlich-rechtlichen Grundbegriff nach: Wie sieht der Römer Ruhm und welche Auswirkung hat ein weitgespanntes Netz von *commendatio* und *gratia*?

D. Interpretation

§ 18 Sicher sind Sie dem Worte *splendor* nachgegangen? OLD *splendor* 5 b zeigt, dass *splendor* im Sinne des Berühmt- und Ansehnlichseins seit Cicero geläufig ist. Der Kommentator stellt das fest, er hat damit den Wortsinn getroffen und kann zufrieden sein. Der Interpret denkt darüber hinaus; er fragt sich zum Beispiel, was für eine Vorstellung vom Menschen, hier: vom berühmten Menschen, sich in diesem Ausdruck andeutet. Die Vorstellung scheint zu sein, dass ein berühmter Mensch Glanz ausstrahlt. Man wird sich hierbei daran erinnern, dass der andere lateinische Ausdruck für „berühmt" ja *clarus* ist,[11] seit Plautus: Also auch hier wird dem Berühmten eine Glanz- und Lichterscheinung zugesprochen (auch wir können von einem im Guten imponierenden Menschen sagen, er sei eine „glänzende Erscheinung"). Interessant ist in diesem Zusammenhang auch, dass *honos* ja die „Ehre" meinen kann und auch die Schönheit, was besonders an *honestus* deutlich wird. Der Interpret wird darauf verweisen, dass offenbar der Ruhm für den Römer in zweifacher Weise spürbar wird[12]: durch Aufleuchten und durch Besprochenwerden, durch *splendor* und *fama*. Solchen Gedanken kann man noch lange nachgehen, hier aber wenden wir uns dem zweiten, nicht minder wichtigen Begriff zu.

§ 19 Wenn Sie der Untersuchung von F. Lossmann folgen, werden Sie bald verstehen, dass dem *commendare* ein genaues System von Intensitätsgraden zugrunde liegt. Ein *mediocriter commendare* (fam. 13, 28, 1) wird sehr genau von *commendatio in maiorem modum* (fam. 13, 21, 2 und 32, 2) unterschieden, dazu eine *necessitudo* sehr deutlich von *amicitia* (vgl. ep. 13, 10, 2 mit 13, 26, 1), ein zurückhaltendes *magno opere* (fam. 13, 25) oder auch nur ein bloßes *commendo* (13, 46) von emphatischem *diligentissime* (fam. 14, 7, 2). Man

[11] Im Falle von *clarus* ist nicht sicher auszumachen, wie hoch neben der Nuance des Hellen (s. Thes. Ling. Lat. 3, 1271, 72 ff.) der Anteil des Sprechens und Rufens (*cla-mor*!) ist.

[12] U. Knoche, Der römische Ruhmesgedanke (1934), Nachdruck in: Vom Selbstverständnis der Römer, Heidelberg 1962, 25, Anm. 87 führt den bei Horaz, Sat. 1, 6, 23 „gleißend" genannten Wagen an, auf dem Gloria einherfährt; R. Heinze bringt dazu in seinem Kommentar zu Horaz' Satiren (Q. Horatius Flaccus, Satiren, 6. Auflage von 1921, Nachdruck Berlin 1957, 112) eine griechische Parallele bei. Jetzt kann man weiter fragen, ob diese Doppelheit des Ruhmes nicht auch bei den Griechen zu erkennen sei.

wird leicht begreifen, dass der Empfänger eines solchen Briefes auf diese Intensitätshinweise achtete: *Valde familiariter* ist recht stark, der Verweis auf die Unterstützung durch *amici* ist es auch, nicht minder der Appell an den *amor* des Lentulus zu Cicero. Und wie bedacht man beim Abfassen eines solchen Briefes vorzugehen hatte, zeigt wieder Horaz (Epist. 1, 18, 76ff.). Die bei Cicero genannte *commendatio non vulgaris* hätte in Cic. fam. 13, 35, 1 Ende eine Parallele.

Wenn man diese Erkenntnisse nun auf unseren Brief in der Weise nicht des bloßen Erklärens, sondern des Interpretierens anwendet, wenn man also über den Text hinaus ins Weite geht, sieht man nach kurzer Überlegung, dass er ein Zeugnis ist für ein System, welches das ganze Imperium Romanum durchdrang: Je nach Höhe der Ebenen garantierten derlei genau abgestimmte Beziehungen, solche präzis definierten Kreditwürdigkeiten das Geschäftsleben in Provinz und Reich. Hatte jemand Schwierigkeiten, wandte er sich an einen höher Gestellten, dem er sich durch Erweis von Gefälligkeiten verbunden wusste, und bat ihn um Hilfe, ersuchte ihn, sich für den Bittsteller zu verwenden. Ein System von Verbindungen, beruhend auf *gratia*, auf Geben und Bekommen, wird erkennbar, welches Lossmann beschreibt. Und dies System hielt das gesamte politische und wirtschaftliche Leben des Reichs im Gang und in Funktion.

§ 20 Sie sehen, was Interpretieren heißt: über den Wortsinn hinaus aufsteigen zu der Frage, in welchen Zusammenhang der jeweilige Text gehört, aus welchem übergeordneten Zusammenhang er seine Formulierungen bezieht, kurz: wovon er bedingt ist. Blicken wir von hier zurück, so sehen wir, wie wenig hilfreich der „Kommentar" von Shackleton Bailey (S. 354f.) war: Weder vermerkt er etwas zu *commendare*, noch macht er auf einen zweiten Trumpf Ciceros aufmerksam: auf die Patronatskontinuität. Cicero bedeutet dem jetzigen Statthalter sehr zurückhaltend und taktvoll, er möge doch die Kontinuität von Ampius bis zu ihm wahren. Dadurch würde er zugleich, so darf man wohl einfügen, die Sicherheit des Geschäftslebens wahren. Worum es da im Einzelnen ging, wissen wir nicht mehr. Aber das Nachdenken über dies kleine Briefchen und seine Fernbezüge führt tief in die Welt der römischen Politik und des römischen Wirtschaftslebens hinein.

Zur Methode

Was wäre über Methodisches aus dem Cicero-Text zu lernen? Der Text des Empfehlungsschreibens lehrt nicht nur, auf die historische Einbettung zu achten (s. § 10 „Zur Methode"), sondern auf nur halb Ausgesprochenes (hier auf den nur eben nahe gelegten Gedanken an die Amtskontinuität). Bleiben Sie also nicht bei den simplen Hauptsachen stehen, lesen Sie zwischen den Zeilen! Auch die Nebentöne haben ihr Recht!

Nachtrag

§ 21 Was wir bisher erarbeitet haben, mag manches klären; eines aber ist vergessen: Wir haben es, wie gesagt, mit einem bedachtsam geschriebenen Text zu tun. Da gilt jedes Wort, wir aber haben das *tum – cum* kaum genügend berücksichtigt. Versuchen Sie daher, jetzt am Ende noch die gedankliche Struktur des zweiten Text-Satzes zu durchschauen! Nehmen Sie sich etwas Zeit, bevor Sie die Lösung lesen!

Die Lösung dürfte wohl diese sein: Einerseits (*cum*) war Trebonius früher (*antea*) dank der eigenen Kraft und Ciceros Zutun *gratiosissimus*, zum anderen möchte er auch jetzt (*tum hoc tempore*) bei Lentulus, dem neuen Statthalter, *gratia* besitzen. Somit spricht Cicero in diesem Satz ebenso wie im *imprimis*-Satzteil von Früher und von Jetzt, und dass es sich um diese Zweiheit handelt, macht er deutlich durch das „einerseits – andererseits". Wir sehen also, dass Cicero lediglich um Wahrung des früheren Zustandes bittet, um nichts Neues also.

Wer an den Formeln der *commendatio* interessiert ist, mag jetzt bei G. Pierrettoni, La formula della raccomendazione nell' epistolario ciceroniano, Inv. Luc. 22, 2000, 139 ff. nachlesen.

Zwischenbilanz

§ 22 Die Bauinschrift zeichnete sich nicht durch irgendeinen Kunstanspruch aus, und auch der Cicero-Text wollte vor allem klar und deutlich sein und nicht ein Kunstwerk. Nun gibt es sehr wohl Prosatexte mit künstlerischem Anspruch. Wenn wir derlei Texte behandeln, müssen wir nun nicht mehr bloß Wortsinn und Bezug untersuchen, sondern daneben auch die besondere Kunstfertigkeit des Verfassers. Das wollen wir jetzt einmal versuchen.

Der dritte Text: Cicero, De officiis I 1 f.

Kunstfertigkeit des Nahelegens

A. Der Text

§ 23 Man benutzt am besten entweder: M. Tulli Ciceronis De Officiis, hrsg. von C. Atzert, 4. Aufl. Leipzig 1963 oder M. Tulli Ciceronis De Officiis, hrsg. von M. Winterbottom, Oxford 1994. Hier wird der Text von Winterbottom abgeschrieben, eine Textunsicherheit wird später geklärt. Allerdings unterteile ich die Kapitel im Unterschied zu Winterbottom in drei Paragraphen, damit Sie später in der Kurzkommentierung das Vorgebrachte leichter im Text wiederfinden können. An Kommentaren wären zu nennen: M. Tulli Ciceronis De Officiis, komm. von H. A. Holden (1899), Amsterdam 1966 und A. R. Dyck, A Commentary on Cicero De Officiis, University of Michigan Press 1996.

§ 24 (Kap. 1, § 1) Quamquam te, Marce fili, annum iam audientem Cratippum idque Athenis, abundare oportet praeceptis institutisque philosophiae propter summam et doctoris auctoritatem et urbis, quorum alter te scientia augere potest, altera exemplis, tamen, ut ipse ad meam utilitatem semper cum Graecis Latina coniunxi, neque id in philosophia solum, sed etiam in dicendi exercitatione feci, idem tibi censeo faciendum, ut par sis in utriusque orationis facultate. (§ 2) Quam quidem ad rem nos, ut videmur, magnum attulimus adiumentum hominibus nostris, ut non modo Graecarum litterarum rudes, sed etiam docti aliquantum se arbitrentur adeptos et ad discendum et ad iudicandum.

(Kap. 2, § 3) Quam ob rem disces tu quidem a principe huius aetatis philosophorum, et disces quam diu voles (tam diu autem velle debebis quoad te quantum proficias non paenitebit); sed tamen nostra legens non multum a Peripateticis dissidentia, quoniam utrique Socratici et Platonici volumus esse, de rebus ipsis utere tuo iudicio (nihil enim impedio), orationem autem Latinam efficies profecto legendis nostris pleniorem.

B. Übersetzung

§ 25 (§ 1) „Obschon Du, mein Sohn Marcus, der Du bei Cratippus hörst, und das auch noch zu Athen, übervoll sein musst von Lebensregeln und Lehrstücken der Philosophie, weil ja doch die Anregung seitens des Lehrers gewaltig ist und auch die der Stadt – der Lehrer vermag Dein Wissen zu mehren, die Stadt die Zahl der Vorbilder –, so meine ich doch, Du solltest tun, was ich tat, nämlich um des Nutzens willen stets das Lateinische mit dem Griechischen verbinden, und das nicht allein in der Philosophie, sondern auch bei der rednerischen Übung, damit Deine Ausdrucksfähigkeit in beiden Sprachen gleich gut werde. (§ 2) Dafür, nämlich solches zu erreichen, habe ich, so will mir scheinen, unseren Landsleuten viel Förderliches dargeboten, so dass nicht nur der, welcher der griechischen Literatur unkundig ist, sondern auch deren Kenner der Ansicht sein werden, einigen Gewinn daraus gezogen zu haben [das heißt aus meinen Schriften], sowohl um lernen wie auch um urteilen zu können.

(§ 3) Lerne daher nur ruhig vom Fürsten der Philosophen unserer Zeit, und lerne, so lange Du magst; dieser Wunsch sollte so lange wach bleiben, als Du meinst, dass ein Hinzulernen Dir nicht Überdruss bereitet. Doch lies auch, was ich geschrieben habe (es weicht ja von den Peripatetikern nicht weit ab, wollen wir beide [Cicero so wie Kratipp] ja doch Sokratiker und Platoniker sein); das Sachliche beurteile von Deinem eigenen Standpunkt aus – dagegen habe ich nichts –, Dein Latein aber wirst Du sicherlich durch die Lektüre meiner Arbeiten reicher ausgestalten können."

C. Textsicherung

§ 26 Die einzige Textunsicherheit liegt am Ende von § 2: Einige wenige HSS des 12. Jahrhunderts bieten statt *discendum* ein *dicendum*. Läse man *dicendum* (so z. B. Holden, s. S. 145), würde man zwar an der Oberfläche das eine der beiden Themata dieses Textes (die Fertigkeit in der lateinischen Rede) anklingen lassen, müsste dann aber in *iudicandum* das gesamte andere sehen, die ganze Philosophie, was ungut ist, denn die besteht nicht einzig und allein im Urteilen. Und mehr noch: Zwar hätte der Vater zweifellos den Anspruch erheben dürfen, auch den Stil seiner Landsleute gefördert zu haben (das läge in *dicendum*), doch von solcher Verbesserung der Ausdrucksfähigkeit im Lateinischen spricht er nur in Bezug auf den Sohn; den Landsleuten aber hat er vielmehr philosophisches Wissen vermittelt (*discendum*, so Dyck 63).[13]

Aber die Frage lässt sich leicht entscheiden, und zwar durch eine Parallele. Ein Wort zu den „Parallelen": Es gibt *Motiv*-Parallelen und *Wort*-Parallelen. Catulls verkleinernde Vorstellung seines Werks als „kleinen" (*arida pumice expolitus libellus*, c. 1, 1) wird gern mit der Formulierung verglichen, mit der Properz sein Buch einführt: *exactus tenui pumice* (c. 3, 1,8). Hier liegt eine Motiv-Gleichheit vor, wobei der Spätere (Properz) gern an seinen Vorgänger auf dem Pfade kleinen, sorgfältig ausgearbeiteten Dichtens, an Catull, mittels einer ähnlichen Wortwahl erinnert. Wenn nun aber Vergil (buc. 6, 5 *deductum car-*

[13] Vgl. J. Graff, Ciceros Selbstauffassung, Heidelberg 1963, 58 ff.

men: „fein geglätteter Wollfaden") als „Parallele" zu Cat. 1, 1 *libellus* angeführt wird, dann handelt es sich nur noch um eine Motiv-Parallele.

Eine *Wort*-Parallele aber wird uns helfen, die Textschwierigkeit in unserer Passage aus Cic. off. 1, 1 (Ende des Jahres 44 abgeschlossen) zu beheben: Dort war zwischen *dicendum* einiger HSS des 12. Jahrhunderts und *discendum* der übrigen, zumeist verlässlicheren zu entscheiden. In der Schrift „De Natura Deorum" (März 44) schreibt Cicero: *facile sentio, quam multorum non modo discendi sed etiam scribendi studia commoverim*; er könne leicht feststellen, wie viele er nicht nur zum Erlernen (griechischer Philosophie), sondern auch zum Hinschreiben bewegt habe. Damit dürfte zu Gunsten von *discendum* entschieden sein.

Beachten Sie hinfort, auch wenn dieser Abschnitt winzig bleiben musste, den Unterschied zwischen einer Motiv- und einer Wort-Parallele, und seien Sie vor allem skeptisch gegenüber den zuweilen schier endlosen Reihen von „Parallelen", denn nicht alles, was parallel genannt wird, ist es auch wirklich.

D. Interpretation

Fragen

§ 27 Cicero bestärkt den Sohn in seinem Vorhaben, in Athen bei dem Peripatetiker Kratipp weiterhin zu lernen. Kratipp vertrat die Lehre, wie sie sich nach dem Tode ihres Begründers Aristoteles unter den Händen eines Theophrast, Straton und anderen entwickelt und verändert hat, wobei Kratipp vorwiegend Ethik lehrte. Der Vater verdeutlicht seinem Sohne, dass die „Peripatetiker", also die Schule des Aristoteles, letztlich von Sokrates und dessen Schüler Platon herstammt, und stellt dadurch ebenso Kratipp wie auch sich selber in eine ehrwürdige Reihe. Cicero schätzte ihn sehr hoch.[14] Er mahnt aber den Sohn auch, an die „Nützlichkeit" zu denken, das heißt wohl auch an seine spätere Laufbahn in Rom, für die hohes rednerisches Können unerlässlich war, und zwar in der Weise sollte er an sie denken, dass er sich seine lateinische Ausdruckskraft stärkte.

So weit, so gut: Worüber ließe sich nunmehr genauer nachdenken?

§ 28 Liest man Cicero, dann sollte man auf die Meisterschaft in Ausdruck und Satz- und Textbau achten. Fragen Sie sich also (a), wie die Kapitel strukturiert sind und welchem Zweck diese Struktur dient?

b. Wenn Cicero hier von Philosophie spricht, welche Art des Philosophierens hat er hier im Sinn? Was ist „Philosophie" hier für ihn?

c. Schwierig ist auch § 2: Was ist mit *quam quidem ad rem* gemeint? Die Zweisprachigkeit? Beobachten Sie genau den Gedankengang!

Denken Sie über diese beiden Fragen nach, prüfen Sie den abgedruckten Text darauf hin, welche Antworten er wohl gibt. Lassen Sie sich Zeit und lesen Sie erst nach längerem Beobachten des Textes meine Hinweise.

[14] Vgl. ad fam. 16, 21, 3 (26, 3 in der Ausgabe von Kasten) und RE 11, 1659 mit den Zeugnissen über seinen schönen Charakter.

Antworten

§ 29 (a) Der lange Einräumungssatz zu Beginn (*quamquam* bis *iudicandum*) bewegt sich in Zweiergruppen voran: Lehrer und Stadt (dreimal), dann *praecepta* und *instituta*. Er bewegt sich zögerlich voran, denn der *ut*-Satz zögert die Nennung des eigentlichen Anliegens (gleiche Fertigkeit in beiden Sprachen) hinaus. Warum wählte Cicero diese Struktur? Nun, es mag sein, dass er allmählich und vorsichtig dem Sohn etwas nahe bringen wollte, das dieser in seiner Begeisterung für die griechische Philosophie womöglich hintan gesetzt hat. Doch, so mahnt der Vater, man sollte das Nützliche nicht über dem Interessanten vergessen. Aber vergrämen wollte er seinen Marcus nicht, daher das zögerliche Vorgehen. Kraft aber gewinnt die Mahnung durch des Vaters eigenes Vorbild. Der Sohn hat also zwei Modelle: Für die Theorie und für die Praxis Athen und Kratipp, für die lateinische Redekunst und die Kunst, griechisches Gedankengut angemessen in lateinischer Sprache auszudrücken (so Dyck [s. § 23] 63 nach Cic. nat. deor. 1, 8), den eigenen Vater. Selbstverständlich soll der Sohn weiter lernen, so lange er mag und seine Begeisterung vorhält, hierin lässt der Vater dem Sohn volle Freiheit, und auch darin, dass er dem Sohn nicht vorschreibt, was er für richtig und was für falsch halten soll: Er mag darin gern selbständig urteilen, aber die Vervollkommnung seines lateinischen Ausdrucks auch mit der Hilfe der väterlichen Schriften solle er darüber nicht vernachlässigen.

§ 30 So weit zur Form und deren Absicht; was nun (b) den Inhalt angeht, so springt in die Augen eine ganz besondere Auffassung von Philosophie. Sie besteht für Cicero hier im Lernen, Wissen und Urteilen. Gelernt werden *praecepta*, Grundlehren, die schier Gesetzeskraft haben (fin. 2, 94), dazu *instituta*, was wohl das Gleiche meint: In den Tuskulanen 4, 3 finden sich *disciplina* und *instituta* nebeneinander. Das Urteilen jedoch besteht wahrscheinlich darin herauszufinden, welche Schule und welcher Philosophielehrer in welcher Frage die überzeugenderen Argumente vorbringt und somit im Recht scheint. Cicero betrachtet hier das Philosophieren als Lernen von Lehrsätzen und als ihre Beurteilung.

Das ist eine grundsätzlich andere Auffassung, als etwa Platon sie hatte und als die gesamte neuere Philosophie sie hegt.[15] Die Andersheit liegt, so könnte man vielleicht sagen, in dem Unterschied von Bescheidwissen und Forschen.

(c) Was meinte Cicero, als er sagte, er habe seinen Landsleuten Förderung angedeihen lassen „eben hierzu" (*quam quidem ad rem*)? Doch kaum die Zweisprachigkeit im bloßen Sinn der Sprachfertigkeit. Seine Leser, so hofft er vielmehr, fühlen sich gefördert beim „Lernen und Urteilen", also in der Philosophie. Was Cicero meinte, war wohl, dass die Landsleute nunmehr besser Ansicht und Urteil über griechische Philosophie in lateinischer Sprache ausdrücken konnten (ich widerrufe also Maurach 2006, 71).

Zur Methode

Was ließe sich bezüglich des Methodischen aus dem Cicero-Kapitel ableiten? Vor allem dies, dass vor dem Interpretieren die Strukturen erkannt werden müssen (was noch zur Kommentierung zu rechnen wäre), dass dann aber die Frage nach dem Sinn solcher Struktur gestellt werden muss, was schon ins Gebiet der Interpretation gehört.

[15] Vgl. zum Beispiel das Historische Wörterbuch der Philosophie Band 7, Basel–Darmstadt 1989, 744 über E. Husserls und M. Heideggers Auffassung von Philosophie.

Nachtrag

Lesenswert ist der Kommentar von H. Gunermann in: Marcus Tullius Cicero, Vom pflichtgemäßen Handeln, Reclam 1976, 330ff., besonders aber der von A. R. Dyck, Ann Arbor 1996. Literatur zu „De officiis" bei Maurach 2006, 70f.; s. ferner E. Lefèvre, Panaitios' und Ciceros Pflichtenlehre, Stuttgart 2001; H. A. Gärtner, Ciceros „*De officiis*" und die römischen Institutionen in: O Tempora, o mores, München 2003, 245ff. Neuere Literatur ist bei P. Fedeli, Noterelle al *De officiis* di Cicerone, Paideia 55, 2000, 217ff. zu finden.

Der vierte Text: Caesar, Bellum Gallicum II 29–33

Zur Technik der Leserführung

§ 31 Nach einem Text mit einer Ermahnung und dem philosophischen Ambiente nun ein historisch-erzählender Text. Nicht nur einen kurzen Kommentar zu diesem seltener behandelten Schlussteil des zweiten Buches zu schreiben, scheint lehrreich, sondern auch – wie im Cicero-Kapitel – die Zielrichtung des caesarischen Berichtens aufzufinden.

A. Inhaltsübersicht

§ 32 Halten wir uns an das beste Buch über Caesar, das es gibt, an Matthias Gelzers „Caesar" (Gelzer 1960, 104): Nach dem Sieg über die Nervier (BG II 15, 3–28,1) „rückte er vor die Stadt der Atuatuker. Nachdem die Belagerungsmaschinen aufgestellt waren, kapitulierten auch diese trotzigen Gesellen, baten aber um Belassung der Waffen, deren sie gegen ihre Nachbarn dringend benötigten. Caesar erklärte ihnen nun die Grundsätze, nach denen er bei der Dedition verfahre: Ihre Gemeinde wolle er erhalten, weil sie sich dediert hätten, bevor der Sturmbock die Mauer berührte; aber die Waffen müssten unbedingt ausgeliefert werden. Die Atuatuker fügten sich zum Schein dem Befehl, machten aber in der darauf folgenden Nacht einen Ausfall. Er wurde blutig abgewiesen, die Stadt besetzt und zur Strafe für den Treubruch die gesamte Einwohnerschaft mit ihrer Habe versteigert. Es sollen 53000 Menschen versklavt worden sein."

B. Der Text (2, 30–31)

Zur leichteren Orientierung des Lesers wird auch dieser Text in Paragraphen unterteilt. Hier soll der Text aus der Edition von Alfred Klotz abgeschrieben, an wenigen Stellen auch verteidigt werden (§ 35).

§ 33 ([Kap. 30] § 1 meiner Zählung) Ac primo adventu exercitus nostri crebras ex oppido excursiones faciebant parvulisque proeliis cum nostris contendebant. Postea vallo … crebrisque castellis circummuniti oppido se continebant. (§ 2) Ubi vineis actis aggere exstructo turrim procul constitui viderunt, primum inridere ex muro atque increpitare vocibus, quod tanta machinatio a tanto spatio institueretur: quibusnam manibus aut quibus viribus praesertim homines tantulae staturae – nam plerumque omnibus Gallis prae magnitudine corporum suorum brevitas nostra contemptui est – tanti oneris turrim in muro se posse conlocare confiderent?

§ 34 ([Kap. 31] § 3) Ubi vero moveri et adpropinquare moenibus viderunt, nova atque inusitata specie commoti legatos ad Caesarem miserunt, qui ad hunc modum locuti:

Non se existimare Romanos sine ope divina bellum gerere, qui tantae altitudinis machinationes tanta celeritate promovere et ex propinquitate pugnare possent; se suaque omnia eorum potestati permittere dixerunt. (§ 4) Unum petere ac deprecari: si forte pro sua clementia ac mansuetudine, quam ipsi ab aliis audirent, statuisset Atuatucos esse conservandos, ne se armis despoliaret: (§ 5) sibi omnes fere finitimos esse inimicos ac suae virtuti invidere, a quibus se defendere traditis armis non possent. Sibi praestare, si in eum casum deducerentur, quamvis fortunam a populo Romano pati, quam ab iis per cruciatum interfici, inter quos dominari consuessent.

C. Textsicherung

§ 35 Wir wollen hier nicht die kleinen Varianten besprechen (obschon es interessant wäre, die vereinfachende Überlieferung in der Beta-Klasse der HSS zu beobachten), wollen auch nicht die von mir ausgelassene Wortgruppe, die einst die Maßangaben über die Befestigungen enthielt, behandeln, denn hier ist die Überlieferungslage fast verzweifelt; nur das Ende von § 3 ist so bemerkenswert, dass wir es nicht einfach aus den Ausgaben abschreiben wollen.

Diesen ganzen Paragraphen von *quibusnam* bis *confiderent* hatte einst E. Grupe getilgt, und H. Meusel 1968, 405f. teilte seine Bedenken. Welche? Grupe hatte einen Widerspruch gespürt: Er las aus dem Text heraus, die Atuatuker seien zunächst der Meinung gewesen, der Turm sei „feststehend", sah aber am Ende des Paragraphen eine Meinungsänderung ausgedrückt, jetzt nämlich meinten die Atuatuker – so Grupe –, es handele sich um einen beweglichen Turm. Doch wird es sich hier um keinen „Widerspruch" handeln, sondern Caesar berichtet nur, was er an den Galliern beobachtete: Dass sie den Turm als Angriffsvorrichtung betrachteten, ist aus sich klar; nur wunderten sie sich, da sie bisher den Römern noch nicht begegnet waren, über den weiten Abstand, in dem er gebaut wurde, dachten an Feigheit und lachten von der Mauer herab. Dann aber schickten sie Unterhändler, und das führte Caesar darauf zurück, dass sie den allmählich herannahenden Turm dann doch als ernste Bedrohung verstanden.

§ 36 Weiter: Bei Caesar finde sich, so Grupe, *quisnam* nie wieder, außer in BG V 44, 2, aber dort steht es nur in der Alpha-Klasse und wird zu Recht verworfen. Aber Caesar hatte sonst kaum Gelegenheit, das verstärkte,[16] gern in verwunderten oder spottenden Sätzen stehende Pronomen zu verwenden, und Cicero hielt es für anstoßfrei (de or. 1, 212; de amic. 7 Mitte). Dies Argument ist also schwach.

Wenn Grupe weiter darauf hinweist, dass *praesertim* mit Substantiv, dass *contemptus, brevitas* und *confidere* mit A. c. I.[17] bei Caesar singulär seien, so ist dazu zu sagen, dass Ein-

[16] Das „affektische" Pronomen (J. B. Hofmann 1951, 162) findet sich bei Cicero (vgl. Phil. 2, 64 mit ähnlichem Ton wie hier), ferner bei Nepos, Sallust, oft bei Livius.

[17] *Confido* mit A. c. I., nicht mit den üblichen Formen der Hilfsverben *esse, fore* oder *posse* (s. Thes. Ling. Lat.), sondern mit einem Vollverb, ist nicht allein für Caesar kaum denkbar, es ist überhaupt unbelegt. Man sollte vor allem nicht *sese conlocare confiderent* gegen das Zeugnis von Thes. Ling. Lat. und der Grammatiken ohne Begründung als caesarisch stehen lassen, wie zuweilen geschehen. *Confido* mit A. c. I. eines der genannten Hilfsverben im Präsens, so könnte man argu-

maligkeit allein kein Echtheitskriterium sein kann, da sich derlei Singuläres öfter bei Caesar findet. In der sehr emotionalen Rede BG V 30 z.B. nennt Meusel 1960, 73 mehrere Einmaligkeiten, ohne sie anzuzweifeln; und in der Spottrede BG V 43, 6 ist *vocare si* unbelegbar, aber doch wohl echt.[18] Schwieriger ist *in muro*: Es ist in der Beta-Klasse und in einer Handschrift der Alpha-Klasse überliefert, die sonst nur *in muros* bietet, was falsch ist, da es sich nur um die eine Mauer an der sanften Anstiegstelle handelt. Wahrscheinlich wollte Caesar nahe legen, dass die Atuatuker glaubten, die Römer wollten ihren Riesenbau mittels des *agger*[19] am Ende *auf* die Mauer schaffen. Sie wussten, so legte Caesar wohl nahe, mit dem Turm gar nichts anzufangen.

Wollen wir es hierbei bewenden lassen; es war vielleicht nicht ganz falsch, zum ersten Mal in diesem Buch ins Einzelne zu gehen, um zu zeigen, was man alles zu berücksichtigen und zu bedenken hat und wie viele Unsicherheiten zuweilen bleiben.

D. Kurzkommentar

§ 37 Zu § 2: *Vineis actis*: Es handelt sich um Schutzdächer („Weinlauben"), die vorwärts geschoben wurden; unter ihnen häuften die Römer ihre ansteigende Bahn für den Belagerungsturm auf, der mit seinem oberen Stockwerk die Höhe der Mauerkrone erreichen sollte (Meusel 1968, 69f.). *Inridere atque increpitare*: ein Doppelausdruck, der die Frechheit nachdrücklich hervorhebt; zu *increpitare* vgl. BG 2, 15, 5. *Quibusnam* (s. § 36) könnte man mit „womit *bloß*" wiedergeben.

§ 3: *Nova atque inusitata*: erneut ein Doppelausdruck, um das Wichtige (hier das Motiv der Gallier für ihr späteres Tun) zu betonen; dass alles etwas anders war, wird sich dann herausstellen. § 3 *Ex propinquitate*: ein schwieriger Ausdruck; ist die „Augenhöhe" gemeint? Vgl. meinen Kurzkommentar zu § 2. § 4: *Petere et deprecari*: wieder Betonung durch Doppelung: Sie baten inständig; ebenso gedoppelt *clementia ac mansuetudine.*

E. Interpretation

Fragen

§ 38 Welche Fragen könnte man, besser: sollte man nun an den Text stellen? Überlegen Sie, über welchen Weg Caesar den Leser führt: Über einen, der spannt, oder einen der nüchtern, vom Resultat ausgehend, Schritt nach Schritt aufzählt, was zu diesem hinführte? Bedenken Sie, ob Caesar nicht einige, genau bestimmbare psychische Eigenarten heraus-

mentieren, ist makellos, daher die Konjekturen von Dinter (*sese posse*) und A. Klotz (*se posse; sese* ist zwar besser überliefert, aber es besteht kein Grund zu solcher Betonung), der Thesaurus nennt mehrere Cicero-Stellen dieser Art (de or. 2, 232 zum Beispiel). Was *confido* mit Inf. Praesentis statt Futuri angeht, so könnte man auf die Analogie von *spero* mit Inf. Praes. im Sinne von „Ich hoffe, … zu können" hinweisen (Sall. Hist. frg. 4, 69, 2), womöglich auch auf Caesars eigenen Präsensinfinitiv statt eines Futurs in II 32, 3 (*se facere dixerunt*).

[18] G. Maurach, Caes. BG V 43f.: Der Zenturionenwettstreit, in: Gymnasium 89, 1982, 471 (s. unten Text 20); in § 253 wird allerdings zu § 6 eine andersartige Ansicht zitiert werden.

[19] Zum technischen Ablauf eines solchen Vorrollens von Türmen Meusel 1968, 68f.

arbeiten wollte, sowohl auf Seiten der Gallier wie auch auf der Seite der Römer und ihres Feldherrn!

Lassen Sie sich Zeit und lesen Sie das Folgende erst nach einigem eigenen Nachdenken!

Antworten

§ 39 Erinnern wir uns nun an die anfangs gegebene Zusammenfassung des gesamten Komplexes vom Anmarsch der Römer bis zum Endkampf. Am besten teilt man die Interpretation des Ganzen, wie im ersten Text-Kapitel, in eine interne und eine externe. Damit ist gemeint, dass man sich (a) zunächst klar darüber werden sollte, wie Caesar innerhalb der Kapitel 2, 29–33 berichtet, danach dann (b) fragt, was er herausstellen wollte und ob diese seine Absicht auf diese eine Stelle beschränkt ist.

(a) Caesar malt eine Art „Seelengemälde“: Da lachen die großen Gallier zunächst über das Beginnen der kleinen Römerchen,[20] sind dann aber, so sagen sie wenigstens, zutiefst beeindruckt, glauben gar an göttliche Hilfe, flehen ergeben um Schonung, ja um Belassung der Waffen. Als Caesar ein Teilzugeständnis verspricht, werfen sie Waffen über die Mauer, aber nicht alle, ja sie verfertigen Ersatz und versuchen dann einen Ausbruch gegen eine, wie sie meinen, leichter zu durchbrechende Stelle der römischen Belagerungsanlagen. Sie spotten also, besinnen sich dann aber und fassen einen listigen Plan, denn schon ihr Erschrecken vor der Götterhilfe ist, zum Teil wenigstens, gespielt, und ihre Rede ist eine Trugrede, so wie ihre Waffenabgabe vorgetäuscht ist.

§ 40 Das alles wissen wir aber erst nach dem Lesen des ganzen Textes; Caesar jedoch, so wollen wir festhalten, berichtet nicht so, dass er von vornherein klar macht, dass die Gallier trogen; nein, er geht eine Zeitlang mit den Geschehnissen so mit, wie sie sich den Römern vor der Stadt darboten, und dies bis zu dem Zeitpunkt des nächtlichen Ausbruch-Angriffs. Caesar will also überraschen. Er berichtet sogar, als ahne er nichts Böses (dabei hatte er schon für einen Angriffsfall vordisponiert), nämlich davon, dass er seine Offiziere aus der Stadt abzog, damit sie nicht etwa Streit heraufbeschworen. Diese Rücksichtnahme lässt dann den Wortbruch der Gallier umso krasser hervortreten.

§ 41 Wenn man nun fragt (b), ob Caesar bestimmte Eigenarten der Gallier verdeutlichen wollte, dann ist zunächst klar, dass er die Unverlässlichkeit der Gallier herausheben wollte. Er hat sie oft herausgestellt.[21] Gewiss, die Gallier werden als treubrüchig erwiesen, aber ihre Tapferkeit wird dennoch ebenso gelobt wie die der Nervier (2, 33, 4 bzw. 2, 27). Weiter betont Caesar nicht ohne Stolz die technische Bravour seiner Belagerungsingenieure, betont auch und vielleicht vor allem die Wachsamkeit und Voraussicht seiner selbst, und dies gewiss nicht ohne Berechtigung: Er misstraute, so wird am Ende durch die vorbereiteten Feuerzeichen und Eingreiftruppen deutlich, den Feinden von Anfang an.

[20] Caesar war an solchen psychischen Effekten sehr viel mehr interessiert, als die gewöhnliche Kommentierung annimmt; diesem Nachweis ist mein Caesar-Buch (Maurach 2003, zum Beispiel 26ff.) zu einem großen Teil gewidmet.

[21] Vgl. D. E. Koutroubas, Die Darstellung der Gegner in Caesars „Bellum Gallicum“, Heidelberg 1972, 180.

Wenn Sie nun das ganze „Bellum Gallicum“ Caesars gelesen haben, werden Sie leicht mehrere Stellen finden, an denen Caesars Siege so gekennzeichnet werden, dass große und größte Gefährdungen, sei es solche durch Übermacht seitens der Feinde, sei es solche durch gallische Listen, an ihm und seinen Offizieren und Kämpfern abprallen wie hier. Es ist klar: Er hat gesiegt, in Gallien wie in Spanien und Griechenland; aber stets macht er deutlich, dass Energie, Tapferkeit, Unverzagtheit, Weitblick und taktisches Können obsiegten – Tugenden, die den echten Feldherrn auszeichnen und die den Galliern, bis Vercingetorix auftrat, abgingen. Sie können das „Bellum Gallicum“ wie das „Bellum Civile“ gut und gern als Darstellung der Feldherrntugenden lesen, die nicht viel anders gelobt werden als in den Werken des Thukydides, des Nepos, des Livius oder des Plutarch.

Zur Methode

Es zeigte sich, dass der Interpret auf die Leserführung zu achten hat und auch den Blickpunkt ermitteln muss, von dem aus der Berichterstatter erzählt, oder anders: als wen er sich hinstellt. Hier stellte Caesar sich als einen Erzähler hin, der dem Geschehen, so wie es sich vom Lagerwall der Römer ausnahm, folgt. Der Interpret wird hierbei nicht stehen bleiben, sondern sich fragen, wem diese Blickpunktwahl diene. Hier dient sie ersichtlich der Spannung bzw. Überraschung.

Nachtrag

Man kann auch auf W. Ernst, „Caesar, der überlegene Heerführer“, Anregung 45 (4) 1999, 239ff. verweisen und auf A. Fuchs, Caesars Tragödie über die Atuatuker, Gymnasium 111, 2004, 265ff., wo allerdings kritisches Lesen vonnöten.

Der fünfte Text: Tacitus, Annalen 15, 63

Gedrungenheit emotionsgeladener Texte

A. Historische Übersicht

§ 42 Seneca war nach seiner Verbannung (41–49 n.Chr.) von 49 n.Chr. an Lehrer und dann seit 54 n.Chr. Berater Neros, als dieser noch Prinz war und minderjährig, wurde danach mit Burrus zusammen der wichtigste Berater des Kaisers, war Mitwisser um den Mord an der Kaiserin-Mutter (59 n.Chr.), am Ende verdächtigte der Kaiser ihn der Mitverschwörerschaft gegen sein Leben, und überhaupt wollte er den, der so vieles und zu vieles wusste, loswerden. Die Aufdeckung der sog. Pisonischen Verschwörung lieferte ihm den Vorwand (65 n.Chr.). Er schickte dem greisen Philosophen den Befehl, sich selbst zu entleiben. Seneca gehorchte notgedrungen, sprach tröstende Worte zu den Freunden, die zugegen waren, und wandte sich dann zu seiner Gattin Paulina.[22]

[22] Die Einzelheiten in meinem „Seneca. Leben und Werk“, 4. Auflage Darmstadt 2005, 41ff.

B. Der Text

Hier wird zunächst der Text der Oxford-Ausgabe von C. D. Fisher (1906) mit meiner eigenen Paragraphierung abgedruckt, die Schwierigkeiten der Textherstellung werden später erwähnt.[23]

§ 43 ([Kap. 63] § 1 meiner Zählung) Ubi haec atque talia velut in commune disseruit, complectitur uxorem et paululum adversus praesentem fortitudinem mollitus rogat oratque temperaret dolori neu aeternum susciperet, sed in contemplatione vitae per virtutem actae desiderium mariti solaciis honestis toleraret. Illa contra sibi quoque destinatam mortem adseverat manumque percussoris exposcit.

(§ 2) Tum Seneca gloriae eius non adversus, simul amore, ne sibi unice dilectam ad iniurias relinqueret: „Vitae“ inquit „delenimenta demonstraveram tibi, tu mortis decus mavis: non invidebo exemplo. Sit huius tam fortis exitus constantia penes utrosque par, claritudinis plus in tuo fine.“

(§ 3) Post quae eodem ictu bracchia ferro exsolvunt.

C. Textsicherung

§ 44 In § 1 bietet die beste und älteste HS – ein Kodex aus dem 11. Jahrhundert, heute in der Biblioteca Medicea zu Florenz unter „Laurentianus 68. 2“ geführt, in den modernen Editionen „M“ genannt – *adversus praesentem fortitudinem.* Spätere HSS schrieben *adversus praesentem formidinem,* was dem einen oder anderen der modernen Gelehrten auch zusagte; einer jedoch (Fr. Haase im 19. Jh.[24]) änderte zu *adversus praesentem fortunam.* Was nun? Kann man *fortitudinem* in M verstehen? Vielleicht so: Seneca wurde ein klein wenig weicher gegenüber[25] der eben noch zur Schau getragenen entschlossenen (vgl. OLD *praesens* 4) Tapferkeit. *Adversus praesentem formidinem* dagegen würde bedeuten: „angesichts der momentanen Gefährdung“ (vgl. OLD *adversus* 11 und *formido* 2). So zu lesen, scheint wenig überzeugend: Die Gefährdung bestand ja schon vorher und in gleicher Stärke; was sich änderte, war der Ton: Seneca sprach zu den Freunden, also in größerem Kreise, anders als intim zu der geliebten Frau, *formidinem* ist doch wohl zu verwerfen. Abgesehen von der glatten, aber doch wohl unnötigen Änderung zu *fortunam* scheint das in M Überlieferte plausibel.

§ 45 In demselben Paragraphen ist in M *temperaret doloriem aeternum* überliefert, was unsinnig. Ein Kodex des 15. Jahrhunderts, L genannt, weil heute in Leiden aufbewahrt, schreibt *dolori ne,* was wohl auf eine Textänderung eines humanistisch gebildeten Lesers

[23] Zwei Kommentare verdienen Erwähnung: Corneli Taciti Annalium Libri, hrsg. von H. Furneaux, Bd. 2, 2. Auflage Oxford 1907, 397 ff. und E. Köstermann, Cornelius Tacitus Annalen, Band 4, Heidelberg 1968, S. 304.

[24] Man sollte die früheren Gelehrten nicht vergessen, darum sei ein für alle Male auf das dreibändige biographische Werk von J. E. Sandys, A History of Classical Scholarship (1903–8), Nachdruck New York 1958 (im Falle von Fr. Haase Band 3, 138) hingewiesen wie auch auf U. von Wilamowitz-Moellendorff, Geschichte der Philologie (1921), 3. Auflage, Stuttgart–Leipzig 1998, 65.

[25] Belege im Thes. Ling. Lat. 1, 860, 15 ff.

zurückgeht. Senecas Gattin „möge dem Schmerz steuern, auf dass sie keinen ewigen entwickele“, so könnte man in hässlichem, aber genauem Deutsch schreiben. Moderne Gelehrte änderten zu *dolori neu* (oder *neve*). Was davon verdient Zustimmung?

§ 46 *Dolori, ne* würde bedeuten, Paulina möge den Schmerz beherrschen, *um* keinem ständigen Kummer ausgesetzt zu bleiben. *Dolori neu* meint, sie solle den Schmerz bezwingen *und auch später* keinen ständigen Kummer zulassen. Wer nun meint, Tacitus lasse Seneca ihr nahe legen, eine augenblickliche Selbstbeherrschung schütze vor späterem Dauerschmerz, also vor einem Misslingen der Trauerarbeit, der mag das *ne* für richtig halten; wer dagegen glaubt, Tacitus lasse Seneca zunächst vom augenblicklichen Jammer, dann von der Zeit nach seinem Tode, und damit von gelingender Trauerarbeit sprechen, der wird *neve* vorziehen – wir wollen hier nicht entscheiden, da wir ja nicht edieren, wollen aber deutlich machen, wie wenig Sicherheit die Textkritik zuweilen erreicht und wie wenig ehrlich es wäre, sich in solchen Fällen festzulegen, als ob ganz und gar Verlässliches wiedergewonnen sei. Es ist gut, zuweilen an die Grenzen unserer Wissenschaft erinnert zu werden.

D. Sprachkommentar

§ 47 Es gäbe naturgemäß manches zu kommentieren, wir wollen uns aber weitgehend auf Senecas Rede beschränken. *Destinatam* bedeutet, dass ihr Tod von ihr „beschlossen“ sei (OLD *destino* 3). *Vitae* in Senecas Rede (§ 2) steht voran, um den Kontrast zu *mortis* auch durch die Wortstellung zu verdeutlichen. *Delenimenta* sind Linderungsmittel (OLD 2); das Leben Senecas und seiner Gattin war in den letzten Jahren hart geworden, da bedurfte es solcher Linderungen, wie Seneca sie in seinen „Epistulae Morales“ in Fülle ans Herz gelegt hat. *Mortis decus*: Eine mit mancherlei Nuancen gefüllte Kurzform. Man nennt derlei „Prägnanz“;[26] der Ausdruck *mortis decus* steht für „Ruhm eines freiwilligen, um des Gatten willen erlittenen Todes“. Im „Stichus“ des Plautus, v. 281, stehen *gloria, laus* und *decus* nebeneinander. *Decus* scheint also die Zier des Ruhmvollen zu sein: Ruhm ist schön, ein bedenkenswerter Befund (s. oben § 18).

§ 48 § 2: *Non invidebo exemplo*: *Invideo* meint entweder ein Beneiden („*Du* hast etwas, das *ich* gern hätte“) oder die Missgunst („Du hast etwas, das Du nicht haben solltest“). Neid ist an dieser Stelle sinnlos, da Seneca sich ja gerade anschickt, selber den Ruhm unerschütterten Sterbens zu erringen. Also: „Ich missgönne Dir nicht (das heißt Ich freue mich), dass du den Ruhm vorbildhaften Sterbens erringst.“ *Exemplum*: eine Tat, die ein rühmens- und zugleich nachahmenswertes Vorbild schafft (OLD *exemplum* 6 b). *Sit*: Konjunktiv der Einräumung (KS 2, 189, 10). *Plus* ohne *est* oder *erit*: Eindringlich kurzes, geradezu lapidares Sprechen kennzeichnet die Rede Senecas. Das ist der Stil einerseits des taciteischen Schreibens überhaupt, andererseits ist er auch dem der „Epistulae Morales“ ähnlich, also insgesamt genau passend.

[26] Es scheint sich einzubürgern, „prägnant“ im Sinne von „präzis“ zu verwenden – ein falscher Gebrauch, denn *praegnas* heißt ja „schwanger“: Es ist etwas in einem Wort, das man nicht sieht, es ist gefüllt verwendet, es enthält mehr, als es zeigt.

§ 3: *Exsolvunt*: Seneca und Paulina werden schwerlich selbst sich die tödlichen Schnitte beigebracht haben; dafür hatte man Spezialisten, vgl. § 1 Ende (*manus percussoris*).[27]

E. Paraphrasierende Übersetzung

§ 49 „Sobald er (Seneca) dieses und ähnliches Weitere gleichsam für die Allgemeinheit vorgetragen hatte, umarmte er seine Gattin und, ein wenig gegenüber der bisher zur Schau getragenen harten Tapferkeit milde geworden, bat er sie inständig, ihren Schmerz zu mäßigen und auch (später) keinen dauernden (Kummer) zuzulassen, vielmehr sein Leben, das er in Tugenderfüllung verbracht hätte, anzuschauen und die Sehnsucht nach dem Gatten mittels (solch) aufrichtenden Trostes zu ertragen. Sie aber beteuerte, sie habe auch für sich den Tod beschlossen, und verlangte nach der Hand des Aderschneiders. Da sprach Seneca, der einem solchen Ruhm nicht abgeneigt war, zugleich aber auch aus Liebe (er wollte nicht die einzig Geliebte möglichen Übergriffen überlassen), so: ‚Für ein (schweres) Leben hatte ich Dir Linderungsmittel gezeigt, zu ziehst den Schmuck eines (tapferen) Todes vor: Ich habe keine Einwände gegen diese vorbildliche Tat. Mag auch die Ertragenskraft eines tapferen Todes bei uns beiden gleich sein, rühmlicher ist *dein* Ende.' Hiernach ließen sie sich die Adern mit zeitgleichem Schnitt öffnen."

So könnte man allenfalls übersetzen; diese Übertragung zeigt aber durch ihre vergleichsweise fülligere Art, wie gedrungen die Sprache des Tacitus ist. Wir sind nunmehr für die gewohnte Frage vorbereitet: Worüber müsste man bei dieser Rede des Philosophen nachdenken?

F. Interpretation

§ 50 Wenn Interpretieren ein nachdenkendes Eindringen in einen bedeutenden Text meint, dann sollte man sich klar darüber sein, dass dies „bedeutend" zweierlei nahe legt: Einerseits ist ein Text gut und eindrucksvoll durch seinen Gedanken, zum anderen aber auch durch seine Darbietungsweise, seinen Stil. Unterscheiden wir daher Stil und Gedanken so, wie wir es von nun an oft tun werden.

Der Gedanke

§ 51 Tacitus lässt seinen Seneca keine Zeit verlieren, bis er sich (so R. Henke) seiner Gattin zuwendet (das liegt in *ubi*), er lässt ihn sich dessen bewusst sein, dass er „eines sehr tapferen Ausgangs Festigkeit" unter Beweis stellt (§ 2). Ein solches Sterben ist, wenn es öffentlich geschieht (hier vor den Freunden), in den Augen des Tacitus – er nennt in den „Annalen" viele Beispiele – ruhm- und ehrenvoll und Vorbild (*exemplum*) zugleich, damals wie heute. Das stimmt mit dem überein, was Seneca – nach Tacitus – kurz vorher den Freunden gesagt hatte: Er lasse ihnen das „Bild seines Lebens" zurück (62, 1).

Senecas Sterben war allerdings erzwungen, das seiner Gattin nicht, und darum lässt Tacitus seinen Seneca *ihren* Ruhm noch über dessen *eigenen* stellen. Tacitus macht deutlich – wenn wir, den Fernbezug suchend, für einen Augenblick über unser Kapitel hinausgrei-

[27] *Percussor* wird erst in der frühen Kaiserzeit häufiger (Thes. Ling. Lat. 10, 1; 1236, 48ff.); ob deswegen, weil sich zu dieser Zeit solche Tötungen durch fachgerechten Aderschnitt häuften?

fen sollen –, dass die gesamte Schilderung der Pisonischen Verschwörung dazu dient, Beispiele für Gefasstheit und aufrechtes Einstehen für die eigene Tat gegen das sinnlose Wüten des Kaisers zu stellen (vgl. Kap. 59; 60, 1) und gegen das kriechende Winseln der charakterlich schwächeren Überlebenden (71, 1).

Der Stil

§ 52 Analysieren wir zunächst die Struktur: Die Sätze des Tacitus weisen einen einteiligen Kopfsatz auf (*ubi … disseruit*), danach sind die Haupt- und Nebensätze zweiteilig (*complectitur … rogat oratque*),[28] der finale Nebensatz nimmt mit seiner Doppelung (*temperaret … susciperet*) die Doppelung des *rogat oratque* variierend auf und ist, auf sein Ganzes gesehen, erneut zweiteilig: *temperaret … sed toleraret.* Der nächste Satz zeigt wieder zwei Teile, und auch die Schilderung von Senecas Motiven (*tum … relinqueret*) besteht ebenso aus zwei Angaben, wie auch seine Rede zwei Teile aufweist: *vitae … tibi* und *tu … mavis*; der kraftvolle Beschluss *non invidebo exemplo* dagegen besteht nur aus einem Satz, der kurz ist und unwidersprechlich klingt. Der letzte Satz, den Seneca spricht, ist aufs Neue zweiteilig, allerdings in der Form der Steigerung bis zu „Dein Tod ist ruhmvoller", wobei *tuo* betont vor sein Substantiv tritt. Tacitus verleiht seinem Text mittels der streng durchgehaltenen Zweiteiligkeit ein hohes Maß an Homogenität und gibt den einteiligen Sätzen besonderes Gewicht.

Offenbar handelt es sich hier um einen sorgsam gebauten Text. Aber solche Analysen sind tot und nichtig, wenn sie nicht einen inneren Sinn enthüllen. Hier ist der innere Sinn der feste, endgültige Ton; entschlossen und klar lässt Tacitus den aufrechten Philosophen sprechen, man möchte sagen: römisch lapidar. Und mit dieser Einschätzung wäre schon viel gewonnen.

Zur Methode

Was wäre bezüglich der Methode dem Tacitus-Kapitel zu entnehmen? Zunächst das Postulat, dass jede Interpretation auch auf den Stil zu achten hat, hier auf die gedrungene, ja geballte Kürze. Zweitens wäre erneut (s. oben § 10) auf die Einbettung in den Kontext zu achten: Senecas Sterben ist nur eines der Beispiele für tapferen Untergang römischer Adliger unter dem Wüten des wahnsinnigen Tyrannen. Drittens ist lehrreich zu sehen, wie antike Historiker die Geschichtsschreibung als Bewahrung des Ruhmes Einzelner verstanden.

Nachtrag

Der Interpret des taciteischen Textes darf ruhig darauf hinweisen, wie wenig Tacitus selber zu dem Redepaar der beiden tapferen Menschen von seinem Eigenen hinzufügt und wie sehr er sich allen Kommentierens enthält, um die Bühne ausschließlich dem Philosophenpaar zu überlassen: Tacitus zeigt damit, dass er ihm ehrlich und uneingeschränkt den Ruhm gönnt, der ihm zukommt.

§ 53 Mit Genuss wird man den kurzen Aufsatz von Ph. Bruggisser „Ultima Necessitas" in Latomus s. 4, 54, 2004, 489f. lesen, in dem der Verfasser zeigt, dass Tacitus (ann. 15, 61, 4) hier und nur hier den Befehl als *necessitas ultima* bezeichnet, also mit den Worten von Seneca selbst aus epist. 70, 5 – eine verborgene Hommage.

[28] Zum emphatischen Charakter solcher Verdoppelungen vgl. im 4. Text § 37, 2.

Teil II: Schwierigere Texte

Der sechste Text: Seneca, epist. 80

Einwirken auf den Leser

§ 54 Der fünfte Text beschäftigte sich mit Seneca; bleiben wir doch bei ihm und lesen einmal zusammen eine seiner „Epistulae Morales". Mittlerweile ist deutlich geworden, dass es eine einheitliche Interpretationsmethode, die für alle Textsorten gilt, nicht gibt; einheitlich und immer sich wiederholend sind allein die drei vorbereitenden Schritte: Textsicherung, Kommentierung, Übersetzung.

A. Der Text

Abgedruckt wird, bis auf Kleinigkeiten, der Text der bei weitem besten Ausgabe, der von L. D. Reynolds in der Oxford-Classical Texts-Reihe (1965 und Nachdrucke):

SENECA LUCILIO SUO SALUTEM

§ 55 (§ 1) Hodierno die non tantum meo beneficio mihi vaco, sed spectaculi, quod omnes molestos ad sphaeromachian avocavit. Nemo inrumpet, nemo cogitationem meam impediet, quae hac ipsa fiducia procedit audacius. Non crepabit subinde ostium, non adlevabitur velum: licebit tuto vadere, quod magis necessarium est per se eunti et suam sequenti viam. (non ergo sequor priores? facio, sed permitto mihi et invenire aliquid et mutare et relinquere. Non servio illis, sed assentior).

(§ 2) Magnum tamen verbum dixi, qui mihi silentium promittebam et sine interpellatore secretum: ecce ingens clamor ex stadio perfertur et me non excutit mihi, sed in huius ipsius rei contemplationem transfert. Cogito mecum quam multi corpora exerceant, ingenia quam pauci; quantus ad spectaculum non fidele et lusorium fiat concursus, quanta sit circa bonas artes solitudo; quam inbecilli animo sint quorum lacertos umerosque miramur.

(§ 3) Illud maxime revolvo mecum: si corpus perduci exercitatione ad hanc patientiam potest, qua et pugnos pariter et calces non unius hominis ferat, qua solem ardentissimum in ferventissimo pulvere sustinens aliquis et sanguine suo madens diem ducat, quanto facilius animus conroborari possit, ut fortunae ictus invictus excipiat, ut proiectus, ut conculcatus exsurgat! corpus enim multis eget rebus ut valeat, animus ex se crescit, se ipse alit, se exercet; illis multo cibo, multa potione opus est, multo oleo, longa denique opera; tibi continget virtus sine apparatu, sine inpensa. Quidquid facere te potest bonum, tecum est!

(§ 4) Quid tibi opus est ut sis bonus? Velle! Quid autem melius potes velle quam eripere te huic servituti quae omnes perdit, quam mancipia quoque condicionis extremae et in his sordibus nata omni modo exuere conantur? peculium suum, quod comparaverunt ventre fraudato, pro capite numerant: tu non concupisces quanticumque ad libertatem pervenire, qui te in illa putas natum?

(§ 5) Quid ad arcam tuam respicis? emi non potest. Itaque in tabellas vanum coicitur nomen libertatis, quam nec qui emerunt habent nec qui vendiderunt: tibi des oportet istud bonum, a te petas. Libera te primum metu mortis (illa nobis iugum inponit), deinde metu paupertatis.

(§ 6) Si vis scire quam nihil in illa mali sit, compara inter se pauperum et divitum vultus: saepius pauper et fidelius ridet: nulla sollicitudo in alto [„unter der Oberfläche"] est. etiam siqua incidit cura, velut nubes levis transit. horum qui felices vocantur hilaritas ficta est aut gravis aut suppurata tristitia, eo quidem gravior quia interdum non licet palam esse miseros, sed inter aerumnas cor ipsum exedentes necesse est agere felicem.

(§ 7) Saepius hoc exemplo mihi utendum est, nec enim ullo efficacius exprimitur hic humanae vitae mimus, qui nobis partes quas male agamus adsignat. Ille qui in scaena latus incedit et haec resupinus dicit:

en impero Argis; regna mihi liquit Pelops,
qua ponto ab Helles atque ab Ionio mari
urguetur Isthmos

servus est, quinque modios accipit et quinque denarios. (§ 8) Ille qui superbus atque inpotens et fiducia virium tumidus ait:

quod nisi quieris, Menelae, hac dextra occides,

diurnum accipit, in centunculo dormit. Idem de istis licet omnibus dicas quos supra capita hominum supraque turbam delicatos lectica suspendit: omnium istorum personata felicitas est. contemnes illos si despoliaveris.

(§ 9) Equum empturus solvi iubes stratum, detrahis vestimenta venalibus, nequa vitia corporis lateant: hominem involutum aestimas? mangones quidquid est quod displiceat, id aliquo lenocinio abscondunt, itaque ementibus ornamenta ipsa suspecta sunt: sive crus alligatum sive bracchium [alligatum ist zu ergänzen] aspiceres, nudari iuberes et ipsum tibi corpus ostendi. (§ 10) Vides illum Scythiae Sarmatiaeve regem insigni capitis decorum? si vis illum aestimare totumque scire qualis sit, fasciam solve: multum mali sub illa latet. Quid de aliis loquor? si perpendere te voles, sepone pecuniam, domum, dignitatem, intus te ipse considera: nunc qualis sis aliis credis. VALE.

B. Kurzkommentar

§ 56 Bevor wir übersetzen oder gar „interpretieren" können, müssen einige Sachen und Begriffe geklärt werden.

§ 1: *Meo beneficio*: Das Possessiv ist vorangestellt, weil es in Kontrast zu *spectaculi* gesetzt ist: Hervorhebungs- oder Relief-Stellung. *Sphaeromachia*: Marquardt-Mau 1886, 845 und Blümner 1911, 440 erklären dies Spiel etwa so: Zwei Parteien kämpfen durch Werfen eines Balles in die andere Seite hinein darum, die Gegenpartei über eine bestimmte Linie zurückzudrängen, indem sie wirft und die Gegenpartei fängt, und dann von genau der Stelle zurückwirft, wo der Ball gefangen wurde oder aufprallte. Wie es dabei zu Fußtritten, Stürzen und blutenden Verletzungen (ep. 80, 3) kommen konnte, ist unbekannt. Wir spielten früher ein ähnliches Spiel, das wir „Treibball" nannten. *Velum*: Vom Hauseingang führte der Weg zum Atrium, das zum Eingang hin oft durch einen Vorhang (*velum*) abgeschlossen war (Marquardt-Mau 1885, 239; Blümner 1911, 144). Am Ende des Abschnitts finden wir ein Bekenntnis zur denkerischen Selbständigkeit; R. Mayer 1999, 91 im Kommentar zu Horaz, ep. 1, 1, 14 nennt Vergleichbares. Der Unterschied zu Horaz liegt zunächst im Humor des Venusiners, über den wichtigsten Unterschied wird später zu sprechen sein. Jetzt sei nur darauf hingewiesen, dass dieser erste Abschnitt bei Seneca durch das Bild des Gehens und des Weges zusammengehalten wird.

§ 57 In § 2 ist die Gedankenstruktur zu Beginn schwierig: Der Sinn scheint dieser zu sein: „Ich habe den Mund sehr voll genommen, als ich mir einen stillen Tag versprach, denn sieh' da!, es geht schon los drüben im Stadion. Ein gewaltiges Geschrei und – seltsam, es stört mich nicht beim Nachdenken!" Das *et* von *et me non excutit* scheint einem *et tamen, attamen* gleichzukommen (Belege in Maurach 1995, 119 oben). Man ist versucht, *set* statt *et* zu schreiben, doch das gleich folgende *sed* widerrät. *Non fidele*: etwas, das nicht lange anhält (OLD *fidelis* 3 c).

§ 5: *In tabellas vanum coicitur nomen*: Die wenig dauerhafte (*vanum*) Bezeichnung „frei gelassen" wird eingetragen in das „amtliche Register" (OLD *tabella* 7).

§ 6: *Suppurata tristitia*: *Suppurare* wird von eitrigen Entzündungen gesagt: Unter der aufgesetzten Fröhlichkeit „eitert" die Besorgnis.

§ 7: *Latus*: laut tönend, vollmundig (OLD *latus* 6); ferner *resupinus*: großtuerisch (OLD *resupinus* 2 b).

§ 8: *Centunculum*: eine Decke oder ein Umhang aus Flicken.

§ 9: *Stratum*: Schabracke; zu diesem Bild vgl. ep. 47, 16: Seneca wiederholt sich nicht selten.

§ 10: *Insigni* von *insigne, -nis* ntr.: Kopfbinde von Königen als Zeichen ihrer Würde (OLD *insigne* 2 c).

C. Textsicherung

§ 58 Der Text von ep. 80 ist gut überliefert. Die längst geheilten Verderbnisse sind diese: In § 1 ist *crepuit* überliefert, was dem Sinn und den übrigen Futura in diesem Abschnitt widerstreitet; die Konjektur *crepabit* ist unwiderleglich, obschon der Weg der Verderbnis wundernimmt. Alle HSS bieten *uno vadere* statt *tuto vadere*, eine unsinnige Lesart, die Otto Hense in seiner Edition von 1913 verbesserte. In § 2 geben die HSS statt *contemplationem* entweder *contemptionem* oder *contentionem*, doch bereits Gelehrte des 12. Jahrhunderts und späterer Zeit lasen richtig. Der Fehler besteht in der simplen Auslassung zunächst zweier Buchstaben (Handschrift Q und V), dann eines weiteren, des *p* (in der Delta-Klasse): fortschreitende Korruption bereits in der späten Antike. § 10: *Quid de aliis* ist gewiss richtig, die HSS bieten *quod*, eine häufige Verderbnis, vielleicht aus Verlesung der Abkürzung für *quid* entstanden.

D. Übersetzung

Eine gute Übersetzung findet sich in: Lucius Annaeus Seneca, Epistulae Morales ad Lucilium, übersetzt von R. Rauthe, Reclam 1994, 72 ff.

§ 59 „Seneca grüßt seinen Lucilius

(§ 1) Am heutigen Tage habe ich nicht so sehr aus eigenem Verdienst für mich Zeit als vielmehr aus dem des Sportereignisses, das alle Störenfriede zum Ballwettspiel abgerufen hat. Niemand wird hereinstürzen, niemand mein Nachdenken hindern, das wegen eben dieser Zuversicht kräftiger vorangehen wird. Nicht wird urplötzlich die Tür knarren, nicht wird der Vorhang gehoben – ich werde sicheren Schrittes gehen dürfen, was um so nötiger ist, wenn man selbständig wandert und einen eigenen Weg verfolgt. (Soll das heißen, dass ich nicht den Vorgängern folge? Doch, aber ich erlaube mir, manches dazuzufinden, abzuändern und fortzulassen: Ich diene ihnen nicht, ich stimme ihnen nur zu.)

(§ 2) Aber ich habe den Mund zu voll genommen, als ich sagte, ich verspräche mir Ruhe und Stille, denn schon geht's los: Gewaltiges Geschrei tönt aus dem Stadion herüber, und doch – es lenkt mich dennoch nicht von mir selber ab; vielmehr bringt es mich (nur zu einem anderen Thema, nämlich) dazu, eben dieses Phänomen zu bedenken. Ich überlege bei mir selbst, wie viele ihren Körper trainieren, wie wenige ihren Geist; wie gewaltig der Zulauf zu Sportspielen ist, die doch nur etwas Vorübergehendes sind und Spielerei, und wie leer es ist um die heilsamen Beschäftigungen; wie charakterschwach die sind, deren Arme und Schultern wir anstaunen!

(§ 3) Vor allem überlege ich dies: Wenn man den Körper durch Training zu einem Durchhalten führen kann, mit dem er Faustschläge und Fußtritte nicht nur *eines* Gegners erträgt, mit dem man glühendste Sonne in heißestem Staub aushält und einen ganzen Tag blutüberströmt hinbringt – um wie viel leichter könnte da doch der Geist gestärkt werden, so dass er die Schläge des Schicksals unbesiegt hinzunehmen vermag, so dass er zwar niedergeworfen und zu Boden getrampelt werden mag, aber dennoch wieder aufsteht! (*Um wie viel leichter, denn:*) Der Körper nämlich braucht vieles, um stark zu sein; der Geist dagegen wächst ganz aus sich selber, nährt sich selber, trainiert sich selber. Die Sportler benötigen viel Essen, viel Trinken, viel Öl, dazu lange Arbeit, Du aber erreichst geistige Kraft ohne Aufwand, ohne Kosten: Alles, was Dich gut machen kann, ist in Dir selber.

(§ 4) Was brauchst Du, um gut zu sein? Nur den Willen! Was aber kann man Besseres wollen, als Dich der Versklavung zu entreißen, die uns alle bedrückt, die auch Sklaven niederster Klasse und in dem Elend da draußen geboren,[29] auf jede nur erdenkliche Weise loswerden wollen? Sie zahlen ihr Eigengeld, das sie sich vom Bauch absparen, für ihre Freiheit – und Du strebst nicht danach, um jeden Preis die Freiheit zu erlangen, in die Du doch nach Deiner Überzeugung hineingeboren wurdest?

(§ 5) Was schaust Du zu Deiner Geldkiste hin? Die Freiheit kann man nicht kaufen. In das Bürgerregister trägt man somit die Kennzeichnung ‚frei' nur als ein leeres Wort ein, weil weder die, welche sie sich kaufen, sie wirklich besitzen, noch auch die, welche sie verkaufen: *Du* musst dies Gut Dir selber schenken, von Dir selber musst Du es fordern (*und nicht zu kaufen trachten, doch wie?*). Befreie Dich vor allem von der Angst vor dem Tode, sie presst ein *(versklavendes)* Joch auf unseren Nacken, dann auch von der vor der Armut. (§ 6) Willst Du wissen, wie wenig Schlimmes sie enthält, dann vergleiche die Mienen eines Armen und eines Reichen: Öfter und herzhafter lacht der Arme. Denn *(bei ihm)* wühlt keine Sorge unter der *(scheinbar heiteren)* Oberfläche; ja, sogar dann, wenn ihn doch irgendeine Sorge befällt, geht sie vorüber wie eine Wolke. Die aber, die man glücklich nennt, deren Heiterkeit ist nur gespielt oder ist *(eigentlich nur)* beschwerlich oder *(im Grunde)* schwärender Unmut, der darum umso belastender ist, als sie ihr Elend nie offen

[29] Man könnte meinen, dass Sklaven, die im Herrenhaus geboren wurden und somit nie die Freiheit gekannt haben, sich leicht mit dem Sklavendasein abfinden könnten, so wie man heute von Tieren spricht, die im Zoo zur Welt kamen (ob bei allen Tierarten zu Recht, mag dahingestellt bleiben).

zeigen können, vielmehr mitten im Leiden trotz bekümmerten Herzens doch gezwungen sind, den Glücklichen zu mimen.

(§ 7) Vielleicht etwas zu oft muss ich den folgenden Beweis bemühen, aber durch nichts sonst wird das menschliche Komödienspiel offensichtlicher, das uns eine Rolle zuweist, die wir doch nur schlecht spielen: Wer da nämlich auf der Bühne groß einherschreitet und hochmütig rezitiert

Schaut, ich herrsche über Argos. Dies Reich hinterließ
mir Pelops, wo der Isthmus vom Hellespont
und vom Jonischen Meer bedrängt wird,

der ist nur ein Sklave, fünf Maß Korn bekommt er und fünf Mark. (§ 8) Der andere, der da übermäßig hochgereckten Hauptes, seiner selbst nicht Herr und vor lauter Selbstüberhebung angeschwollen vorträgt:

Vermagst Du das nicht, Menelaos, fällst
Du von dieser meiner Rechten!,

der ist nur Tagelöhner, schläft unter seinem Flickenmantel. Dasselbe gilt von allen, die da über die Köpfe der Leute und über die Menge hin in ihrer Sänfte gleiten (*Reiche wurden in Sänften über Kopfhöhe getragen: Juv. 3, 240*): Ihr Glücklichsein ist immer nur Maske. Entlarvst Du sie, wirst Du sie verachten.

(§ 9) Kaufst Du ein Pferd, lässt Du die Schabracke abnehmen; Du lässt den Sklaven auf dem Sklavenmarkt die Kleider ausziehen, damit sie nicht etwaige Gebresten verhüllen, aber die Menschen sonst schätzt Du auch eingehüllt. Die Händler verbergen, was da etwa missfallen könnte, durch irgendwelche *(hübsche)* Bedeckung, und so sind dem Käufer eben solche Ausstaffierungen verdächtig. Wenn Du einen Schenkel siehst, der umwickelt ist oder einen (*umwickelten*) Arm, wirst Du wohl um Freilegung und Vorzeigen des nackten Körpers bitten. (§ 10) Siehst Du dort den Skythen- oder Sarmatenkönig, prächtig wirkend mit seiner Königsbinde um den Kopf? Willst Du ihn richtig einschätzen und wissen, wer er wohl im Ganzen sei, dann löse das Band: Viel Böses ist darunter. Aber was rede ich von anderen? Wenn Du Dich selber bewerten willst, lege Dein Geld beiseite, Dein Haus, Deine Amtswürde und betrachte Dich selber innen! Bis jetzt verlässt Du Dich nur auf das Urteil der Anderen!“

E. Erläuterung

Zunächst soll Abschnitt für Abschnitt erklärt werden; danach folgt die nunmehr schon gewohnte Frage, worüber nachzudenken wäre. Zuletzt dann der Vorschlag einer das Ganze umfassenden Gesamtinterpretation.

§ 60 Erklärung Abschnitt nach Abschnitt: Zunächst § 1: Seneca eröffnet den Brief mit der Feststellung, heute sei er „frei für sich selbst“ (*mihi vaco*), nicht so sehr, weil er selber dafür gesorgt hätte (*meo beneficio*), sondern weil ein Ballspiel im Stadion alle Störenfriede fortlockt: Er werde sicheren (das heißt ungestörten) Schrittes beim Nachdenken voranschreiten können, was auch nötig sei, wenn man seinen eigenen Weg geht (was mehr Konzentration erfordert, so könnte man interpolieren).

§ 2: „Aber (*tamen* greift zurück auf den Beginn des § 1) ich habe ein großes Wort gesprochen, als ich mir (erneut diese Trennung von Ich und Ich, von Leibes-Ich und Geist-Ich, so könnte man verstehen) Stille versprach und eine Ruhe, die kein Störenfried unterbrechen werde. Doch sieh' da! – ein riesiges Geschrei vom Stadium und doch (so wundert, so freut er sich) lenkt es mich nicht ab von mir selber (schon wieder diese Trennung von oft nervösem, lärmempfindlichem Ich und dem denkend sich konzentrierenden Ich), vielmehr lenkt es hinüber zum Nachdenken über eben dies Geschrei, über eben dieses Sportereignis." So ungefähr könnte man erklärend paraphrasieren, die üblichen Übersetzungen und Kommentare spüren der wichtigen Trennung des einen Ich vom anderen nicht genügend nach. Sein Nachdenken – worauf zielt es? Darauf, dass man dem Sport, der Körperausbildung so viel Raum schenkt, der Ausbildung des Geistes, des Mutes, des Willens (all dies liegt in *animus*) dagegen so wenig. Dabei (§ 3) wäre die Stärkung des *animus* gegen die Schläge des Schicksals viel weniger aufwendig als die des Körpers gegen die Schläge beim Kampfsport, denn der *animus* bedarf keiner materiellen Aufwendungen, er wächst zur Stärke aus sich selbst: „Seelische Leistung (*virtus*, § 3 Ende) kannst Du aus Dir selber gewinnen", so wendet Seneca sich zum ersten Male in diesem Brief zu dem (oder einem) Du. „Was immer Dich (seelisch) stark macht (*bonum*), liegt in Dir selber": Mit diesem Kurzsatz schließt der Abschnitt, *virtus* und *animus* scheinen gleichgesetzt.

§ 61 Nun § 4: Wie aber kann man „seelisch stark" (*bonus*) werden? Durch einen Willensentschluss (*velle*), und der beste ist einer, den Du Dir selber geben kannst, und zwar aus Dir selbst (§ 5, so setzt sich die Kontrastierung von „innen" und „außen" fort), nämlich „Wenn Du Dich von der Versklavung befreist" (wieder nach längerer unpersönlicher Rede die Wendung zum Du). Welcher Versklavung? „Befreie Dich vor allem von der Angst vor dem Tode, dann von der vor der Armut" (schließender Kurzsatz). Von der Todesangst spricht Seneca hier nicht weiter, das wäre nach ep. 77f. auch nur eine Dublette (Maurach, Der Bau von Senecas Epistulae Morales, Heidelberg 1970, 173), wohl aber spricht er von der Armut. Reichsein macht nicht glücklich: Man sehe, wie die, welche sich materiell glücklich geben, welche vorgeben, durch Reichtum froh zu werden, dies nur vortäuschen. Der Arme aber lacht öfter und heiterer als der Reiche, den unter der Maske der Fröhlichkeit die Sorge plagt (das Thema von Horaz [c. 2, 16; 3, 1] und vielen anderen). Das Leben derer, die nicht aus seelischer Stärke froh sind, ist ein „Mimus" (§ 7), „das Glücklichsein all dieser Menschen ist nur ein Maskentragen: Nimm sie ihnen ab und Du wirst sie verachten", so endet dieser Abschnitt (§§ 7–9) wieder mit einem Kurzsatz.

§ 9: Maske und Verbergen: Es ist mit den Menschen wie beim Pferde- und Sklavenhandel oder wie mit einem Gewaltherrscher: Nimmt man die Schabracke oder ein irgendeinen Schaden verhüllendes Tuch ab bzw. die Königsbinde, offenbaren sich die Gebresten äußerer bzw. innerer Art: Wenn Du Dich prüfen willst (wieder nach längerer allgemeiner Erörterung die Wendung zum Du), lege einmal Geld, Haus und Würde ab, schau nach innen. „Bis jetzt verlässt Du Dich bei der Frage, wer Du bist, auf das Urteil anderer" (*nunc qualis sis aliis credis*: Der Kurzsatz beschließt Abschnitt und Epistel). Jetzt – so könnte man interpolieren – stelle Dich selber auf den Prüfstand!

F. Interpretation

Fragen

§ 62 Und nun die gewohnte Frage: Worüber wäre nachzudenken? Nehmen wir die kleinen, eben gerade versteckt gegebenen Hinweise versuchsweise ernst: Immer wieder setzt Seneca ans Ende von Sinneinheiten einen Kurzsatz. Der erste liegt am Ende von § 3, der zweite am Ende von § 5, der dritte am Schluss von § 8, der vierte am Beschluss der ganzen Epistel. Das sind die Markierungen der großen Gedankeneinheiten. Fügen Sie sie zu einem einzigen Gedankengang zusammen und erklären Sie, warum Seneca am Ende des ersten Komplexes (§ 3 Ende), des zweiten (§ 5 Ende) und des dritten gleichsam von weit her, von außen, vom Allgemeinen dann zum Du geht. Wie könnte man den Weg, den diese Epistel nimmt (in § 1 ist womöglich nicht ohne Absicht so viel vom Gehen und von Wegen die Rede), beschreiben? Was wäre dann der Sinn der Epistel?

Antworten

§ 63 Zu Beginn heißt es: *mihi vaco*, dann *mihi silentium promittebam*, so als müsste man das Ich in sich unterscheiden. Wir heute sagen ja auch: „Davon verspreche ich mir viel", denken aber über das „ich … mir" nicht weiter nach. Seneca aber dachte sehr wohl darüber nach, denn gleich darauf liest man: *me non excutit mihi* (§ 2). Also zwei Formen des Ich? Wahrscheinlich ist dies richtig, denn in § 5 wird ein ähnlicher Schnitt gelegt zwischen dem Du, das da Angst hat, und einem angestrebten Du, das sich von solcher Angst befreit, indem es den Entschluss fasst (§ 4 Anf.), Tod und Armut (§ 5), später (§ 10 Ende) „Geld, Haus und Ehrungen" fortzuwerfen. Nur durch solche Unterscheidung von sich selbst mit dem Ziel, ein Ich zu gewinnen, das überlegen ist über seinen Körper und alles andere Äußerliche, nur so kann man seine Ängste unterbinden. Das ist ein ebenso großartiger wie schwer nachvollziehbarer Gedanke: Hält man das Reich-, ja sogar das Lebendigsein nicht mehr für die obersten Werte, fallen die Hauptängste fort und der Mensch vermag das Leben, das ihm geschenkt wurde, sorgenfrei anzunehmen.

§ 64 Wenn dies der Gedanke der Epistel ist und wenn ihr Ziel die Verdeutlichung ist, dass die Distanzierung von allem Äußerlichen gegen das Schicksal feit, dann bleibt die Frage, wie und auf welchem Wege Seneca den Leser durch seinen Brief führt. Er beginnt, wie so oft, mit etwas Alltäglichem, hier mit einem Sportwettkampf, und führt dann zu einem Argument, das sich vom Geringeren zum Größeren bewegt, vom Körpertraining zur Abhärtung des Inneren (*animus*), die „leichter" (*facilius*, § 3 Mitte) sei, weil sie keines äußeren Aufwandes bedarf. Noch einmal, anders gewendet: Bekanntlich muss der Sportler viel für seine Abhärtung und Leistungskraft aufwenden, der Philosoph dagegen muss „nur" seinen *animus* stählen – aber um welchen Preis! Er muss sich entschließen, eine Umwertung zu wollen, die Abwertung alles Äußeren bis hin zu der Bereitschaft, sogar auf das Lebendigsein zu verzichten. Körpertraining – Seelentraining, Willensentschluss, Bestimmung dieses Entschlusses als Verzicht, danach das Erleichtern dieses Verzichtes durch Nachweis der Unechtheit aller zur Schau gestellten Fröhlichkeit über den Besitz von Äußerem, zuletzt die Bestimmung des Wertes eines Menschen nach der Radikalität seiner Überlegenheit über die versklavenden Wertschätzungen. So oder doch so ähnlich führt Seneca den Leser.

§ 65 Aber er führt noch auf eine weitere Weise: Abschnitt für Abschnitt bewegt die Epistel sich von außen nach innen, will sagen: von etwas Allgemeinem und Unwesentlichem zum Du (§ 3 Ende, § 5 und 10). Dadurch wird der Lesende dreimal aus der bloß allgemeinen Belehrung zu einer persönlichen Verheißung, von der allgemein gültigen Kritik von überall geltenden Glücksvorstellungen auf sich selber zurückgeführt, und am Ende wird er gar beschämt (§ 10, letzter Satz). In dieser Epistel verknüpft sich demnach ein Aufklären über Gewöhnliches mit dem Appell an den Lesenden selber, verbindet sich allgemeines Belehren über die Mittel zur Besserung der Lage mit aggressivem Herantreten an den Adressaten in der Absicht des Mitreißens hin zu einem besseren Weg. Es wird kein bloßes Wissen vermittelt, es wird das Du nicht nur aufgeklärt, nein: Es wird zur Anwendung des Enthüllten aufgefordert unter Verheißung großen Erfolges.

Ansichten anderer über die Epistel

§ 66 Jetzt am Ende der Gesamtinterpretation – wohlgemerkt, es gäbe noch sehr viel mehr zu sagen – wollen wir anhand einer kurzen Bemerkung auch das Lesen und Beurteilen von Sekundärliteratur üben. Natürlich möchte man gern erfahren, ob das eigene Leseresultat richtig ist und dem entspricht, was gute Kenner bereits herausgebracht haben. Da vermutet man, dass in einem Buche wie „Die Führung des Lesers in Senecas Epistulae Morales“ von Erwin Hachmann (Münster 1994) diese eminent leserführende Epistel behandelt wird, aber leider ist sie nicht einmal erwähnt. Oder man vermutet, dass in dem bekannten Kommentar von G. Hess und R. Mücke (Senecae ad Lucilium Epistulae Morales Selectae, Gotha 1913, 172 bzw. 174) Gutes steht; sehen wir also nach: „Das Geschrei erinnert ihn daran, wie viel nötiger es ist, den Geist zu bilden“ und „(der Lärm) entreißt mich zwar nicht mir selbst, wohl aber veranlasst er mich zu einer ‚vergleichenden Betrachtung‘“. Denken Sie jetzt über diese beiden Äußerungen nach, lassen Sie sich Zeit.

Wenn Sie nun über diese Äußerungen nachgesonnen haben, werden Sie sehen, dass von „nötiger“ bei Seneca gar keine Rede ist und dass „vergleichende Betrachtung“ völlig die Führung des Lesers in diesem Brief verkennt. Verkannt wird, dass diese Epistel sich nicht in einem Vergleich von Körpertraining und Geistesausbildung erschöpft, dass sie vielmehr den Leser durch den Nachweis, wie wenig Aufwand bei der Ausbildung des *animus* vonnöten ist, dazu bringen will, sich dieser Aufgabe zu widmen. Dazu bedarf es „nur“ des Willens, aber natürlich wusste Seneca, wie schwer dies ist (Maurach 2005, 59 und 177).

Zur Methode

Was wäre in Bezug auf die Methode aus dem Seneca-Kapitel zu lernen? Zunächst das Aufmerken auf die Struktur (vgl. § 30 „Zur Methode“) und ihren Zweck. Dann sollte man, zumal bei philosophischen Texten, immer dafür offen sein, dass da etwas gesagt wird, was über den Rahmen antiker Gedanken hinaus allgemeine und gleichsam ewige Dauer und Gültigkeit hat. Zum Dritten (s. § 41 „Zur Methode“) die Leserführung: Worauf zielt der Text und wie lenkt er den Leser zu diesem Ziel? Hier geschah das durch die immer wieder auftretende Wendung zum Du. Und zuletzt hat es sich auch hier gelohnt, auf die Einbettung – hier ins Corpus – zu achten.

Nachtrag

§ 67 Sie haben eine besonders ertragreiche Epistel Senecas gelesen. Es fällt aber doch auf, dass er die Distanzierung von Todesangst und der Angst vor Geldverlust fordert, aber ausführlich nur auf den Unwert von Reichtum zu sprechen kommt – wo bleibt die Angst vor dem Tode? Nun, wenn Sie dem oben gegebenen Hinweis nachgehen, dass Seneca hiervon bereits in ep. 77 f. ausführlich gesprochen hat, und wenn Sie ep. 79 zu Ihrer Lektüre von ep. 80 hinzunehmen und bemerken, dass diese beiden Briefe einander ergänzen, dann haben Sie für Ihr Lesen viel gewonnen, nämlich die Einsicht, dass diese Episteln nicht isoliert stehen, vielmehr ein wohlbedachtes Corpus bilden. Aber darauf wollen wir nicht eingehen, es ist in meinem Buche geschehen. Dort fehlt allerdings der Hinweis darauf, dass die Briefe des 9. Buches, ep. 75–80, durch mancherlei thematische Übereinstimmungen untereinander verbunden sind, zum Beispiel der Interessenkontrast von Theater und Philosophievorlesung in ep. 76, 4 und 80, 1.

Drei gedichtete Texte

Einführung

§ 68 Zwar lässt sich die Volksetymologie, die „dichten“ mit „dicht“ im Sinne des Gedrängten verbindet, linguistisch schwerlich halten, dem Sinne nach aber besteht sie gewiss zu Recht, denn die gedichtete Sprache hebt sich im Großen und Ganzen von der Prosa durch ihre Verkürzung und Gedrängtheit ab, eine „Dichte“, die nur zu oft der Phantasie und wilder Assoziationslust des Erklärers die Tür weit aufsperrt.[30] Doch bevor wir uns dieser Art der Verführung zuwenden, eine kurze Vorbemerkung.

§ 69 Auf einer Parkbank in Münster fand sich, mit Malkreide fürs Leserauge schön geschrieben, die folgende herzzerreißende Klage:

Wenn ich dich mit einem andern seh',
Tut's mir in der Seele weh.
Hätt' ich dich bloß nie gesehn,
Dann wär' mir's nicht geschehn!

Ein wenig hölzern das Ganze, die Metrik stimmt nicht ganz, ein Einfall, vielleicht wirklich aus Schmerz geschrieben, aber doch nur die Versifizierung von Alltäglichem ohne den Reiz des Raffinierten oder die Ausdrucksschönheit einer tief empfindenden, das Menschliche in seiner Ganzheit wissenden Seele.

§ 70 Anders jener berühmte Zweizeiler Catulls (c. 85), zwei Zeilen, wie sie vorher nie und später nie wieder geschrieben wurden:

Odi et amo. Quare id faciam, fortasse requiris?
Nescio, sed fieri sentio et excrucior.

§ 71 Diese letzte, gedrängteste Konsequenz aus der quälenden Seelenlage, wie sie mehrere Gedichte Catulls ausdrücken (8; 11; 58; 73–76), ist von äußerster Kürze,[31] kein Akkusativ, der oder die Angeklagte bleibt außer Betracht, das Ich ist zurückgeworfen auf sich und

[30] Man lese Walter Killy, Elemente der Lyrik, dtv 1983, 187 ff.

[31] Einiges dazu bei Syndikus 3, 1987, 57 ff. und Maurach 1998, 33 ff.

sein Leid, das ihm selbst unerklärbar ist, das nichts als nur martert, ohne dass es sich wehren, ohne dass es etwas tun könnte (*fieri*: reine Passivität). Die Unanknüpfbarkeit an irgendetwas oder irgendjemand, den wir aus jener Zeit kennen, macht den Zweizeiler ewig gültig. Die Qual, die sich in ihm artikuliert, ist zeitlos wahr und dringt tief, sehr im Unterschied zu unserer Parkbank-Versifikation. Wie aber den Unterschied fassen? Vielleicht so: Um Catulls Gedicht auf sich wirken zu lassen, um es zu „verstehen" im Sinne eines Versuchs, sich in es hineinzufühlen, muss man nicht einen Gedanken aus ihm herausziehen wie in den Parkbank-Verslein, die doch nur ein Gedankenspiel sind, sondern muss sich über alles Klein-Philologische hinweg hineingeben in die Gestimmtheit, und gewiss darf man an Augenblicke denken, in denen es uns so erging wie dem Römer vor zweitausend Jahren, aber das wird dann zu etwas ganz Persönlichem, das sich von der Philologie weit entfernt (vgl. immerhin „Zur Methode" § 67). Die Philologie beobachtet die Sprachstruktur, stellt die Verkürzungen fest und die Strategie, die zum Punkt völliger Verzweiflung führt. Bedeutsam über alles bloß Philologische hinaus werden die Zeilen aber nur dem, der sie in dem oben skizzierten Sinne in sich selber begreift und wirken lässt. Das unterscheidet ein wirkliches Gedicht von der Versifikation: dass es das Herz packt, nicht bloß im Intellekt stecken bleibt.

§ 72 Was sollte nun diese bewusst ein wenig unfaire Gegenüberstellung verdeutlichen? Dass es innerhalb der Großgattung „Gedicht" nicht nur Unterschiede der Arten gibt, sondern auch der Qualität. Der Arten gibt es ja viele: Das Epos, das Lehrgedicht, die Satire, das Epigramm und endlich das „lyrische" Gedicht wie das Bandusia-Lied des Horaz zum Beispiel (c. 3, 13). Unter dem Titel „Gedicht" ist also sehr Verschiedenes zusammengerafft, denn das Epos hat eine Nähe zur Historie, sei es eine Geschichtsschreibung eines wirklich existierenden Landes (zum Beispiel Vergils „Aeneis") oder eines mythischen (zum Beispiel die „Kolchis" des Valerius Flaccus); das Lehrgedicht kann ja seine Herkunft aus der Belehrung über Kosmologisches, Astronomisches oder Landwirtschaftliches gar nicht verleugnen, die Satire ist ein moralisierend-intellektuelles Unterfangen und steht der Prosa moralphilosophischer Traktate nicht ganz fern, das Epigramm versifiziert einen gedanklichen Einfall und strebt eine nur intellektuelle Pointe an. Nur das „lyrische" Gedicht spricht stark zum Empfinden und reicht von allen Gattungen am tiefsten hinunter. Aber gewiss sind diese Gattungen nie ganz rein, in der „Aeneis" finden sich ja doch manche Passagen, die ebenso tief hinab wirken wie ein lyrisches Gedicht. Aber die Grundunterscheidung dürfte doch wohl Wahres treffen.

§ 73 Ein weiterer Grundunterschied zwischen Gedicht und Prosa liegt im Sprachmaterial: Der Dichter baut sein Versgebäude mit der Hilfe nicht nur der von allen täglich gesprochenen Sprache, sondern er verwendet edlere oder auch nur ver-edelte Wörter. Zudem setzt der Dichter bis in unsere Tage Wörter und Bilder aus dem antiken Mythos ein, teils zum Schmuck, teils aber auch, um zu sagen, dass sein Thema uralt ist, oft, weil er meint, das, worum es ihm geht, sei im Mythos sowohl besonders schön als auch exemplarisch ausgesprochen (vgl. § 78), zuweilen aber auch nur, um seine Kenntnis unter Beweis zu stellen.

Mag es nun genug sein an Theoretischem, das ja nie Eigenwert gegenüber dem Individuellen besitzt, und gehen wir lieber zu Beispielen über, die all das Theoretische begreiflich machen und beim eigenen Interpretieren helfen.

Der siebente Text: Martial 12, 52

Gedicht oder „Versifikation"?

Dieses Epigramm Martials (zu seinem Leben Albrecht 1992, 821ff.; RWZ 1998, 191) hat lange Zeit unverstanden allerhand Eingriffe erlitten, bis kürzlich eine geistreiche Erklärung versucht hat, es zu retten.[32] Zunächst der Text:

A. Der Text (§ 74)

Tempora Pieria solitus redimire corona
  nec minus attonitis vox celebrata reis,
hic situs est, hic ille tuus, Sempronia, Rufus,
  cuius et ipse tui flagrat amore cinis.
Dulcis in Elysio narraris fabula campo,
  et stupet ad raptus Tyndaris ipsa tuos:
tu melior, quae deserto raptore redisti,
  illa virum voluit nec repetita sequi.
Ridet et Iliacos audit Menelaus amores,
  absolvit Phrygium vestra rapina Parim.
Accipient olim cum te loca laeta piorum,
  non erit in Stygia notior umbra domo.
Non aliena videt, sed amat Proserpina raptas:
  ista tibi dominam conciliabit amor.

B. Textsicherung

§ 75 Diese Zeilen sind in allen HSS gleich überliefert, doch einige neuere Erklärer und Herausgeber (zu den Nachweisen s. Anm. 32) haben die v. 7f. getilgt, und in v. 9 hat man das *et* gern zu *ut* geändert oder die Wortstellung angetastet. Die jüngste Erläuterung des Gedichtchens sucht all das unnötig zu machen, wie wir sehen werden.

C. Kurzkommentar

§ 76 V. 1: *Pieria*: Der „pierische" Kranz ist der des Dichters. Pierien, eine Landschaft im Süden Makedoniens und nördlich des Olymp, wird von Hesiod (Theog. 53) als die Geburtsstätte der Musen genannt. Es war ein herrlicher Einfall ganz früher Zeit, die Musen, die zwar den Menschen nur „erinnern", ihn zugleich aber auch tief aus dem Innern sprechen heißen, als Göttinnen der Quellen zu verehren,[33] die ja auch aus den Tiefen der Erde rein hervorströmen. Rufus war also poetisch tätig.

[32] Christine Schmitz, Drei entführte Frauen und ein verlassener Entführer, in: Gymnasium 103, 2005, 229ff.

[33] Die Etymologie des Wortes „Musa" führt auf den Stamm *mn-*, was ein Erinnern, Mahnen nahe legt (vgl. Gött. Gel. Anz. 235, 1983, 18, Anm. 2 und W. F. Otto, Die Musen, 3. Auflage Darmstadt 1961, 29ff.).

V. 2: *Attonitis*: Rufus war aber auch „Rechtsanwalt", Redner vor Richtern, und Angeklagte, eben noch erschüttert und verängstigt, priesen ihn und seine Stimme (Redekunst) oft, wenn sie sich von ihr gerettet sahen. *Et ipse*: Eigentlich wird *et ipse* gesetzt, wenn einem einzigen Gegenstand zwei Eigenschaften zugeschrieben werden (KS 1, 629, Anm. 17). Wollte Martial aber sagen, Rufus sei Dichter und Redner gewesen und dazu habe sogar noch seine Asche vor Liebe geglüht? „Und dazu" ist nicht sehr poetisch, *ipse* als „sogar" dagegen ist gut, aber das *et* scheint dann doch eher Füllwort zu sein.

§ 77 Zu v. 5: *Elysio campo*: Das Elysium, genauer das „elysische Feld" oder die „elysische Wiese" wird zuerst bei Homer (Od. 4, 563) als Aufenthalt der Seligen bezeichnet, in Vergils „Aeneis" (zum Beispiel 5, 735) wird diese Jenseitsvorstellung (E. Rohde, Psyche, Band 1, 4. Aufl. Tübingen 1907, 68 ff.) bildreich aufgenommen.

V. 6: *Tyndaris*: Helena (Stieftochter des Tyndareos [Hunger 1959, 130 oben]), um deren Entführung durch den Troianer-Prinzen Paris der Troianische Krieg entbrannte (heute wissen wir: Der Hügel Hissarlik, welchen Ort man seit alters für „Troia" hält, ist nie erobert und durch Feindeshand zerstört worden, denn es finden sich in keiner Schicht Kampfspuren, s. D. Hertel, Troia, 2. Auflage München 2002, 53–62), war Tochter des Zeus und der Leda (vgl. bei H. Hunger 1959, 129 f.).

V. 9 f.: *Iliacos*: Troia wurde von Homer *Ilios* genannt, nur ein einziges Mal *Ilion*. *Iliacus* bedeutet „troisch" im Sinne der Zugehörigkeit zu Stadt und Königsgeschlecht; Martial weitet den Bezug aus auf den Troianischen Krieg überhaupt (OLD *Iliacus* 1 d). *Phrygius*: eine Landschaft im westlichen Kleinasien; sie wird von Dichtern oft mit der troianischen gleichgesetzt (vgl. Catull 61, 18).

V. 12: *Stygia*: „Stygisch" bezieht sich auf die Styx (wörtlich: die „Verhasste"), auf den Namen des Unterweltflusses, der dann oft für die Unterwelt überhaupt gesetzt wurde (man nennt eine solche Ersetzung „Metonymie"[34]). Dort unten herrscht Pluto (der „Reiche" [an Seelen]), seine Gattin war Proserpina, welche er einst geraubt hatte. (Lesen Sie doch einmal die Geschichte der kleinen Quelle Cyane bei Ovid, Metam. 5, 385 ff.; man kann sie heute noch bei Syrakus besuchen.)

§ 78 Vielleicht wundern Sie sich, durch das Nachschlagen ein wenig ärgerlich, über die vielen Anspielungen auf den griechischen Mythos, über „stygisch", „pierisch", usw. Die Verwendung solcher Mythologemata gehört nun aber einfach zur poetischen Gemeinsprache in Griechenland wie in Rom (übrigens auch für die europäischen Dichter bis heute, lesen Sie einmal Gottfried Benns Gedichte!); oft geben sie höheren Klang, oft sind sie nur gelehrt (zum Beispiel bei Kallimachos, der die alten Sagen allerdings mit heiterem Leben zu füllen wusste), oft sind sie auch nur „poetische Koiné" und gesetzt, weil man das halt von einem Poeten erwartete (vgl. oben § 73). Wie erschütternd sie aber auch zuweilen eingesetzt wurden, soll der Vergleich am Ende dieses Text-Kapitels zeigen (§ 83). Nicht unähnlich ist die biblische „Koiné", gespeist durch das Alte Testament und die Heiligen- und Märtyrer-Legenden; die Renaissance-Malerei wusste dieser „Koiné" ebenfalls hinreißende Lebendigkeit zu schenken. Sie kennen Michelangelos Fresken in der „Sixtinischen Kapelle"?

[34] Zu diesem Begriff Maurach 1995, 124 ff. A. Bal verweist auf Verg. Aen. 7, 363 *Phrygius pastor*.

D. Übersetzung

§ 79 Bevor wir uns Gedanken machen über diese Verse und versuchen, zu einem Urteil zu kommen, eine ungefähre Übersetzung:

V. 1–4: „Der die Schläfen mit dem Dichterkranze zu umwinden pflegte und der nicht weniger eine von den (eben noch: Maurach 1998, 108 unten) verängstigten Angeklagten gepriesene Stimme gewesen, hier ist er nun begraben, hier Dein Rufus, Sempronia, dessen Asche sogar noch brennt in Liebe zu Dir.

V. 5–10: Als von einer süßen Geschichte wird man auf der elysischen Wiese von Dir erzählen, und erschüttert wird selbst Helena sein ob Deiner Entführung: Du bist die Bessere, die Du den Entführer verließest und zurückkehrtest,[35] sie aber wollte dem Manne nicht folgen, sogar als er sie zurückforderte. Es lacht und glaubt eine iliadische Story zu hören Menelaus, Eure Entführung löste Paris von seiner Schuld. [Dem Menelaus war sein damaliger Verlust nun einerlei, er verlor, wie sich zeigt, eine Unwürdige: Mag Paris sie ruhig haben!]

V. 11–14: Wenn Dich einst die seligen Orte der Frommen empfangen, wird es im Hause der Styx keinen bekannteren Schatten geben. Es betrachtet auch Proserpina Entführte nicht scheel, liebt sie vielmehr: Deine Liebe wird Dir die Herrin [der Unterwelt] geneigt machen.“

§ 80 Worüber soll man nun bei diesen Versen nachdenken? Im bloß Philologischen bleibend, zweifellos über den „Sinn“ und die innere Logik, die ja oft genug angezweifelt worden ist. Um Ihnen eine Hilfe zu geben: In v. 7 gilt es herauszufinden, zu wem Sempronia zurückkehrte, und in v. 10, wieso ihre „Story“ den Helena-Entführer Paris von Schuld freispricht.

E. Interpretation

§ 81 Martial

Es scheint zwei Möglichkeiten zu geben, den Text zu verstehen: (Möglichkeit a) Sempronia wurde geraubt oder entführt, verließ aber ihren Entführer und kam zurück – nun, wenn sie zu ihrem früheren Mann zurückging, so wäre das nichts Besonderes. Aber wie (Möglichkeit b), wenn sie erst mit einem Manne A zusammen war, dann entführt wurde von einem Manne B, diesen Mann B aber wieder verließ und zu ihrem ersten Mann A zurückfand, danach aber doch wieder zu ihrem Entführer, dem Manne B, zurückkehrte, mit welcher Möglichkeit Chr. Schmitz rechnet? Das erste (a) hatte Helena ja nicht getan; sie hatte Paris nicht verlassen, um zu Menelaus zurückzukommen, er musste sie nach der Eroberung Trojas gewaltsam mit nach Hause nehmen. (In der Wirklichkeit der homerischen Odyssee, in deren viertem Buche Helena ja friedlich und zufrieden bei ihrem Menelaos weilt, ist es anders.) Wenn Menelaus in der Unterwelt diese Story hört, dann muss er

[35] Ausgezeichnet ist Chr. Schmitz' Hinweis (S. 235) darauf, dass Martial in v. 8 Vergil zitiert (Georg. 1, 39; Mynors im Georgica-Kommentar S. 9 unten hatte bereits auf die Martial-Stelle verwiesen). Zum Gedankenspiel Martials gesellt sich also ein Zitierspiel.

(Möglichkeit a vorausgesetzt) lachen und (dann)[36] sich seiner eigenen Geschichte erinnern und sich sagen: „Sieh an, die Sempronia wurde wie meine Helena entführt, aber sie verließ ihren Entführer" (was seine Helena nicht tat, obwohl die Gesandtschaft der Griechen sie zurückgefordert hatte: Ilias 3, 216ff.). Von den beiden Frauen – Helena und Sempronia – wäre Sempronia die „bessere", und Paris säße nun mit der „schlechteren" da, was erheiternd sein mag. Jetzt Version b: Sempronia ging zwar zu dem Manne A zurück; dann aber, aus welchen Gründen auch immer, wandte sie sich (so die Auffassung von Christine Schmitz, um dem Plural in *vestra rapina* gerecht zu werden)[37] doch wieder dem Entführer B zu, und diesmal für immer. In dieser Version wäre das Gelächter des Menelaus schwerer zu verstehen.

So unbefriedigend es auch sein mag, wenn wir hier nicht weiter nachfragen und schon gar nicht Entscheidungen treffen, so wollen wir doch lieber zu dem kommen, was in diesem Text-Kapitel das Wichtigste ist, zu der Frage nach dem Rang. Ist dies Gedicht ein klar und eindeutig abgefasstes, ist es überdies ein großes, ein in die Tiefe gehendes? Ist es ein bloßes Gedankenspiel, ein Spielchen mit Mythos und Form (teils gibt es sich als Grabepigramm, teils als Erzählung aus dem Jenseits, als Mythenerzählung)? Die Antwort, zumindest meine Antwort lautet: Diese nicht sehr klar formulierten Verse rühren uns kaum im Innern an, eher macht das freie Spiel der Phantasie, die da ohne viel Rücksicht auf Gängiges die alte Mythologie durcheinanderwirbelt, eine gewisse intellektuelle Freude, wenn denn das Epigramm nur eindeutig und durchsichtig wäre. Wagen wir also, von einem bloßen Versifizieren zu sprechen und das Epigramm mit einem echten Gedicht zu vergleichen.

Ein Vergleich mit Horaz, Ode 1, 4

§ 82 Die Ode beginnt mit einem Lobpreis des nahenden Frühlings, Mensch und Natur freuen sich, und es ist Zeit zu feiern und zu opfern (v. 1–12). „Ganz unerwartet schlägt das Gedicht um, lässt mit dröhnendem Donnern den Tod an die Türen der Reichen wie der Armen schlagen. … Nur zu bald kommt die Nacht unter den Gespenstern ohne Gastmäh-

[36] Gewiss wäre es einfacher, *ut* in v. 9 zu lesen: „Er lacht, *als* er hört (*audit* als Perfekt mit kontrahierter Schluss-Silbe *–iit* dürfte weniger wahrscheinlich sein als die Annahme eines Praesens historicum: KS 2, 360f.), aber in dem Gedicht sind so viele Schwierigkeiten im Einzelnen, dass wir hier Vorsicht walten lassen möchten. Christine Schmitz' Untersuchung kommt, so scheint mir, so weit, wie der unklare Text irgend zulässt, aber der Grund für das Lachen des Menelaus und für die Freisprechung des Paris bleibt uneindeutig (s. die folgende Anmerkung).

[37] *Vestra* könnte auf eine Entführungsgeschichte zwischen Sempronia und Rufus, dem Entführer *und* Gatten hindeuten (Möglichkeit b), daher die mehrstufige Rekonstruktion von Chr. Schmitz. Falls *vestra* aber, wie es nicht selten der Fall ist (OLD *vester* 2 c), nur für *tua* steht, wäre die komplizierte Rekonstruktion unnötig. Nimmt man Lösung (a) an (Sempronia verlässt ihren Mann A um des Entführers B willen, kehrt dann aber zu A zurück), ist *vestra* unklar, denn Rufus hat Sempronia nicht entführt; nimmt man Lösung (b) für wahrscheinlich (Sempronia verlässt A um des B willen, geht dann aber von B wieder fort zu A, verlässt diesen erneut und wählt B), dann ist der Plural *vestra* leicht zu verstehen, das Hin und Her jedoch ist aus dem Text nicht so einfach abzuleiten. Aber das Lachen des Menelaus und die Absolution des Paris bleiben in beiden Versionen offen für allerhand Fragen.

ler und ohne die Liebe zu Deinem zarten Lycidas",[38] so warnt der Dichter den Adressaten Sestius. Das düstere Leben nach dem Tode im Jenseits wird durch *domus exilis Plutonia*, die „enge Behausung des Pluto", des Unterweltgottes, angedeutet, und die „Gespenster" übersetzen die ganz unerhörte Fügung *fabulae Manes*, „famed in legend" (Nisbet-Hubbard 1970, 70, vgl. Syndikus 1990, Band 1, 78, Anm. 28).

§ 83 Und nun etwas zutiefst Erschütterndes: Lycidas, jetzt noch in zartem Kindesalter (um die zehn Jahre alt), ihn, den jetzt noch die männliche Jugend bewundert und begehrt, ihn werden bald die Mädchen umschwärmen: Eine unübertreffliche Andeutung der Eile der Zeit und des Lebens, und das Leben wird an Sestius vorbei- und vorübereilen, der ja doch drunten ist bei den Schatten. Wir trösten zuweilen: „Das Leben geht weiter"; ja, aber eben ohne Sestius, ohne uns, wenn wir aus dem Leben geschwunden.

Auch hier also ein Hinweis auf das mythische Schattenreich, aber mit welchem Unterschied! Martial tändelt, Horaz bedrückt und bedrängt (um zu warnen vor der Missachtung des *Carpe Diem*). Aber lassen wir das Vergleichen und fragen uns, wovon dies Kapitel eigentlich handelt.

F. Zusammenfassung

§ 84 Wovon handelt also dieses siebente Text-Kapitel? Es sollte in die Dichtung einführen, und dies zunächst durch die keineswegs neuartige und aufregende, wohl aber klar und deutlich ins Bewusstsein zu rufende Erkenntnis, dass Dichtung sich vom Gewöhnlichen in Wort- und Satzfügung und dann auch durch die Szenerie (hier zweimal die mythische Unterwelt-Szenerie) abheben will. Wer also weiter römische Dichtung lesen möchte, muss mit einer Fülle des Mythologischen, u. a. als Mittel der Erhöhung des Stils rechnen.

Aber nicht nur durch solche Gehalte unterscheidet sich die Dichtung von der Prosa; sie will sich auch in Wortgebrauch und Wortfügung von ihr abheben, auch im Satzbau, erinnern Sie sich an die raffinierte Verkürzung *fabulae Manes* (s. § 82)!

§ 85 Ferner sollte verdeutlicht werden, dass die Bezeichnung „Dichtung" Produktionen von erheblichem Niveau-Unterschied umfasst. Wir sahen, wie Martial spielte und tändelte und wie Horaz erschreckte und bedrückte. Dabei spürten wir deutlich auch den Unterschied in der Klarheit, bis hinab zur Syntax. Wollen wir jetzt wagen, Martials Zeilen als „Versifikation", als die Umsetzung eines hübschen Einfalls in nicht besonders klare Distichen zu bezeichnen und die Strophen des Horaz als Dichtung im eigentlichen und höheren Sinn? Gewiss, der Philologe als Philologe – und Philologie ist im Grunde ja nur eine Hilfswissenschaft (s. oben § 2 Ende) – soll nicht kategorisch urteilen und auch nicht zu früh bewerten; aber in Personalunion ist er auch Kritiker (das beginnt bereits bei der Textkritik), und da sollte er die Courage haben, um nach eingehender Prüfung auch ein Qualitätsurteil zu fällen.

§ 86 Doch kehren wir von Martial zu unserem Horaz-Text zurück. Sein Interpret darf wohl so vorgehen, dass er sich sagt: Wir lesen etwas über die Lust am aufgehenden Frühling, am Feiern, zu dem auch das dankbare Opfern gehört – dann werden wir urplötzlich

[38] Zitat aus Maurach 2001, 145 ff., dort auch Literatur.

und übergangslos in die Angst vor dem Totsein gestürzt. Dieser Kontrast enthält, so werden wir ahnen, eine Botschaft an die Lebenden: zu genießen, was der Augenblick bietet. Ist es nun so, dass der Dichter diese Botschaft formulieren wollte und sich dazu die passenden Bilder zusammensuchte? Oder ist es genau umgekehrt, ist es so, dass irgendetwas im Dichter einen Gedicht-Keim entstehen lässt, noch ungeklärt und noch längst nicht ausformuliert? Einen Keim, der Bildhaftes enthält, keineswegs einen Gedanken-Keim, einen „dumpfen schöpferischen Keim", von dem Gottfried Benn sprach.[39] Es gibt ja Träume, in denen Gleiches geschieht, in denen wir gleichsam sinnträchtige Bilder schauen.

§ 87 Horaz schrieb nicht seine Bilder hin, um eine Botschaft zu senden, sondern er spürte das Frühlingserwachen überall um ihn her, und dies Spüren verdichtete sich zu Bildern, dann zu einer Empfindung („Es ist Zeit zu feiern und zu opfern"), die sich plötzlich mit der Gegen-Empfindung mischte, die dem stark betonten „Jetzt" entsprang („Jetzt, denn bald wird es zu spät sein"). Wie stark da in seinem Gedächtnis Bereitliegendes und auch die Erinnerung an griechische Vorläufer[40] mitgewirkt haben, wie viel ganz eigenes Erleben ist, das ist unerfindlich; das abschätzen zu wollen, ist auch ganz müßig. Wichtig ist allein dies, dass der Interpret sich, wenn es lohnt,[41] ganz hineinfindet in die Gestimmtheit eines Gedichtes und nicht das intellektuell-philologische Zerbröseln des Textes über die Hingabe an ihn obsiegen lässt.

Eine Zwischenbemerkung zu „Helena"

§ 88 Im siebenten Text-Kapitel haben wir anhand von Martials Epigramm von Helena gehört, und zwar in der Form des üblichen Klischees „Helena, die ungetreue Gattin". Vom Dichter-Fürsten Homer selbst leitet sich dies fade Klischee nun gewiss nicht ab. Man denke an die schöne Szene des dritten Ilias-Buches (v. 162 ff.), in welcher der Trojanerkönig Priamos sich auf die Mauer setzt, um von dort die Heere zu schauen. Er ruft Helena, die geraubte Gemahlin des Menelaos, der ja unten vor der Mauer zu sehen ist, und fragt sie nach den griechischen Helden dort unten – *nota bene*: Noch im zehnten Jahr kennt er nicht die Namen! Doch Homer erzählt hier ja nicht „historisch" genau, die Szene ist für die Hörer des Epenanfangs geschrieben. Nun gut: Helena gibt Auskunft über den, über den und über den und dann wird ihr bis dahin ausführliches Antworten auf einmal ganz kurz, sie schneidet die eigene Rede ab, um ebenso überrascht wie erfreut auszurufen: „Und daneben steht ja auch Idomeneus, der so oft bei uns zu Gast war!" Es überkommt die Frau die Erinnerung an ihren ersten Mann (v. 139) und die Jahre mit ihm, es ist eine freundliche Erinnerung,[42] und es bedarf der ganzen Wucht einer scharfen Drohung sei-

[39] G. Benn, Probleme der Lyrik, Gesammelte Werke, 2. Auflage Wiesbaden 1962, Bd. 1, 506.

[40] Die möglichen Vorläufer und „Quellen" sind bei Nisbet-Hubbard 1970, 58 genannt; vgl. auch H. Martens, Vita Rustica bei Horaz, Diss. Kiel 1948, 128 ff.

[41] Wir erinnern (s. § 1, Abs. 2) an das allbekannte Phänomen, dass der Leser ein unbewusst arbeitendes Gespür für Qualität besitzt und die Fähigkeit, auch vor aller Bewusstheit sich fesseln zu lassen.

[42] Das ist zumeist verkannt worden; sogar W. Schadewaldt (Ilias-Studien Leipzig 1938, 3. Auflage Berlin 1966, 74, Anm. 1) schrieb, da Idomeneus im 13. Buche in den Vordergrund treten werde, sei

tens der zu Troja haltenden Liebesgöttin Aphrodite (v. 390 ff.), um Helena verängstigt zurück in die Arme des Prinzen Paris zu treiben.

Aber nun zurück zu unserem eigentlichen Anliegen; immerhin können Sie auch an dieser Kleinigkeit sehen, was interpretieren meint: einfach aufmerksam hinschauen und eigentlich nur beschreiben, was da steht.

Zur Methode

Der siebente Text sollte durch die Weise seiner Interpretation dazu anregen, über die Vielfalt dessen nachzudenken, was alles unter den Namen „Dichtung" geordnet wird, und auch dazu, sich aufgerufen zu fühlen, über Qualität ein begründetes Urteil zu suchen.

Der achte Text: Vergil, Bucolicon 9, 7–10

Poetische Blickführung

A. Der Text

§ 89 Der siebente Text hatte gezeigt, wie Dichtung sich vom Gewöhnlichen abhebt, und dieses Hinausgehen über das Gewöhnliche zeigt nun auch unsere Vergil-Stelle. Zunächst der Text; er lässt zwei Hirten einander in Oberitalien begegnen, und zwar zu der Zeit, als Octavian seine Veteranen zu versorgen hatte, dabei Bauern um Cremona und Verona enteignete, um alte Soldaten mit deren Besitz zu begaben (D. Kienast 1999, 41 f.). Der Hirt Moeris klagt, dass er nunmehr, enteignet, die Zicklein, bisher die seinen, dem neuen Herrn abliefern müsse (zur Stelle Büchner 1955, 1236, 51 ff.). Nun die Antwort des anderen, des Lycidas (das ist kein sehr oberitalischer Name, sondern ein aus Theokrits Hirtendichtung [7, 13 zum Beispiel] genommener: Sie sehen, wie die Dichtung allein durch die Namen „verfremdet"):

(7) Certe equidem audieram, qua se subducere colles
incipiunt mollique iugum demittere clivo,
(9) usque ad aquam et veteres, iam fracta cacumina, fagos,
omnia carminibus vestrum servasse Menalcan.

Schon in der Antike hatte man versucht, in den drei Namen Anspielungen auf historische Personen um Vergil, ja auf diesen selbst zu finden, aber derlei Schritte über das Gesagte hinaus wollen wir nicht mitgehen,[43] wollen allein auf die Verse schauen und ihre Kunst.

es gut, wenn er schon hier, in der Mauerschau, hervorgehoben werde – ein rein mechanisches Argument. Viel besser der heute maßgebende Kommentar von G. S. Kirk (The Iliad, A Commentary, Vol. 1, Cambridge 1985, 299): Dieser Ausbruch sei „part of a description of Helen and her thoughts", nur: welcher?

[43] Beachte die Warnung bei K. Büchner 1955, 1182, 15 ff.; 1184, 8 ff.

B. Textsicherung

§ 90 In einem Vaticanus des 4./5. Jahrhunderts und einem Wolfenbütteler Kodex des 9. Jahrhunderts findet sich statt *veteres ... fagos* die bereits von Quint. 8, 6, 46 bezeugte Lesart *veteris ... fagi*: Wir werden unten darüber zu sprechen haben.

C. Kurzkommentar

§ 91 V. 7: *Certe equidem audieram*: „Und doch, so habe ich bestimmt vernommen", vgl. Thes. Ling. Lat. 3, 941 1 f. *Se subducere*: Auch wir sagen: „Diese Wiese zieht sich den Berg hinauf"; *subduco navem* heißt das Emporziehen eines Schiffes aus dem Wasser das Ufer hinauf (OLD *subduco* 1 b): also Bewegung von unten nach oben.

V. 8: *Iugum demittere (se incipit)*: Die Bergkuppe beginnt, sich in sanftem Hang zur Ebene abzusenken: Bewegung nach unten. *Fagus, -i* fem: Buche (vgl. M. Lipka, Philol. 146, 2002, 133 ff.). Beachten Sie in diesem Vers insbesondere die Verkürzung in der Form der „Syllepse" (*se incipit* ist erspart; dazu Maurach 1995, § 125 und besonders § 129).

D. Übersetzung

§ 92 „Und doch habe ich als gewiss gehört, dass die Gegend, wo die Hügel sich hinan zu ziehen beginnen und der Berggrat sich in sanftem Hang abzusenken [anfängt], bis hin zum Wasser [unten] und den alten Buchen [oben], den [von Alter und Sturm] schon zerzausten Wipfeln – das alles soll euer Menalcas mittels seiner Lieder gerettet haben."

E. Interpretation

Fragen

§ 93 Dieses ganz kleine Stück aus Vergils zarter Jugenddichtung – was macht der vorsichtige Erklärer damit? Worüber wäre nachzudenken? Nehmen Sie sich Zeit und befragen Sie diese Zeilen behutsam!

§ 94 Wenn Sie die Verse lange genug beobachtet haben, dann lassen Sie sich zwei Fragen stellen: 1. Lässt sich der Ort, den Menalcas rettete, beschreiben? Anders gefragt: Wie kennzeichnet Vergil das Land des Hirten? Folgen Sie den Bewegungen der drei ersten Zeilen!

2. Welchen „Stil" hat Vergil für seine Hirtendichtung gewählt? Schmuckreich? Verkastelt und verklausuliert? Füllig, laut und pompös? Oder schlicht ohne jede Verfeinerung?

Antworten

§ 95 Zu 1: Lassen Sie sich nicht von falschen Übersetzungen irreleiten; Wendell Clausen 1994, 271 hat unmissverständlich deutlich gemacht, dass *se subducere* die Richtung von unten nach oben anzeigt. Also liegt Menalcas' Land dort, „wo die Hügel sich hinan zu ziehen beginnen", das heißt am Fuße der Hügel. Und: Es liegt dort, „wo der Berggrat in sanftem Abhang (sich beginnt) zu senken". Damit scheint – wir wollen vorsichtig sprechen – sein Land eingegrenzt zu werden unten vom beginnenden Hang und oben vom aufhörenden Steilgelände. Und weiter: Noch einmal eine Eingrenzung, und zwar erstens durch „Wasser", also durch die Angabe, dass unten ein Bach läuft, und zweitens dadurch, dass oben (Buchen wachsen nie am Wasser) ein alter Bestand von Buchen wächst. Kurzum: Unten ein Bach, oben ein von den Stürmen mitgenommener Buchenwald, und das Land des Menalcas liegt an einem flachen Hang, dort, wo der Boden sich allmählich zu heben beginnt, und dort, wo es steil wird, also dazwischen.

§ 96 Wenn dies richtig ist, dann beschreibt Vergil, wie ein guter Landschaftsphotograph vorgehen wird: Der wird nicht das Land selbst (relativ flacher Boden ist langweilig) photographieren, sondern markante Charakteristika der Landschaft, hier Wasserlauf (mit Uferbewuchs), dort alte, windgezauste Buchen. Vergil führt den Blick des Lesers: erst hinauf, dann hinab; dann wieder hinunter zum Wasser und erneut hinauf zu den Bergbuchen.

So schaut ein Künstler und so meidet der Dichter nicht nur Langweiliges (die Prosa würde nur sagen: „Menalcas soll sein Land gerettet haben"). Er gewinnt den Reiz einer doppelten Bewegung im Erzählen und er lässt sich auch nicht die reizvolle Kennzeichnung der Buchen als sturmdurchbrauster entgehen. Der Dichter schaut die auffälligen Details und verwandelt die Statik der nur katastergleich benennden Prosa in Bewegtheit. Mit anderen Worten: Wenn Sie Dichtung verstehen wollen, öffnen Sie Ihr „inneres Auge". Vielleicht sind Sie oft genug draußen, um viel Schau-Erfahrung mitzubringen, wenn Sie derlei anschauungsgesättigte Dichtung lesen.

§ 97 Zu 2: Gut, der Dichter beschreibt eine Landschaft, und wir haben (so wollen wir zu unseren Gunsten annehmen) verstanden, was er uns sagen wollte. Aber Dichtung ist nicht nur Aussage von Realem, sie will nicht auf den Inhalt allein beschränkt werden: Sie will auch in ihrer Ausdrucksweise erkannt und genossen sein. Sagen wir es anders: Wirkliche Dichtung hat immer einen realen Kern, man spricht da zuweilen vom „Grund-Erlebnis"; aber dieser Kern verlangt nach Ausdruck, und den schafft der Wortverstand des Poeten, seine Wortkunst.[44] Und die wollen wir jetzt etwas beobachten.

Niemand wird irgendwo in diesen vier Zeilen Vergils irgendeinen Wortschmuck, irgendeine mythologische Anspielung oder eine Metonymie (zum Beispiel „Woge" oder „Feuchte" für „Wasser") entdecken. Also simpelster, natürlichster Ausdruck? Was die Wortwahl anbelangt, gewiss; aber auch was die Wortfügung betrifft? Wir haben eine Verkürzung im zweiten Vers: Bei *demittere* ist *se* und *incipit* ausgelassen und aus *se* und *incipiunt* sylleptisch zu ergänzen. Und im letzten Vers unserer Reihe lesen wir einen eingeschobenen Klammerausdruck (*iam fracta cacumina*).

§ 98 Alle HSS außer einem Vaticanus und einem Wolfenbütteler Kodex bieten diese Klammer („Parenthese"); die Lesart dieser beiden HSS *veteris fagi* hat jedoch keinen eigenen Wert, sie stammt aus dem Willen, die Ausdrucksweise Vergils zu glätten, das heißt aus einem Willen, der falsch ist, da in v. 23, 25 und 64 Lycidas erneut Parenthesen verwendet. Also einfachste Wörter und daneben reizvolle Verkürzungen und Klammerausdrücke: in der Wortwahl Einfachstes, in der Wortfügung dagegen Auffälliges – ein reizvolles Widerspiel! Ob das nun bloße Raffinierung ist oder ob es die etwas stolpernde Redeweise des jungen Hirten charakterisieren soll, das lassen wir am besten offen (das zu entscheiden, bedürfte es genauen Studiums aller Eklogen).

[44] Nicht ganz abwegig scheint eine moderne Verlautbarung hierüber: G. Benn, Probleme der Lyrik, in: Gesammelte Werke Bd. 1, 2. Auflage Wiesbaden 1962, 506ff.

Viel wichtiger aber ist die Beobachtung, dass Lycidas die Blickrichtungen des Hinauf und Hinab gleich zwei Male angibt: Neben die Verkürzung (durch Wortauslassungen) tritt eine Fülligkeit, eine gewisse Breite des Sprechens, die nun gewiss nicht Ungeschicklichkeit des Dichters ist, sondern Nachzeichnung der Redeweise einfacher Landleute. Das will sagen: Neben den Reiz des Einfachen stellt sich der Reiz raffinierter Charakterisierung.

Wenn Sie das nachempfinden können, dann sind Sie schon weit gekommen.

Fehlinterpretation

§ 99 Man hat sich nicht immer auf die Erklärung des Textes allein beschränkt, hat vielmehr – da es klar ist, dass in dieser neunten ebenso wie in der ersten Ekloge auf die Landenteignungen in Oberitalien des Jahres 41 angespielt wird[45] – mehrfach versucht, in der Landschaft der 9. Ekloge einen Hinweis auf Vergils eigene Heimat zu finden und in den Gestalten den Dichter zu treffen. Da wir nicht wissen, wo das Gütchen von Vergils Vater lag (heute wird gern der Flecken Andes bei Mantua genannt und aufgesucht, ein winziger Ort, s. M. Calzolari, in: Atti e mem. Acc. Naz. Virgil. 67, 1999, 35 ff.), und da in den Eklogen Vergil einmal in dieser seiner Gestalten, ein andermal in jener vermutet wird, lassen wir die Finger von derlei Historisierungsversuchen (vgl. Büchner, 1955, 1240, 5 ff.). Wir wollen aber mit aller Deutlichkeit aussprechen, dass eine Kenntnis von Vergils väterlichem Landbesitz für das Verständnis der *Dichtung* vollkommen unwichtig ist und dass die Identifizierung eines der Hirten mit Vergil voraussetzt, der Dichter habe Stücke einer Autobiographie schreiben wollen, die so genau ist, dass Rekonstruktionen möglich werden – eine irrige Voraussetzung: Dichten heißt immer Verwandeln. Man muss ja doch den Genuss der Worte unterscheiden von der gewissen Genugtuung, den Ort gefunden zu haben, den der Dichter meinte. Genuss von Dichtung und Biographismus haben wenig miteinander zu tun.

Nun aber wieder zurück zu schöner Prosa, um ein neues Kapitel unseres Lehrganges aufzuschlagen, das Kapitel nämlich, das sich mit der Verwendung griechischen Gutes in der lateinischen Literatur befasst.

Zur Methode

Was wäre aus der Erklärung des achten Textes methodisch zu lernen? Vor allem dies, dass die Feinheit des Wort-*Schmuckes* von der Raffinesse der Wort-*Setzung* zu unterscheiden ist, das heißt, die Verfeinerung des einzelnen Ausdrucks für sich genommen ist von seiner Einordnung in den Kontext zu sondern: *Dionaeus* (*Caesar*) in v. 47 unseres Gedichts ist z. B. ein in sich grandioses, also mythisch geschmücktes Wort;[46] erlesen gesetzt ist dagegen die Setzung des *illi*, das in v. 6 doppelt bezogen ist, auf *nec vertat bene* (*illi*) und auf *mittimus* (*illi*).

[45] Das Wissbare bei K. Büchner 1955, 1046 ff.; D. Kienast 1999, 41.

[46] Dione gilt im griechischen Mythos als Mutter der Venus, wird in lateinischer Dichtung jedoch zumeist mit der Tochter gleichgesetzt (Clausen 1994, 282). Julius Caesar, so muss man verstehen, ist Nachkomme des Julus, Sohn also des Aeneas, der seinerseits Sohn der Venus-Dione war.

Nachtrag

M. C. J. Putnam, Virgil's Pastoral Art, Princeton 1970, 301 verlegt die Buchen ans Bachufer, was W. Clausen widerlegt hat. Zu *certe* in v. 7 J.-Y. Maleuvre, Violence et ironie dans les Bucoliques de Virgile, Paris 2000, 66. Dazu, dass die hier behandelten Verse nicht biographisch die Landschaft von Vergils Kindheit meinen, W. Berg, Early Virgil, London 1974, 133f.

Der neunte Text: Cicero, De re publica 6, 13–15

Differenzierung von Sprechweisen

A. Historische Übersicht

§ 100 Es wird nun Zeit, sich interpretierend dem Verhältnis römischer Literaten und Dichter zum griechischen Geisteserbe zu nähern. Wir werden uns dabei nicht in wolkige Allgemeinheiten verlieren und nach *dem* Römischen und *dem* Griechischen fragen, sondern eng am Text bleiben und an einem eng begrenzten Textstück beobachten, wie Cicero mit jenem griechischen Erbe umgeht.

Im Mai 54 v.Chr. erwähnt Cicero (Kurzbiographie in RWZ 1998, 170f.) dem Freunde Atticus gegenüber seine Arbeit an „De re publica" (von jetzt an: de rep.), im Mai 51 ist das Werk beendet. (Hierüber lese man bei Karl Büchner in RE 7 A, 1109, 11ff. nach.) Wir drucken den Text nach M. Tullius Cicero, De Re Publica, hrsg. von K. Ziegler, Leipzig 1958 (und spätere Auflagen), S. 128f.

B. Der Text

§ 101 Dem erfolgreichen, großen Staatsmann gebühre, so Publius Cornelius Scipio Aemilianus (Africanus Numantinus), der Besieger Numantias und Karthagos (185/4–129 v.Chr.; RE 4, 1443–1450 unter Cornelius Nr. 335), mehr als nur Triumph und Ehrenstatue, ihm winke die Auffahrt in den Himmel; doch dies wolle er nicht, wie Plato es getan, in einem Mythos darlegen, sondern in der Erzählung eines Traumes, den er gehabt. Ihm seien darin nacheinander Publius Cornelius Scipio Africanus Maior (sein Großvater durch die Adoption ins Scipionen-Geschlecht) erschienen und der leibliche Vater L. Aemilius Paullus (Konsul 182 und 168 v.Chr.). Der Großvater habe ihm Großes vorhergesagt, gewaltige Leistungen im Dienste des Staats, und habe dann so geendet:

§ 102 (Kap. 13) „Sed quo sis, Africane, alacrior ad tutandam rem publicam, sic habeto: omnibus, qui patriam conservaverint, adiuverint, auxerint, certum esse in caelo definitum locum, ubi beati aevo sempiterno fruantur. nihil est enim illi principi deo, qui omnem mundum regit, quod quidem in terris fiat, acceptius quam concilia coetusque hominum iure sociati, quae civitates appellantur; harum rectores et conservatores hinc profecti huc revertuntur."

[Ich lasse ca. 3 Zeilen aus] (Kap. 14) „Immo vero", inquit, „hi vivunt, qui e corporum vinclis tamquam e carcere evolaverunt, vestra vero quae dicitur vita mors est." [Auslassung von ca. 5 Zeilen, in denen der Vater erscheint].

(Kap. 15, § 1) „Quaeso, inquam, pater sanctissime atque optume, quoniam haec est vita, ut Africanum audio dicere, quid moror in terris? quin huc ad vos venire propero?"

„Non est ita“, inquit ille, „nisi enim cum deus is, cuius hoc templum est omne quod conspicis, istis te corporis custodiis liberaverit, huc tibi aditus patere non potest. (§ 2) homines enim sunt hac lege generati, qui tuerentur illum globum, quem in hoc templo medium vides, quae terra dicitur, iisque animus datus est ex illis sempiternis ignibus, quae sidera et stellas vocatis, quae globosae et rotundae, divinis animatae mentibus, circos suos orbesque conficiunt celeritate mirabili. (§ 3) Quare et tibi, Publi, et piis omnibus retinendus animus est in custodia corporis nec iniussu eius, a quo ille est vobis datus, ex hominum vita migrandum est, ne munus humanum adsignatum a deo defugisse videamini.“

C. Kurzkommentar

§ 103 Bevor wir einige Bemerkungen zum abgedruckten Text machen, rasch noch zwei Literaturhinweise: Der neueste und gedankenreichste Kommentar ist der von Karl Büchner: Marcus Tullius Cicero, De Re Publica, Heidelberg 1984. Eine Übersicht bei Maurach 2006, 183ff.

§ 104 Kap. 13: *Sic habeto*: An einer sehr beschwerten, nachdruckreichen Stelle in Senecas Trostschrift an Marcia (21, 5) leitet er eine nachdrückliche Mahnung mit *sic habe* ein (OLD *habeo* 25 b); der Imperativ Futuri klang zu Ciceros Zeit noch streng und gesetzesähnlich (HSz § 188). Wir können uns dem Ausdruck mit „Du sollst wissen“ nähern. Ebenso nachdrücklich klang das schwere Trikolon *conservaverint, adiuverint, auxerint* (KS 2, 153, Anm. 3). *Beati* ist prädikativ aufzufassen: „*als* Glückselige“. *Quod quidem in terris*: „in Bezug auf das, was hienieden“, s. Büchner 1984, 459 nach Mitte; *quidem* expliziert einschränkend. *Hinc profecti* wird in Kap. 15, § 2 erklärt.

Kap. 14: *Immo vero* erklärt steigernd: „Nein, es ist vielmehr so“. *E carcere:* Nach Platon, Kratylos 400 c 7 stammt diese Meinung aus dem orphischen Umkreis; die Ansicht, dass das Leben hienieden eigentlich ein Totsein bedeute, kam Cicero wohl aus Platos „Gorgias“ 492 c 10, wo ein Euripides-Vers dieses Inhalts zitiert wird, s. zur Platon-Stelle den Kommentar von Dodds, Oxford (1959) 1979, 300.

§ 105 Kap. 15, § 1: *Sanctissime*: Alles, was zu den Göttern gehört, ist „heilig“ (*sacrum*), alles, was ihnen an Rang nahe kommt, gilt als *sanctum*; so auch die Toten, insbesondere in ihrer verklärten Form (vgl. Verg. Georg. 2, 473). *Hoc templum*: Mit *templum* bezeichneten die Römer den Raum, innerhalb dessen ein Vogelzeichen galt, dann jeden heiligen Raum, auch den Himmel, den die Götter bewohnen (s. Skutsch zu Ennius, ann. 48). *Hac lege … qui*: „sie unterstehen einem solchen Gesetz, dass sie“ mit konsekutivem Konjunktiv. Dieser Satz erklärt, was in Kap. 13 bezüglich der Herkunft der Seele offen gelassen war.

D. Ein Übersetzungsversuch

§ 106 „Doch auf dass Du, Africanus, Dich umso eifriger um die Bewahrung des Staats bemühest, wisse dies: All denen, die das Vaterland erhalten, gestützt, gemehrt haben, ist im Himmel ein bestimmter Ort sicher, wo sie in Glückseligkeit ewige Dauer genießen sollen. Nichts nämlich ist dem Fürsten-Gott, der das All regiert, zumindest, was das Irdische angeht, lieber als die Gemeinschaften und Vereinigungen von Menschen, die sich unter dem Gesetz verbinden, was man dann Staaten nennt. Deren Lenker und Bewahrer kehren, von hier gekommen, hierher zurück. ... Ja, noch mehr: Diejenigen, welche, befreit von den Fesseln ihrer Körper, gleichsam aus dem Kerker entflogen sind, sie leben im eigentlichen Sinne, Euer Sein dagegen, das Ihr Leben nennt, ist nur Totsein.“ [Nach dem Erscheinen des leiblichen Vaters spricht der Sohn ihn so an:]

‚Bitte, erhabenster und bester Vater, da nun unser Leben so ist, wie ich Africanus sprechen höre, warum verweile ich dann auf Erden? Wieso eile ich dann nicht hierher [die Traum-Szene spielt im Himmel] zu Euch?‘ [Der Vater antwortet:]

‚So ist es nicht. Nur wenn der Gott, welcher der Herr ist über diesen ganzen Tempel, den Du schaust, Dich aus diesen Deinen Körperbanden befreit haben wird, darf Dir der Weg hierher offen stehen. Die Menschen sind nämlich unter einem solchen Gesetz geschaffen, das ihnen gebietet, den Ball dort unten, den Du als Mitte des Tempels siehst und der ‚Erde‘ geheißen wird, zu schützen; ihnen ist ihre Seele gegeben, bestehend aus jenen ewigen Feuern, die Ihr Gestirne und Sterne nennt, die geballt und rund, beseelt von göttlichem Geist, ihre Kreise und Bahnen in wundersamer Geschwindigkeit ziehen. Daher musst Du, mein Publius wie jeder Fromme Deine Seele in der Hut Deines Körpers belassen und darfst nicht ohne Befehl dessen, der sie Euch gab, aus der Menschen Leben scheiden, auf dass Ihr nicht in den Geruch kommt, Euch der Aufgabe des Menschen zu entziehen.‘“

E. Interpretation

§ 107 Wir wollen auch diese Interpretation, Sie als den Leser befragend, in zwei Teile teilen, einen ersten, immanent fragenden (das heißt einen, der den Text allein aus sich erklärt), und einen zweiten, intertextuellen (das heißt einen, der andere Texte zu einem Vergleich heranzieht, welcher, wenn Sie die entsprechenden Fragen beantworten, etwas über die Eigenart des Cicero-Passus aussagen soll).

Fragen

§ 108 Nummerieren wir der Klarheit halber: 1. In welchem Verhältnis steht Ihrer Meinung nach die Rede des Großvaters zu der des Vaters? Es sind wohl zwei Beobachtungen nötig, um hier Klarheit zu schaffen: Erstens, wie verhält sich die Rede des Vaters *sachlich* zu der des Africanus Maior, und: Wie verhält sich der *Ton* der Vater-Rede zu der Redeweise des Ahns?

2. Platon lässt in seinem „Phaidon“ (61 e 7ff.) den Kebes sagen, er habe von Philolaos (einem Pythagoreer) die Lehre vernommen, der Mensch lebe hier auf Erden wie auf einem Wachposten (phrurá) und gleichsam in einer „Herde der Götter“, dürfe sich daher nicht einfach von selber von diesem Posten entfernen und von dieser Herde lösen, wie ja auch kein Hirt einem seiner Tiere erlauben würde, sich mutwillig in Todesgefahr zu begeben. Sokrates wandelt dann in seiner bestätigenden Antwort die „Bewachung“ in eine „Pflege“ um (62 d 4; warum mildert er?). Versuchen Sie jetzt, sich so weit in den Text des Cicero hinein zu denken, dass Sie den Unterschied spüren, das heißt die ganz andere Voraussetzung erkennen, von der Cicero ausgeht.

Lassen Sie sich viel Zeit für diese Fragen, denn sie werden Ihre Augen schärfen und Sie ziemlich tief in Ciceros Gedankenwelt führen.

Antwortmöglichkeiten

§ 109 Zu 1: *Sachlich* unterscheidet sich die Rede des Africanus Maior von der des Paullus dadurch, dass sie einen Widerspruch aufreißt zwischen der Liebe des Weltenherrschers (*deus, qui omnem mundum regit*) zu den irdischen Völkern und Herrschern einerseits und dem vernichtenden Urteil andererseits, dass irdisches Leben kein Lebendig-, sondern ein Totsein sei. Der leibliche Vater des Africanus Minor, der *pater sanctissimus et optimus*, löst diesen Widerspruch, indem er verkündet, die Menschen seien geschaffen, um das Zentrum des gewaltigen Alls zu schützen und zu bewahren; daher hätten sie ihren *animus* aus himmlischer Substanz erhalten, um diese Aufgabe erfüllen zu können. Gelingt ihnen das – so wird der Vater fortfahren (Kap. 16, Anfang) –, dann öffnet sich ihnen der Weg zum Himmel. Cicero gestaltet also diesen Teil der Traumerzählung so, dass ein Paradoxon aufgestellt und gelöst wird, wobei der Ahn schroff, der Vater milde spricht, wie wir gleich sehen werden.

§ 110 Der *Tonfall* der beiden Reden ist nämlich ebenfalls bewusst und kunstreich unterschieden: Der Ahn spricht streng, kurz angebunden und priesterhaft kündend, der Vater hingegen freundlich und ausführlich. Das zeigt sich allein in der Anrede des Großvaters (*Africane*) und der des Vaters (*Publi*).[47] Ferner spricht der Ahn schroff vom Körper als einem „Gefängnis" (*carcer*), der Vater milder von *custodiae* bzw. *custodia* (er tut das vielleicht deswegen zweimal, um den Unterschied zu verdeutlichen).

Was wir vor uns haben, ist also eine durchgearbeitete, bewusst und vorsätzlich kunstvoll gestaltete Prosa.

§ 111 Zu 2: Schwieriger gestaltet sich die Antwort auf die Frage, wie sich Platons Text und der des Cicero zueinander verhalten. Versuchen wir eine ganz einfach gehaltene Antwort: Platon begründet seine Ablehnung des Selbstmords damit, dass der Mensch sich in der Hut gütiger Götter befinde, Cicero dagegen damit, dass der Mensch „auf Wache stehe", das heißt eine Aufgabe zugewiesen erhalten habe, der er sich nicht entziehen dürfe, nämlich – modern gesprochen – die der Erhaltung der Umwelt. Und zu der Bewahrung der Welt gesellt sich nach den Worten des Großvaters die Erhaltung des Staates, sofern er ein gerechter ist. Der Römer Cicero begründet seine Ablehnung des Selbsttötens also politisch, kosmo- und staatspolitisch, Platon allein „theologisch" ohne Bezug auf Welt und Staat. Cicero geht von der politischen Aufgabe des Menschen aus, Platon von seinem Verhältnis zu den Göttern.

Zur Methode

Gewiss muss der Interpret eines Textes, der „Naturkundliches" enthält, sich einiges Wissen über die antike Naturkenntnis aneignen, insbesondere für die späteren Kapitel des „Somnium" (s. Maurach 2006, 184); er wird aber hier wie auch sonst manches verfehlen, wenn er sich nicht auch für das offen hält, was wir gern – und vielleicht nicht ganz falsch – das „Menschliche" nennen; es spielt ja hier in unserem Text zwischen Africanus und Masinissa und zwischen Ahn, Vater und Sohn eine nicht unerhebliche Rolle.

[47] Vielleicht ist dies zum ersten Male in meinem Aufsatz „Africanus Maior und die Glaubwürdigkeit des ‚Somnium Scipionis'", Hermes 92, 1964, 307 ausgesprochen.

Nachtrag

Zum Traum vgl. J. Hammerstaedt, „Nichts als ein Traum?“, Stud. Ital. S. 20, 2002, 154 ff. Einiges auch bei J. G. F. Powell in: Leeds internat. Latin Seminar 9, 1996, 13 ff.

Der zehnte Text: Caesar, Bellum Gallicum I 1

Die Kunst der Leserführung

§ 112 Im neunten Text kam es nicht zuletzt darauf an, den Ton der Reden zu hören und ihn dann auch in der Übersetzung wiederzugeben. Der Leser dieses Buches möge beachten, dass nicht gar zu selten der beste Weg in einen Text der des genauen Übersetzens ist. Machen wir eine Probe. Der erste Satz des „Bellum Gallicum“ (Caesar hat sein Werk übrigens so nicht genannt[48]) lautet bekanntermaßen so:

A. Der Text

§ 113 (§ 1) Gallia est omnis divisa in partes tres, quarum unam incolunt Belgae, aliam Aquitani, tertiam qui ipsorum lingua Celtae, nostra Galli appellantur. (§ 2) hi omnes lingua legibus institutis inter se differunt; Gallos ab Aquitanis Garunna flumen, a Belgis Matrona et Sequana dividit.

(§ 3) Horum omnium fortissimi sunt Belgae, propterea quod a cultu atque humanitate provinciae longissime absunt minimeque ad eos mercatores saepe commeant atque ea, quae ad effeminandos animos pertinent, important proximique sunt Germanis, qui trans Rhenum incolunt, quibuscum continenter bellum gerunt. (§ 4) Qua de causa Helvetii quoque reliquos Gallos virtute praecedunt, quod fere cotidianis proeliis cum Germanis contendunt, cum aut suis finibus eos prohibent aut ipsi in eorum finibus bellum gerunt (temporales *cum* mit Indikativ).

Eine Bemerkung zur Textsicherung: Sie erübrigt sich weitestgehend, bis auf die Namen der Garonne und der Helvetier ist hier alles eindeutig überliefert, und die Namen lassen sich durch einen Vergleich mit späteren Erwähnungen absichern. Auch ein Kurzkommentar soll hier nicht gegeben werden (vgl. Maurach 2003, 17 f.), weil es hier auf anderes ankommt. Immerhin seien drei Hilfsmittel erwähnt:

Der bisher leider einzige ausführliche Kommentar ist die Bearbeitung eines älteren Kommentarwerkes durch Heinrich Meusel aus dem Jahre 1913 (vielfach trotz der üblen Ausfälle gegen Frankreich unverändert nachgedruckt, hier abgekürzt „Meusel 1968“) und das sehr förderliche Buch von Will Richter, Caesar als Darsteller seiner Taten, Heidelberg 1977, 62 f. Mein eigenes Caesar-Buch wird als „Maurach 2003“ zitiert.

[48] Über den Titel des Werkes spricht U. Knoche in: „Caesars Commentarii: Ihr Gegenstand und ihre Absicht“ (1951), Wege der Forschung 43, Caesar; hrsg. von D. Rasmussen, Darmstadt 1980, 225, Anm. 6; s. ferner mein „Caesar, der Geschichtsschreiber“, Münster 2003, 15.

B. Interpretation

Fragen

§ 114 Nummerieren wir: 1. *Gallia est omnis divisa*: Das wird gemeinhin (ich habe beileibe nicht alle Übersetzungen geprüft) unter Zuhilfenahme der Wörter „ganz“ oder „gesamt“ übersetzt. Aber ist das wirklich sinnvoll? Caesar spricht zunächst doch von den *Groß*-Teilen, später nennt er dann einzelne Stämme (Helvetier, Sequaner, Haeduer, usw.), also *Klein*-Einteilungen. Überlegen Sie nun, wie Sie – wenn Sie diesen Text übersetzen und interpretieren müssten – den ausgeschriebenen Satz auffassen und wie Sie das *omnis* nach Maßgabe des eben Gesagten (Großgebiete, Einzelstämme) übertragen würden.

2. Welchen Stamm hebt Caesar in § 1 so hervor, dass man meinen könnte, um ihn werde es im Folgenden gehen? Durch welches Mittel des Satzbaus erweckt er diesen Eindruck?

3. Zunächst erweckt der Text den Eindruck, es werde Geographisches vorgetragen, dann aber folgt eine Kritik an *cultus atque humanitas* („feine [oder: verfeinerte] Kultur und der Ausbildung all dessen, was dem Menschen als Menschen Freude macht und Lust bereitet“), nämlich der römischen Provinz Narbonensis im Süden – ist dies, was Caesar anzielte, worum es ihm hier als Hauptsache ging? Anders gefragt: Wenn wir die §§ 5–7 als Interpolation ausscheiden (wofür so gut wie alles spricht, vgl. Richter 1977, 62, Anm. 31; Maurach 2003, 19, besonders Meusel 1968, 347 f.), wie führt Caesar somit den Leser und auf welches Hauptziel hin?

Antworten

§ 115 Zu 1: Wo soll wohl ein Unterschied sein zwischen „ganz Gallien“ und „Gallien“ ohne qualifizierendes Adjektiv? Sagt man allein „Gallien“, dann ist doch wohl Gesamt-Gallien gemeint? Ist *omnis* also überflüssig? Zeigt sich Caesar also gleich zu Beginn als wortreich und als Schwätzer? Sinnvoller wäre es, darauf hinzuweisen, dass *omnis* von seinem Bezugswort getrennt und auch nachgestellt und somit deutlich hervorgehoben und mithin von Caesar mit Sinn gefüllt wird – mit welchem? Es bietet sich an zu sagen, er spreche zunächst von den Groß-Teilen,[49] danach – immer deutlicher auf die Stämme hinleitend, die bald in den Vordergrund treten werden (Helvetier, Germanen) – von den einzelnen Stammesgebieten. Das könnte man etwa so wiedergeben: „Gallien teilt sich, grob gesprochen“ (oder: grob gegliedert), in drei Großgebiete.“ Dieses „grob gesprochen“ würde dann zum genaueren Berichten, das heißt zum Verweilen bei den Helvetiern hinführen.

§ 116 Zu 2: Dadurch, dass Caesar das Ende des ersten Satzes gabelt (*Celtae* – *Galli*), verleiht er diesem Völkerteil besonderes Gewicht; man könnte erwarten, dass er nun von den Galliern spricht. Hinzu kommt, dass im zweiten Satz des § 2 wieder die Gallier in den Vordergrund gestellt sind: Die *Gallier* werden von den Aquitaniern und Belgern geschieden, es heißt nicht etwa: Die *Aquitanier* werden von den Galliern und Belgern gesondert. Caesar führt auf diese Weise den Leser behutsam zu den helvetischen Galliern, die das erste Großkapitel des Buches bestreiten werden.

[49] Richter 1977, 62 spricht von einer „Rohskizze“. Anders jetzt [Hinweis von A. Bal] A. M. Devine-L. D. Stephens, Latin Word Order, OUP 2006, 511.

§ 117 Zu 3: Dass *omnis* dreimal gesetzt ist, macht deutlich, dass diese ersten Abschnitte eine Überschau geben sollen, bevor dann von Einzelnem, oder: von Einzel-Stämmen gesprochen wird. Dies hilft mit, das so besonders hervorgehobene *omnis* im ersten Satz besser zu verstehen: „Gallien ist, wenn wir zunächst eine grobe Überschau geben sollen, dreigeteilt."

Der Text beginnt, indem er scheinbar eine Geographie entwirft; er fährt mit einem Seitenblick auf *cultus atque humanitas* der Provinz fort, aber schon diese Erwähnung dient nur als Folie zu dem, worauf es Caesar ankam: auf die Frage, welcher Stamm der tapferste, weil unverbrauchteste, das heißt welcher der gefährlichste sei. Und diese Tapferkeit und Kampfstärke wird weiterhin begründet durch die ständigen Auseinandersetzungen mit den Germanen, die hier schon als die gefährdenden Unruhestifter angedeutet sind. Diese Leserführung mit ihrer scheinbaren Abzweigung ins Geographische und Kulturkritische zeigt schon ganz früh, dass Caesar zwar, was die Hauptlinien angeht, einen geraden Weg führt, aber ihn interessant macht durch leichte Biegungen und Kurven, was dann das ganze Werk auszeichnen wird bis hin zu den großen Exkursen (Richter 1977, 64ff.).

Fernbezug

§ 118 Ein Hinweis auf einen solchen „Fernbezug" gibt der Text selbst, indem er sehr deutlich auf die Helvetier hinzielt (1, § 4 *Helvetii quoque*), aber schon früh sowohl die Belger hervortreten lässt (über seine Auseinandersetzung mit ihnen wird Caesar im zweiten Buch berichten) als auch die Germanen (sie werden nach den Helvetiern das erste Buch beherrschen). So entsteht der Eindruck, „dass Caesar, als er die einzelnen Bücher schrieb, bereits den Gesamtablauf des gallischen Krieges vor Augen gehabt haben muss" (Richter 1977, 60); aber das ist ein erster Eindruck, der genauer diskutiert werden müsste.[50]

Zur Methode

Kurz zusammengefasst, lehrt dieser Text in Bezug auf Methode, dass ein guter Weg in den Text das ganz genaue Übersetzen ist, wobei stets auch nach der Logik gefragt werden muss, hier z.B. des Wortes *omnis*: Nur so erschließen sich die Zeilen. Geht man über die Zeilen hinaus, so gilt der gute Rat für Prosa wie für Dichtung: bei jedem Satz und jedem Satzteil feststellen, welche logische Verbindung (Grund, Ursache, Gegensatz, Einräumung, Übersteigerung, usw.) zwischen den Sätzen und Satzteilen herrscht. Nur zu oft hilft eine stille Hinzufügung wie „denn" oder „obschon" den Zusammenhalt klären.

Der elfte Text: Cicero, Laelius de amicitia § 6–15

Cicero über Römer und Griechen

Vorbemerkung

§ 119 Die Absicht, die wir verfolgten, als wir als zehnten Text den ersten Satz von Caesars „Gallischem Krieg" besprachen, war, dem Leser zu verdeutlichen, dass ein genaues Übersetzen den Zugang zu Kern und Leserführung eines Textes erleichtert – ganz gleich, ob

[50] Das ist geschehen u.a. durch H. Fränkel in: Rasmussen 1980, bes. 166; W. Richter 1977, 102ff.

unsere eigene Übertragung des *omnis* nun zutraf oder nicht. Einer der Gedanken, der uns bewog, als neunten Text ein Stück aus Ciceros „Traum des Scipio" zu behandeln, war, dem Leser nahe zu bringen, dass eine Interpretation neben dem engen Verständnis des Textes selbst immer auch in die Vorstellungs- und Gedankenwelt des Verfassers einführen sollte – einerlei, ob unsere eigene Erläuterung zutraf oder nicht. In dem jetzt folgenden Text aus dem Mai 44 v. Chr.[51] werden wir diese beiden Ziele miteinander verbinden.

A. Der Text

§ 120 Wir drucken hier den Text aus: M. Tulli Ciceronis scripta quae manserunt omnia, Cato Maior, Laelius, hrsg. von K. Simbeck, Stuttgart 1961, 48 ff. (mit Auslassungen); die sehr gute Überlieferung verlangt keine besondere Absicherung.

§ 121 Fannius, einer der Schwiegersöhne des Laelius, erwähnt zunächst, dass man L. Acilius und M. Porcius Cato, den Zensor, weise genannt habe, Cato wegen seiner großen Erfahrung und seiner Klugheit im Senat wie als Sachwalter. Dann fährt er fort:

(§ 7 Mitte) Te autem alio quodam modo non solum natura et moribus, verum etiam studio et doctrina esse sapientem nec sicut vulgus, sed ut eruditi solent appellare sapientem, qualem in reliqua Graecia neminem, ... Athenis unum accepimus et eum quidem etiam Apollinis oraculo sapientissimum iudicatum. hanc esse in te sapientiam existumant, ut omnia tua in te posita esse ducas humanosque casus virtute inferiora putes.

Itaque ex me quaerunt (credo ex hoc item Scaevola), quonam pacto mortem Africani feras, eoque magis, quod proximis Nonis, cum in hortos D. Bruti auguris commentandi causa, ut adsolet, venissemus, tu non adfuisti, qui diligentissime semper illum diem et illud munus solitus esses obire.

Scaevola bekräftigt: (§ 8) Quaerunt quidem, C. Laeli, multi, ut est a Fannio dictum, sed ego id respondeo, quod animum adverti te dolorem, quem acceperis cum summi viri tum amicissumi morte, ferre moderate nec potuisse non commoveri nec fuisse id humanitatis tuae. Quod autem Nonis in collegio nostro non adfuisses, valitudinem respondeo causam, non maestitiam fuisse.

Jetzt Laelius selber: Recte tu quidem, Scaevola, et vere, nec enim ab isto officio, quod semper usurpavi, cum valerem, abduci incommodo meo debui nec ullo casu arbitror hoc constanti homini posse contingere, ut ulla intermissio fiat officii.

(§ 9) Tu autem, Fanni, quod mihi tantum tribui dicis, quantum ego nec agnosco nec postulo, facis amice. Sed ut mihi videris, non recte iudicas de Catone. aut enim nemo, quod quidem magis credo, aut si quisquam, ille sapiens fuit. quo modo, ut alia omittam,

[51] So datiert Robert Philippson in der RE 7 A (1939), 1164, 65. Auch im Falle Philippsons sollte der sorgfältige Interpret sich fragen, wer denn der Gelehrte war, dessen Forschungsergebnis er gerade verwertet. Geboren als Jude 1858 in Magdeburg, wurde er in Berlin promoviert und dann in seiner Geburtsstadt als Gymnasialprofessor angestellt. Er schrieb Weniges, dafür überaus Genaues, über Epikur und seine Schule und zur römischen Philosophie. Mit über 80 Jahren wurde der greise Gelehrte von den Nazi-Mördern ins KZ verschleppt, wo er bald nach seiner Einlieferung verstarb. (Ich verdanke genauere Hinweise auf Philippsons Leben meinem lieben Hamburger Kollegen W. A. Schröder.)

mortem filii tulit! memineram Paulum, videram Galum, sed hi in pueris, Cato in perfecto et spectato viro. (§ 10) quam ob rem cave Catoni anteponas ne istum quidem ipsum, quem Apollo, ut ais, sapientissimum iudicavit: huius enim facta, illius dicta laudantur.

§ 122 Laelius spricht dann darüber, dass der Tod des Freundes diesem nichts Schlimmes angetan habe und nur dem Hinterbliebenen Schmerz bereite, und schließt mit einer Bestimmung dessen, was die Freundschaft mit Africanus ihm bedeute, mit dem er Haus und Militärdienst teilte, und auch dies:

(§ 15) id, in quo est omnis vis amicitiae: voluntatum, studiorum, sententiarum summa consensio. Itaque non tam ista me sapientiae, quam modo Fannius commemoravit, fama delectat, falsa praesertim, quam quod amicitiae nostrae memoriam spero sempiternam fore.

B. Kurzkommentar (mehr in den Anmerkungen zur Übersetzung)

§ 123 Der einzige ausführliche Kommentar zum „Laelius" ist der von M. Seyffert, 2. Auflage bearbeitet von C. F. W. Müller, Ciceronis Laelius (1876), Neudruck Hildesheim 1965.

§ 7 Anfang: Dass Sokrates vom delphischen Orakel als weise (sophós) bezeichnet wurde, ist u. a. durch Platon (Apologie des Sokrates 23 a 4ff.) bezeugt. *Omnia tua in te*: Diese Formulierung des Autarkie-Ideales geht gewiss auf die schöne Anekdote aus dem Leben des Demetrios Poliorketes zurück, die auch Seneca (const. sap. 5, 6ff.; epist. 9, 18) als vorbildhaft berichtet.[52]

§ 7 Ende: *Commentandi causa* spielt auf rednerische Übungen an (OLD *commentor* 2 b), die auch Cicero betrieb (Brut. 310).

§ 8: *Recte tu quidem … et vere.* Schlagen Sie im OLD unter *recte* 7 und *vere* 3 nach und versuchen Sie, den Unterschied zu bestimmen! *Usurpavi*: OLD *usurpo* 3 zeigt, dass *officium usurpo* so viel wie „einer Pflicht nachkommen" bedeutete.

§ 9: *Aut enim nemo*, usw.: Konstruieren Sie so: aut enim nemo (sapiens fuit) aut si quisquam (sapiens fuit), ille, usw. *In pueris*: „im Falle von".

§ 15: *Summa consensio* bedeutet die völlige, absolute Übereinstimmung.

C. Übersetzung

§ 124 Wir werden jetzt versuchen, eine zum Teil paraphrasierende Übersetzung anzufertigen, die den schwer zu übertragenden Wörtern *virtus* und *munus* in § 7, in § 8 den Begriffen *humanitas*, *officium*, *constans* und *spectato* gerecht wird.

[52] Über ihn H. Bengtson, Herrschergestalten des Hellenismus, München 1975, 63ff., gestützt auf Plutarch, Demetrios, wo in Kap. 9 die Episode geschildert wird. Seneca erzählt sie, von der Freundschaft und einem Manne sprechend, dem Freundschaft sehr viel bedeutet, in ep. 9, 18 über den souveränen Menschen etwa so: „Dennoch, obschon er seine Freunde sehr liebt, obschon er sich Freunde (gern) macht, oft es vorzieht, Freunde zu haben als allein zu sein, wird er das, was ihm als ein Gut erscheint, in sich selbst einschließen und sprechen, wie Stilbon sprach, der Stilbon, der in einem Briefe Epikurs so scharf angegriffen wird. Als Stilbons Heimatstadt erobert, seine Kinder verloren und auch seine Frau verloren war, zeigte er beim Verlassen der brennenden Stadt eine heitere Miene, und als Demetrius, den man wegen der vielen Eroberungen den ‚Belagerer' nannte, ihn fragte, ob er etwas verloren, antwortete er: ‚Alles, was mein eigen, habe ich bei mir.'"

§ 7 Fannius: „Dich aber nennt man weise in einem anderen Sinn, nicht nur, weil Du so geboren und geartet[53] bist, sondern vielmehr wegen Deines Dein ganzes Leben bestimmenden Strebens und Deiner Wissensfülle,[54] und dies nicht so, wie man daherredet, sondern wie philosophisch Gebildete darüber sprechen. Dass jemand in dieser Art weise war, das haben wir sonst von keinem in Griechenland gehört, ... nur von einem zu Athen, und zwar von einem, der sogar vom delphischen Orakel als der weiseste beurteilt wurde.

Von Dir aber sagt man, dass Du über eine solche Art von Weisheit verfügest, dass Du all das, was wirklich Dein ist, in Dir selber trügest, und dass Du das, was die Menschen befallen mag, für weniger wichtig hältst als den Besitz der Charakterstärke (*virtus*).[55] Und so fragt man mich denn auch, wohl den Scaevola hier ebenfalls, wie Du wohl mit dem Tode des Africanus fertig wirst, nicht zuletzt deswegen, weil Du an den letzten Nonen,[56] an denen wir ja gewöhnlich in den Park des Augurs Decimus Brutus kommen, um unsere Redeübungen abzuhalten, nicht zugegen warst, der Du doch sonst diesen Termin und diese Gefälligkeit[57] immer wahrgenommen hast."

§ 125 Nun Scaevola, ebenfalls Schwiegersohn des Laelius: (§ 8) „Ja, Laelius, es fragen, wie Fannius sagte, viele; ich aber antworte, dass ich bemerkt hätte, Du ertrügest den Schmerz, den Du durch den Tod eines so bedeutenden Menschen und Deines intimsten Freundes erlitten hast, zwar selbstbeherrscht, seist aber sehr wohl erschüttert, bist Du doch auch ein Mensch.[58] Dass Du aber an den Nonen nicht zu unserer Gruppe gestoßen bist, dafür führe ich als Ursache eine Erkrankung an, nicht etwa Deine Trauer."

[53] *Natura et moribus*: Wahrscheinlich sind einander ähnliche Eigenschaften gemeint (und nicht sind etwa natürliche und erworbene unterschieden), was ja durch das „und" nahe gelegt wird. Also Anlage und was als Denk- und Handlungsweisen aus ihr folgt.

[54] *Studium et doctrina*: *studium* ist jede Art von Bestreben, und vielleicht ist wegen des „und" erneut Ähnliches gemeint: Wissensstreben und daraus folgend Kenntnisfülle. Möglich scheint aber auch, dass mit *studium* ein moralisches Streben gelobt wird, doch kommt mir das Erste näher liegend vor.

[55] *Virtus* ist wohl das am schwersten fassbare Wort aus der Reihe römischer Wertbegriffe (dies der Titel des 34. Bandes der „Wege der Forschung", herausgegeben von Hans Oppermann, Darmstadt 1967). Ein früher Versuch, sich ihm beschreibend zu nähern, bei Lucilius (Maurach 2006, 22ff.), ein moderner bei K. Büchner in dem genannten Band der „Wege der Forschung" 376ff., wo gezeigt wird, wie dies Wort, das ursprünglich einen vorwiegend kriegerischen und politischen Klang hatte, erst allmählich ins Philosophische überging. Ein Mittler zwischen beiden Auffassungen war, wie unsere Stelle zeigt, Cicero. Denn hier in § 7 ist *virtus* dem stoischen Aufrechtbleiben inmitten der Unbilden schon sehr nahe und meint die Stärke des Geistes, wenn man unter Geist ein Seelisches versteht, und nicht etwas Intellektuelles. Zu *virtus* vor allem W. Eisenhut, Virtus Romana, München 1973.

[56] Kurz gesprochen, an jedem fünften bzw. siebenten Monatstag.

[57] *Munus* bezeichnet, auf die Grundbedeutung gesehen (vgl. Walde-Hofmann 1972, 128), eine freiwillige Gabe (*munero* bedeutet ja bei Plautus „schenken"). Daraus entwickelte sich die Bedeutung „freiwillige und gern dargebrachte Leistung" (von Diensten) und „Pflichterfüllung". Laelius wird eben diese seine gewissenhaft erfüllte Pflichtleistung später *officium* nennen, und Cicero gibt dem römischen Alltagsbegriff dabei griechisch-philosophischen Gehalt im Sinne der gleich hernach erwähnten Pflichterfüllung des unwandelbar aufrechten Weisen (*constans*).

[58] Wie über *officium* (besonders E. Bernert, De vi atque usu vocabuli ‚officium', Diss. Breslau

Laelius stimmt zu: „Ganz recht, Scaevola, und der Sachlage entsprechend.[59] Ich hätte mich der Verpflichtung, die Du erwähntest und der ich stets nachgekommen bin, bei guter Gesundheit auch nicht entziehen dürfen, meine auch, dass keinem aufrechten Menschen[60] eine Unterlassung der Pflichterfüllung unterlaufen könne.

(§ 9) Nun aber zu Deiner Nachricht, Fannius, dass man mir so viel Ehre antut, wie ich selber weder akzeptieren noch auch fordern kann: Du bist hierin sehr freundlich, aber Dein Urteil über Cato kommt mir unzutreffend vor. Wirklich weise war, wie ich am ehesten glaube, niemand, aber wenn es einer war, dann er. Wie großartig hat er – um von anderem zu schweigen – den Tod seines Sohnes getragen! Ich erinnere mich an Paulus, sah Galus (in ähnlicher Lage), aber sie verloren Kinder, Cato aber einen schon vollgültigen und angesehenen Mann.[61] (§ 10) Daher halte ja keinen, nicht einmal den von Apoll als einen weisesten beurteilten Mann für größer als Cato. An ihm lobt man nämlich seine Taten, an Sokrates nur seine Worte."

§ 126 Am Ende seiner Rede erinnert Laelius daran, dass Africanus derjenige war, „mit dem er Haus und Militärdienst gemein hatte" und dazu das, „worin die ganze Bedeutung der Freundschaft beschlossen liegt: Vollkommene Übereinstimmung der Willensrichtung, des Strebens und Beurteilens".

D. Interpretationswege

§ 127 Abweichend von der bisherigen Gewohnheit wurde im vorigen Abschnitt und in den Anmerkungen zur Übertragung viel doziert. Aber die wenigen und naturgemäß viel zu kurzen Anmerkungen sollten dazu anregen, über die genaue Bedeutung von lateinischen Grundbegriffen nachzudenken. Jetzt aber sei wieder die übliche Frage gestellt, was nun, nachdem der Text einigermaßen verstanden ist, zu überlegen wäre.

§ 128 Ich schlage vor, dass wir 1. zusehen, worin der Unterschied liegt zwischen dem Lob einerseits, das Fannius dem Laelius angedeihen lässt, den er ja einem Cato überordnet, und andererseits dem, was Laelius dann am Ende über sich selber sagt: Ist das Ideal des Laelius identisch mit dem Weisen-Ideal des Fannius?

1930) ist auch über *humanitas* viel geschrieben worden, vgl. besonders H. Haffter, „Die römische Humanitas" in dem genannten Bande der „Wege der Forschung" S. 468 ff. und Wo. Schmid, ebd. 483 ff. Neueste Literatur im Augustinus-Lexikon Bd. 3, Basel 2006, 440 ff.

[59] *Vere* und *verum* bedeutet „der Sachlage entsprechend". Beachten Sie, bitte, dass *veritatem dicere* bis weit in die Nachklassik unlateinisch ist (ich habe das Thesaurus-Material geprüft). Darüber wäre nachzudenken, hier aber wollen wir festhalten, dass *verum* meint „wie es ist", bedeutet also die Offenkundigkeit eines Sachverhalts und nicht etwa die Zutreffendheit einer Aussage. *Recte* dagegen meint „geradezu" und „genau treffend" (OLD *recte* 3 ff., daher auch „wie es sich gehört" OLD a. a. O. 4–6).

[60] *Constans* ist einer, der fest dasteht und – auf unsere Stelle gesehen – nicht zwischen Beherrschtheit und Gefühlsausbruch schwankt.

[61] OLD *spectatus* 2 belehrt darüber, dass Cicero auch sonst gern (fam. 5, 12, 7 [Hinweis A. Bal] zum Beispiel) dies Wort im Sinne des „Angesehen"-Seins verwendete, und dass Plinius es neben *clarus* stellte. Leistung verbreitete für römisches Empfinden Licht, hatte einen hellen Schein und man konnte diesen sehen und bewundern. Auch wir können von „glänzendem Ruhm" sprechen (Anm. 11).

2. Wir wollten diese Texte ja auch mit dem Ziel lesen, uns in Ciceros eigene Gedanken- und Vorstellungswelt hineinführen zu lassen. Fragen wir da ganz konkret: Was lehrt dieser Text über Ciceros Verhältnis zum griechischen Weisen-Ideal, verkörpert in Sokrates?

Und 3. wollen wir, ganz nebenbei, nicht überlesen, dass Cicero seinen Fannius sagen lässt, dass Laelius ein Autarkie-Ideal verkörpere, das er der Stilpon-Anekdote entnimmt: Welches Grundproblem der Freundschaft ist damit angesprochen? Das sind drei nicht ganz einfache Fragen, lassen Sie sich also viel Zeit.

§ 129 Zu 1: Fannius preist Laelius, weil dieser – wie er meint – absolut autark ist, das heißt überlegen über alle Unbilden, die einem Menschen zustoßen können, aufgrund einer souveränen Werteordnung: Was allein gilt, ist die innere Freiheit von Leidenschaft, auch vom Empfinden, etwas Furchtbares zu erleiden. Dies ist griechisch gedacht, es ist dies das stoische Weisen-Ideal, wie Seneca es formuliert (Maurach 2005, 89, 176 u.ö.) und ebenfalls als *virtus* bezeichnet (ep. 66, 6[62]). Laelius weist ein solches Ideal von sich und will überhaupt nicht als „weise" bezeichnet werden: Er sieht sich als einen, der eine ganz andere Tugend sein Eigen nennt, nämlich die Fähigkeit, Freund zu sein. Gerühmt will er bei der Nachwelt ob seiner Freundschaft sein, besser: Er will zusammen mit Africanus als ein wunderbares Freundespaar in die Nachwelt eingehen. Dies ist eine *aktive* Tugend, die Cicero hier herausstellt und seinen Fannius auch an Cato preisen lässt, z.B. Catos Rechtskunde und Rechtsbelehrung.

§ 130 Zu 2: Cicero lässt seinen Laelius noch anders die *Aktivität* über die Art des Sokrates stellen: Sokrates wird hier als ein Lehrer durch Worte gelobt, nicht als einer, der Großes getan (wie Cato). Cicero sieht *virtus* als Betätigung: *virtus in usu sui tota posita est*, heißt es in de rep. 1, 2 am Anfang. Interessant ist hierbei, dass Cicero einen Römer die wahre *virtus* verkörpern lässt; römische Tugend ist ihm als aktive mehr wert als das Lehren der Griechen, womit er allerdings den Griechen und im besonderen dem Sokrates einengend Unrecht tut. Später wird dann bei Seneca Cato der Jüngere einen Sokrates überflügeln (P. Grimal, Seneca, Darmstadt 1978, 286f.). Der Sinn ist, römische *Tat*-Tugend über griechische *Wort*-Tugend zu stellen.

§ 131 Zu 3: Fannius erinnert an Stilpon und deutet – nach dem Willen Ciceros – damit an, dass er die Autarkie als *virtus* und weiter *virtus* als den höchsten Wert begreift. Das Grundproblem der Freundschaft im philosophischen Sinn ist nun aber der Widerstreit des Autarkie-Ideals mit der Hingabe an einen anderen, an den Freund: Wie weit darf diese Hingabe gehen, um nicht das Autarkie-Ideal anzutasten? Seneca widmet diesem Problem seine neunte Epistula Moralis. Indem Laelius sich nun gar nicht erst als autarker Weiser bezeichnen lässt, umgeht er dieses (eher theoretische) Problem.

[62] Der Unterschied zwischen dem Lob des Fannius und dem stoischen Ideal liegt darin, dass die griechische Vorstellung von Weisheit immer auch das Wissen um den Kosmos einbegreift, so wie Sen. Ep. 66, 6 es kurz und doch umfassend ausdrückt (warum das so ist, wird in Maurach 2005, 137 und 145 angedeutet).

Zur Methode

Wie im Schlussabschnitt „Zur Methode“ des vorhergehenden Textes allgemein angeraten wurde, über ein genaues Übersetzen zum Kern eines Textes vorzudringen (§ 118), so wäre hier im besonderen darauf hinzuweisen, dass die römischen Wertbegriffe genau bedacht werden müssen (s. Anm. 55). Im Deutschen gibt es nur vereinzelt genaue und scharf treffende Wörter für sie, sind die Wertsysteme doch arg verschieden; aber umschreiben lassen sich die römischen Wertwörter allemal. Mit anderen Worten: Zur Arbeit des sorgsamen Interpreten gehört auch, dass er sich hineindenkt in ein ihm fremdes Wertesystem.

Nachtrag

Einige Literatur zu Ciceros Philosophie bei Maurach 2006, 53, 203; RWZ 1998, 173; zum Freundschaftsbegriff im Besonderen s. R. Schievenin, Stud. Lat. 30 (2), 2000, 447 ff.

Schlussbemerkung

§ 132 Vielleicht war dies Kapitel über Ciceros „Laelius“ zu lang und zu anspruchsvoll; aber ich hoffe doch, mit meinen Anmerkungen und Fragen im Rahmen dessen geblieben zu sein, was ein interessierter Philologe innerhalb der eigenen Bibliothek oder der seines Instituts leicht erarbeiten kann. Die Gedanken wenigstens schienen mir von selbst aus dem Text zu erwachsen.

Der zwölfte Text: Vergil, Aeneis 10, 100–117

Ironie und Trug: Eine doppelbödige Götterrede

A. Einleitung

§ 133 Gewiss hat Cicero seinen „Laelius“ nicht geschrieben, um dem Leser solch philologische Gedanken nahe zu legen, wie wir sie angestellt haben; gewiss wollte er den großen Griechen große Römer, nicht zuletzt den großen philosophischen Schriftstellern der Griechen sein eigenes Können an die Seite stellen, und ebenso gewiss hatte er neben dem Freundespaar Africanus–Laelius seine eigene Freundschaft mit Atticus, dem er die Schrift widmete, verewigen wollen. Wir aber hatten die Absicht, zu Gedanken über einen kleinen Textabschnitt anzuregen, um dem Leser zu helfen, mit solchen Werken fertig zu werden. Gedanken also über Philosophisches und über Wertungen von Persönlichkeiten, usw. Ganz anders der nun folgende Text, ein gedichteter Text aus einem Heldenepos. Hier interessieren naturgemäß die Handlungsverläufe besonders, daneben aber auch die Darstellungsweise der Gestalten, seien dies nun Menschen oder Götter. Und nicht zuletzt will der Leser von Gedichtetem sich an dem freuen, was aus dem oft so nüchternen Latein unter der Hand eines Dichtmeisters werden kann. Um sich hiervon eine Vorstellung zu machen, dazu scheint dieser kleine Text gut geeignet.

§ 134 Das zehnte Buch der „Aeneis“ ist besonders gut kommentiert, nämlich durch S. J. Harrison (s. Bibliographie). Zum Gehalt: Aeneas, so erzählte das achte Buch, war zu Schiff auf dem Tiber zu König Euander gefahren; dieser herrschte dort, wo später einmal Rom entstehen sollte. Aeneas ersuchte ihn um Hilfe wider den Ansturm der umliegenden Italiker-Stämme (Buch 7, 647ff.) gegen das Lager, welches die Trojaner des Aeneas an der Tibermündung errichtet hatten (7, 30ff.; 157ff.).

§ 135 Besorgt und empört erhebt nun Venus, die Mutter des Aeneas, in der Götterversammlung (10, 2ff.) Einspruch gegen Jupiters Duldung solchen Ansturms, laute doch der Spruch des Geschickes, das *fatum* (10, 33ff.), anders und zu Gunsten des Sohnes. Juno dagegen, noch immer Feindin der Trojaner, fragt – wir wissen: gegen die *fata* – nach der Berechtigung der Troer, Küstenland von Italikern zu besetzen (10, 65ff.). Da schickt der Göttervater selber sich an zu sprechen.

B. Der Text (**§ 136**)

Tum pater omnipotens, rerum cui prima potestas,
infit (eo dicente deum domus alta silescit
et tremefacta solo tellus, silet arduos aether,
tum zephyri posuere, premit placida aequora pontus):
„Accipite ergo animis atque haec mea figite dicta!
Quandoquidem Ausonios coniungi foedere Teucris
haud licitum nec vestra capit discordia finem –
quae cuique est fortuna hodie, quam quisque secat spem,
Tros Rutulusne fuat, nullo discrimine habebo.
Seu fatis Italum castra obsidione tenentur
sive errore malo Troiae monitisque sinistris –
nec Rutulos solvo – sua cuique exorsa laborem
fortunamque ferent; rex Iupiter omnibus idem,
Fata viam invenient". Stygii per flumina fratris,
per pice torrentis atraque voragine ripas
adnuit et totum nutu tremefecit Olympum.
Hic finis fandi. Solio tum Iupiter aureo
surgit, caelicolae medium quem ad limina ducunt.

C. Kurzkommentar

§ 137 V. 100: In diesem Vers ist *prima* und auch *summa* gut überliefert. Harrison entscheidet sich wie R. A. B. Mynors in der Oxford Classical-Texts-Ausgabe (2. Auflage 1972) für das erlesenere *prima* (s. OLD *primus* 14f.). *Omnipotens* (s. Skutsch zu Enn. ann. 447) und *rerum prima potestas* sagen im Grunde dasselbe: Der Leser römischer Dichtung muss sich an derlei Doppelungen, die Gewicht geben, gewöhnen. Der preisende Relativsatz gleicht den feierlichen Götteranrufungen in Griechenland wie in Rom, worin die Gottheit durch Lobpreisungen gnädig gestimmt wird.[63]

V. 101: *Deum domus*: das „Haus der Götter", ein altertümlicher, hier auch noch alliterierter Genetiv wie in 109 *Italum. Silescit* wird gleich noch einmal, aber in der einfachen

[63] Zu Relativsätzen im Hymnus s. Norden 1913, 156ff.

Form, gesagt: Eindrucksverstärkung durch Wiederaufnahme (dazu E. Courtney zu Juv. 1, 55). Anders und genauer argumentiert A. Bal brieflich: Nach dem Inkohativ folge das Zustandsverb, so dass sich ein sinnträchtiger Aktionsunterschied ergebe: „allmählich" und „sofort".

V. 102: *Solo* scheint ein Ablativ des Ortes; auch wir lesen ja in älteren deutschen Texten „schön *an* Haupt und Gliedern" (KS 2, 353, Anm. 5). „Erde" und „Boden" stellt eine hochpoetische „Zerteilung" eines Identischen dar, s. Maurach 1995, § 103. Das gleiche geschieht in v. 103 mit *aequora* und *pontus.*

V. 103: *Posuere* „sich legen", intransitiv zuerst bei Vergil belegt (Aen. 7, 27; OLD *pono* 9).

V. 104: Zu *figite* ergänze man sich *animis* („bewahrt in eurem Herzen").

V. 106: *Licitum* steht, wie auch andere Partizipien dieser Art, gern (Nachweis bei Harrison) ohne *est.* Wenn die HS „Romanus" (Vaticanus 3867) aus dem 5. Jahrhundert ein *est* einfügt, verkennt der Schreiber den dichterischen Gebrauch des ungestützten Partizips.

§ 138 V. 107: *Fortuna* etwa „wie auch das Glück ausfallen mag", also wertneutral. *Secat spem* so viel wie *sequitur spem suam,* das heißt das verfolgen, was man sich erhofft. *Hodie* bedeutet verwirrenderweise nicht zeitlich ein „heute", sondern wird seit Plautus gern als Nachdruckpartikel verwendet („ganz bestimmt"): Hofmann 1953, 41; Austins Kommentar zu Verg. Aen. 2, 670.

V. 108: Zu *Fuat* Jocelyn zu Enn. trag. 151; zu *fors fuat* OLD *fors* 5.

V. 109: *Fatis Italum* etwa: „ob nun die Italer durch glückliche Fügung (die Troer belagern), oder ob ...".

§ 139 V. 110: *Troiae* so viel wie *Troianorum,* s. § 146 zur Stelle; das *errore malo* meint eine schlimme Irrfahrt, was gleich durch „üble Mahn- und Orakelsprüche" erklärt wird. Das *-que* ist kausal zu fassen: Die irreleitenden Orakelsprüche verursachten die Irrfahrten. Das *-ve* des Codex Palatinus (Vaticanus Palatinus 1631, 4. Jh.) ist also eine falsche „Verbesserung".

V. 111: *Nec Rutulos solvo*: „Ich spreche auch die Rutuler nicht frei vom Fatum." *Exorsa,* „was einem jeden aus dem Herzen entspringt", das heißt einfällt an Absicht und Hoffnung (vgl. v. 107).

V. 112: *Fortunam* ist hier positiv als „Gelingen" aufzufassen.

V. 113: Vor *fata* ist ein „Und so mögen denn ..." mitzuhören.

D. Interpretation

Fragen

§ 140 1. Analysieren Sie den Aufbau dieses Abschnittes, indem Sie nach v. 108 (*habebo*) mit Harrison, aber abweichend von vielen Ausgaben, eine starke Interpunktion, sprich: einen Punkt setzen.

2. Lesen Sie nun – dieser Fernbezug ist unumgänglich – Aen. 1, 258 ff. über die *fata,* besonders v. 264 (*Aeneas ... populos ... feroces / contundet moresque viris et moenia ponet*). Erscheint Ihnen nunmehr die Freigabe des Geschehens durch Jupiter in 10, 105 ff. als seine freie Entscheidung oder als Verstellung? Wenn dann die beiden Göttinnen nach des Weltenherrschers Rede verstummen, scheinen sie Ihnen berechtigterweise besänftigt und zufrieden, oder was ist mit ihnen durch die Jupiter-Rede geschehen?

3. Es wurden zwei Begriffe genannt, *fata* und Jupiters Entschluss – wie stellt sich Ihnen das Verhältnis der beiden zueinander jetzt dar?

Überlegen Sie gut und stellen Sie – auch Frage 2 berücksichtigend – in Rechnung, dass Vergil seine Erzählung dramatisch aufbaut, das heißt mit Vorwärtsbewegungen, Hemmungen, mit Hoffnungen, die sich zerschlagen, und Täuschungen, welche die Getäuschten erst spät erkennen – wird in unserem Text jemand getäuscht?

§ 141 4. Versuchen Sie, unter Zuhilfenahme des Kommentars von Harrison und meines Buches „Lateinische Dichtersprache", einen Eindruck von Vergils Arbeit daran zu gewinnen, seine Dichtersprache von der gewöhnlichen abzuheben; versuchen Sie ferner, die Redeweise Jupiters nachzuempfinden: Ist sie ausführlich und freundlich, kurz angebunden und befehlend oder wie sonst?

Antworten

§ 142 Zu 1: Wenn wir, wie Harrison geschickt vorschlägt, hinter v. 108 tief einschneiden, ergibt sich, dass Jupiter zweimal etwas verheißt, was im Grunde gleich und nur aspektweise[64] verschieden ist: „Wie das Glück auch ausfallen oder welcher Hoffnung ein jeder der Gegner nachstreben mag, ich werde nichts von vornherein entscheiden" und „Gleich, ob Aeneas' Lager aufgrund eines Schicksalsspruches bedrängt wird oder weil die Troer sich auf einer Irrfahrt befinden, weil von üblen ‚Wahr'-Sprüchen fehlgeleitet (wie vielleicht auch die Rutuler) – jeder mag das Ergebnis seines Schicksals bzw. seines Planens tragen": Zwei Male wird das Geschehen frei gegeben, ein Geschehen, das zweimal entweder auf ein Geschick oder auf einen menschlichen Willen zurückgeführt wird. Ein strenger Bau.

§ 143 Noch einmal das Ganze im Schema:

(a) Der Olymp ruht und die Erde bebt, auch „Äther" (Luft) und See
schweigen (doppelt gesagt: *silescit ... silet*), das heißt die vier Elemente antworten
auf das Wort des Weltenherrschers;
(b) „Hört und merket Euch" (doppelt gesagt): Auf Erden
kein Friede und auch im Olymp nicht (doppelt gesagt);
(c) Glück oder Hoffnung (zweigliedrig), Troer oder Rutuler (ebenso),
das soll gleich sein (eingliedrig);
(d) Fata oder *error* (zweigliedrig) [der Rutuler-Einschub spannt],
Einfall oder Fortuna (wieder zweigliedrig):
Jupiter hält sich zurück, Fata sollen herrschen (zweigliedrig).

§ 144 Zu 2: In Aen. 1, 258 ff. ist das Fatum eindeutig: Die Besiedelung der Küste bei der Tibermündung durch die Troer unter Aeneas ist beschlossen. Somit erscheint Jupiters Rede in 10, 105 ff. als Trugrede, seine Freigabe des Geschehens als Vorspiegelung, mit der sich die Göttinnen, düpiert, zufrieden geben, froh der (scheinbaren) Freigabe des Geschehens. Über das, was mit der trojanerfeindlichen Göttin Juno in Vergils Werk geschieht, liest man bei Richard Heinze (Virgils epische Technik [1902], Nachdruck der 4. Auflage Darmstadt 1957, 295, Anm. 1): Auch in Buch I glaubt Juno, „durch eigenmächtiges Han-

[64] Einmal wird auf den Menschen gesehen, ein andermal wird vom Gott her gesprochen.

deln noch die Fata (das heißt Jupiters Willen) beeinflussen zu können; ... in X sucht sie anfangs ihr Tun sophistisch als dem Fatum nicht widersprechend zu verteidigen; in X 611 gibt sie jeden eigenen Widerstand auf."

§ 145 Zu 3: Im 10. Buche scheint Jupiter Herr der Fata, also Herr des Ablaufs all der geschilderten Auseinandersetzungen um Aeneas, in Buch 1 dagegen *verkündet* er sie lediglich, hinter sie zurücktretend. Vergil nimmt nirgend eindeutig Stellung zu der Frage, wer nun das Weltgeschehen bestimmt, ein unpersönliches Fatum oder ein persönlicher Gott. Manchmal genügt es, interpretierend an einem bestimmten Punkt der Überlegungen stehen zu bleiben, ein Problem offen zu lassen. So betrachtet, erscheinen die beiden weiblichen Gottheiten wie Menschen, denn sie empören sich über längst Beschlossenes bzw. wollen etwas nicht wahrhaben, als ob die Fata im Belieben Jupiters lägen. Er allein weiß sie, und diesem Wissen gegenüber erscheinen die Reden der Göttinnen als bloße Affektäußerungen. Sein Anerbieten jedoch, sich in diesem Kampf dort unten am Tiber zurückzuhalten und die Fata walten zu lassen, ist reine Ironie, denn er kann ja gar nicht anders, nur wollen die beiden Göttinnen in ihrer Erregung das nicht wahrhaben. Oder sollen wir gar von Humor des Dichters sprechen? Recht anders erklärt K. Büchner in „Der Schicksalsgedanke bei Vergil" (1945), Wege zu Vergil (Wege der Forschung 19; Darmstadt 1976) 286ff. die Szene, verweist aber naturgemäß ebenfalls auf die Unveränderlichkeit dessen, was die Fata im 1. Buch verkündet hatten.

Wer sich für die Lösung dieser Frage nach der Freiheit des obersten Gottes durch einen späteren Autor, durch den Philosophen Seneca, interessiert, lese seine Schrift „De providentia", Kap. 5, 4ff.[65]

§ 146 Zu 4: Vergils „Aeneis" – gedichtete Geschichte für den Römer, machtvoll geschrieben und doch nicht ohne ironische Nebenklänge in Bezug auf Göttinnen und auf Jupiter, wie es schien. Wie aber ließ Vergil seinen Vater der Götter und Menschen sprechen, und wo fasst man den Unterschied von Vergils Sprache zur gewöhnlichen?

V. 104: *Accipite animis*: *Accipite auribus* ist geläufig (OLD *accipio* 9 a), aber *animis* meint anderes (anderes auch als Ciceros Tusc. 5, 111: *animus accipit, quae videmus*, hier ist der *animus* Sitz der sensorischen „Datenverarbeitung"). *Accipite animis* scheint „nehmt es Euch zu Herzen" zu meinen: eine einmalige, zumindest seltene Ausdrucksweise (Harrison konnte nichts Gleiches beibringen). *Figite dicta* verlangt, dass man *animis* aus dem Versteil davor mithöre: Dieses „Apò koinú" (Maurach 1995 § 125, 1) hebt den Ausdruck aus der Sphäre des Üblichen heraus. Beachten Sie, dass solches „Merkt auf!" gleich zweimal ausgesprochen ist: Nachdruck (vgl. das Schema in § 143 Ende).

V. 106: Schon *haud* ist (s. Harrison) in Vergils Zeit ein altes Wort, somit, wenn wieder hervorgeholt, ein Poetizismus. Dazu ist *licitum* (dazu noch ohne *est*) statt einfachem und prosaischem *licet* auffällig (Harrison; s. auch oben § 137 zu v. 106).

V. 107: Der gleiche Beginn der beiden Nebensätze fällt auf (*quae cuique* ähnelt ja *quam quisque* schier „aufs Haar"). Auch dies ein Mittel der Emphase, des Nachdruckes. Nun

[65] Erklärt bei G. Maurach, in: Antike Weisheit und moderne Vernunft (Festschrift H. Boeder), Osnabrück 1996, 117ff. und bei A. Niem, Seneca. De Providentia. Ein Kommentar (Books on Demand 2002), 73ff.

aber *secare spem*: *Viam secare* ist üblich für „einen Weg öffnen" (oder „verfolgen"), s. OLD *seco* 6, vgl. schon 5; aber *spem seco* bedarf erhellender Ergänzung: *quam quisque secat viam spei suae*, „den Weg *zur* Erfüllung seiner Hoffnung verfolgen". Vergils alliterierender Ausdruck ist also ein sprachliches Wagnis durch ungewöhnliche Verkürzung.

V. 108: Schon das archaische *fuat* hebt diese Redeweise aus dem Alltäglichen heraus, und nun gar *nullo discrimine*! Vergil lässt den großen Künder Lukrez (5,1314: *turbabant saevi nullo discrimine turmas*) anklingen.

V. 110: *Troia*, die Stadt, für seine Bewohner (*Troiani*) zu setzen, ist eine uralte poetische „Metonymie" (Maurach 1995, § 148 und 150 Anfang; RWZ 1998, 100).[66]

V. 111: Das Simplex *solvo* statt des geläufigeren Kompositums *absolvo* stellt einen Poetizimus dar (Maurach 1995, § 141, 3), der ebenfalls uralt war (Soph. Phil. 221, 305, usw.). *Exorsa*, „was aus dem *animus* erwächst", hat Vergil anscheinend (Thes. Ling. Lat. 5, 2; 156, 2 ff.; OLD *exordior* 1 b) als Erster gewagt: Man muss bei der lateinischen Dichtersprache (wie auch zum Beispiel beim deutschen Expressionismus) allerhand Gedankenarbeit anwenden, um zu dem Gemeinten vorzudringen.

Wenn wir von hier zurückschauen, scheint es angebracht, auf eine Eigentümlichkeit der epischen Bauweise aufmerksam zu machen: Zu Beginn wird geschildert, wie Himmel und Erde stille wurden, bevor der Göttervater das Wort ergriff. Die Naturschilderung dient hier gleichsam zur Einleitung, zu einem Innehalten vor dem großen Wort. Derlei Naturbeschreibungen nannten die griechischen Theoretiker „Ekphrasis"; im lateinischen Sprachbereich hieß es später „Exkurs".[67] Die Schilderung dient, so muss deutlich hervorgehoben werden, nicht dem Schildern der Natur, dem Schönen, sondern sie dient als Vorbereitung der Zeus-Rede (Maurach 1995, § 14 f.).

§ 147 Wie soll man nun die wenigen Beobachtungen in Abschnitt 1 und 4 verstehen? Vielleicht so, dass man die Vortragsweise der Jupiter-Rede (ist sie intensiv und nachdrücklich, oder jovial breit?) abtrennt von der Art, wie der Dichter Vergil diese Vortragsweise *formuliert*. Es gibt, wie beim PC, gleichsam zwei Dateien: Die eine speichert den Gehalt und seine Darbietungsweise, die andere die Sprechformen (populär: die „Trickkiste") des Dichters. So wird deutlich, dass Vergil seinen allmächtigen Gott wuchtig-breit (er sagt das Gemeinte zweimal), und nachdrücklich sprechen lässt: Die Botschaft soll eindringen, daher die ausladende Breite der Rede; doch die Sätze selbst sind gedrungen gebaut.[68] Die Sprache Jupiters, die Wörter und Wortformen, die Verkürzungen und Metonymien, usw., also die Wortwahl und der Wortgebrauch, dazu die Syntax, das alles ist Vergils eigener Stil, der sich darin nach der inzwischen ausgebildeten Dichtersprache richtet.

[66] Neuere Literatur zu diesem Kunstgriff bei A. Weische, Petroniana, Heidelberg 2003, 203.

[67] Über Ekphrasen vgl. R. Heinze (wie § 144) 396 ff.; E. Norden, P. Vergilius Maro, Aeneis Buch VI. 4. Auflage Darmstadt 1957, 120 ff.; näher an unserem Fall R. D. Williams, Virgil Aeneid Book III, Oxford [1962] 1990 zu v. 13–16; M. Lowrie, Vergilius 45, 1999, 111 ff..

[68] Verkürzungen in 104, 106 und 107; Epanalepse (Maurach 1995, § 31) in 107; Asyndese in 112 f.; beachte auch die Alliterationen in 107 und 112.

Zur Methode

Wenn der Interpret sich einem Text nähert, sollte er sich nicht auf das Sachliche und das Sprachliche beschränken. Große Dichtung ist ja auch nicht auf das Berichten von Sachlichem und auf das Spiel mit der Sprache eingeschränkt, sondern lässt die Menschen etwas von den Menschen, etwas Menschliches sehen, auch wenn dies – wie hier – in den Bereich der sehr menschlichen Götter hinübergetragen wird. Aber gewiss wird der sorgsame Interpret auch das Sprachliche nie außer Acht lassen, hier zum Beispiel die dem Nachdruck dienenden Wiederholungen. In v. 107f. hatte Jupiter mit *fortuna, spes* und *habebo* die drei Hauptbereiche, in denen sich das menschliche Leben abspielt, angesprochen: Zufall, menschliches Sinnen und Trachten und zuletzt mit „ich" den Gott. Diese drei Bereiche treten in 111f. wieder auf, diesmal aber genauer oder besser: ausgefaltet. So genau arbeitet der Dichter.

Nachtrag

§ 148 Man könnte wegen der vielen Doppelungen meinen, dass Vergil den Göttervater im Ganzen umständlich argumentieren lässt, um sein Allesbedenken zu verdeutlichen; aber zugleich lässt er – wenn wir Argumentieren (Vorbringen von Sachen) vom Formulieren (Ausdruck in Wortform und Wortanordnung) unterscheiden – ihn das, was er breit und nachdrücklich *an Gedanken* vorbringt, in höchst raffinierte *Formulierungen* fassen, um die eigene Kunst unter Beweis zu stellen und um seine eigene Fertigkeit neben und über die einfachere Weise Homers zu stellen. Wichtiger aber scheint, dass der Leser ein Gespür dafür entwickelt, wie die Darlegungsweise der Argumente (der Stil) eine andere ist als die Ausdrucksweise von Wort und Satz. Der Stil bleibt, wenn man so will, homerisch; der Ausdruck dagegen ist der der augusteischen Zeit.[69]

Der dreizehnte Text: Horaz, c. 3, 22

Kritik von Sekundärliteratur

§ 149 Anhand des zwölften Texts haben Sie die Struktur einer Götterrede beobachtet und die Art, wie Vergil seine Sprache von der Alltagsrede abhebt (Maurach 1998, 125ff.). Der dreizehnte Text wendet sich erneut dem Interpretieren der Bauformen zu, zugleich aber auch wieder dem des Sprachlichen, und zwar dieses Mal so, dass Sie am Ende wieder wie am Ende des sechsten Textes mit Ansichten verschiedener Ausleger zum Ganzen des Gedichts konfrontiert werden, die Sie beurteilen sollen. Was Sie dabei vor sich auf dem Tisch haben sollten, sind die Kommentare von Richard Heinze, Hans Peter Syndikus und Nisbet-Rudd (sie sind alle in der Bibliographie zu finden). Ein für alle Male sei mit Bedauern festgestellt, dass die riesige Horaz-Edition (mit Kommentar) zwar von F. Della Corte vorzüglich eingeleitet ist, im Kommentarteil aber über das Sammeln von sog. Parallelen nicht hinauskommt und zum Verständnis des Textes erstaunlich wenig beiträgt.

[69] So ist Catull c. 51 erklärt bei Maurach, Gymnasium 105, 1998, 412ff.

A. Der Text mit Übersetzung (§ **150**)

Montium custos nemorumque, virgo,
quae laborantis utero puellas
ter vocata audis adimisque leto,
diva triformis,

(5) imminens villae tua pinus esto,
quam per exactos ego laetus annos
verris obliquom meditantis ictum
sanguine donem.

(Verwundern Sie sich nicht über die Ihnen weniger geläufigen Wortformen: *Laborantis* ist Akk. Plur., *obliquom* die ältere Akkusativform; diese Druckweise lebt von der Hoffnung, dass Horaz selber sie schrieb.)

„Der Berge Hüterin und der Wälder, Jungfrau,
die du die Frauen, wenn sie in Geburtsschmerzen dich dreimal rufen,
erhörst und dem Tod entreißt,
dreigestaltige Göttin,

(5) die sich über mein Haus hinbeugt, die Pinie, sie soll
dein sein, und ich will sie froh an jedem Jahresende
mit dem Blut eines Ebers, der schon den Schrägstoß
einübt, beschenken."

B. Kurzkommentar

§ 151 V. 1: *Montium custos nemorumque, virgo*: Artemis-Diana ist schon bei Homer Jagdgöttin in den Bergen (Ilias 5, 49ff.; Odyssee 6, 102ff.). Daher dann auch Catull 34: *montium domina … silvarumque virentium saltuumque reconditorum amniumque sonantum*, was ein wenig „ungekämmt" aussieht (zwei verschiedene Gen. Plur.-Formen; mechanisches Zufügen von Attributen; Weiteres bei Syndikus 1984, Erster Teil, 195, Anm. 15). Diana ist also schützende Herrin von Berg und Wald, aber auch (v. 2f.) der Gebärenden (so auch Eurip. Hippol. 161ff.; Catull 34, 13f.), will aber dreimal gerufen werden (Wissowa 1912, 183).

V. 4: Artemis ist Herrin auch der Dreiwege, hat sich also den Bereich der Hekate angeeignet und ist darum *triformis* als Herrin von Berg und Tal, von Geburt und von Wegkreuzung.[70] Heribert Boeder nannte sie daher gesprächsweise die Herrin des „Wohnens", denn auch in Berg und Wald ist Wohnung für Hirten und Sammler (von Kräutern, Heu und Holz). Antik gesprochen, ist Artemis sowohl Eileithyia (Geburtsgöttin, lat. Lucina) als

[70] Vgl. *Trivia* bei Cat. 34, 15. Wer einmal in Griechenland gewandert ist, weiß, dass auch heute noch eine falsche Entscheidung an (unbeschilderten) Weggabelungen verhängnisvoll sein kann. Des Weiteren Burkert 1977, 265f.

auch Trihoditis (Gottheit der Dreiwege) und Potnia Therón (Herrin der Tiere; Burkert 1977, 233). Und immer ist sie Jungfrau (Burkert 235) und auch „Herrin der Opfer" (Burkert 237), also dem Blute nie fern.

V. 5: *Imminens*: Die Kiefer überragt also das Haus, doch welche Wirkung das hat (Schatten zum Beispiel), ist nicht gesagt, die Gottheit weiß es.[71] *Tua pinus esto*: eine Ausdrucksweise, die dem Gesetzesbereich nahe kommt (s. Nisbet-Rudd 2004 zur Stelle). Horaz übergibt der Gottheit einen Baum als Geschenk (Heinze), wie es im griechisch-römischen Bereich nicht selten war, s. die Kommentare, aber nicht in der Weise der üblichen Weihung: „Wenn Du dies oder das für mich tust, dann werde ich", usw.[72] Hier schenkt der Dichter also bedingungslos.

V. 6f.: *Quam ... donem*: prospektiv-finaler Konjunktiv („Eine Kiefer, die ich fortan beschenken will"; KS 2, 295, 5; HSz 558). Die Gabe soll das Blut eines jungen Ebers sein, der bereits so weit erwachsen ist, dass er sich auf das Kämpfen vorbereitet (der Schrägstoß wird in der Antike seit Homer oft erwähnt, s. die Kommentare). *Laetus*, „froh", will der Dankbare opfern, eine ganz übliche Ausdrucksweise (Thes. Ling. Lat. 7, 2; 885, 56ff.).

§ 152 Bei der Betrachtung des zwölften Textes achteten wir auf die Dichtersprache, das heißt auf die Art und Weise, in welcher der Dichter seine Ausdrucksweise von der des Alltags abhebt. In c. 3, 22 scheint *laborantis utero* insofern ungewöhnlich, als der Ablativ sonst in dieser Zeit und vorher das Gebrechen angibt, an dem man leidet, nicht den Körperteil, der Schmerz bereitet (OLD *laboro* 6a, Mitte; Horazens Syntax ist dann erst bei Celsus De Med. 2, 7 und Ov. am. 2, 13, 19 belegt, wie A. Bal bemerkt). Ebenso *adimis leto*, worin *letum* an sich schon viel ungewöhnlicher ist als *mors*; zudem klingt die Formulierung so, als sei der Tod eine Person, die gleichsam Anspruch erhebt auf die Gebärende, wie der Dativus incommodi nahe legt (vgl. Verg. Aen. 2, 134). Spannend aber ist es, der Wortbehandlung in v. 6f. zuzusehen: Die Phrase *per exactos annos* vergleichen Nisbet-Rudd mit *per dies festos* und *per autumnos* (c. 2, 3, 6f. und 2, 14, 5), aber merken nicht an, dass diese Verwendung des üblichen *exacti anni* ganz unüblich ist (sonst unbelegt: Thes. Ling. Lat. 5, 2; 1466, 15f.), dass die singuläre Ausdrucksweise einen bei Dichtern unbeliebten Genetiv ersetzt (*per fines annorum* etwa). Ebenso singulär (Thes. Ling. Lat. 8, 577, 23ff.) ist *meditari* mit *ictum* statt, wie üblich, mit einem intellektualen Objekt (*verba, orationem, dolos*, etc.). Man erkennt die Bedachtheit der handwerklichen Arbeit, die in unseren Kommentaren leichtfertig übergangen wird. Das alles sind nun aber nur Verfeinerungen einzelner Wörter, worauf ja Horaz selber verweist (ars poet. 47ff.), doch am Ende schmückt Horaz das kleine Gedicht in großartiger Weise, auch wenn er es im Ländlichen lässt, durch eine ehrwürdige Erinnerung an die großen Griechen, die junge Eber bereits durch ihr Einüben von (Schräg-)Stößen charakterisierten: Hom. Od. 19, 450; Pind. frg. 234 Sn.

[71] Bei Vergil (buc. 9, 42 zum Beispiel) wird der wohltuende Schatten (von Pappeln und Reblaub) genannt.

[72] Vgl. besonders Fraenkel 1957, 201.

C. Interpretation

Fragen

§ 153 Ein Thema der Interpretation sollte bei diesem Gedicht die Kritik von Sekundärliteratur sein. Beginnen wir also damit, dass wir einige der geäußerten Ansichten kurz vorführen. Einige, denn alle je gemachten Verlautbarungen zu diesen Versen können wir unmöglich nennen, müssen uns daher auf einige wenige, dafür prominente, beschränken.

1. Dacier schrieb in seinem Werk „Les oeuvres d'Horace", Band 2, Paris 1591 im Kommentar zu unserem Gedicht, Horaz danke Diana für die Hilfe, die sie einer von Horaz' Mätressen habe angedeihen lassen.[73] Diese Vermutung Daciers hatte viel Erfolg, so zum Beispiel bei Dav. Jani, Quinti Horatii Flacci Opera, Band 2, Leipzig 1792, 223 bis hin zu R. S. Conway und K. Quinn (s. Nisbet-Rudd 2004, 257), ja bis zu den sympathisierenden Worten von Nisbet-Rudd selbst. Was wäre dazu zu sagen? Überlegen Sie gut!

2. Heinze 1955, 345 stellte sich vor, die Pinie „mochte" ein „Wahrzeichen der Gegend" gewesen sein. Ähnelt diese Vermutung, auf die Erklärungs-*Methode* gesehen, nicht in einer bestimmten Weise der aus Abschnitt 1? In welcher?

3. J. G. Orelli (Quintus Horatius Flaccus, 4. Auflage besorgt von Baiter und Hirschfelder, Berlin 1886, 447) meinte, die Pinie sei ein besonders schöner Baum gewesen: „Pinus Italica pulcherrima arbor poetae cara." R. Heinze sprach ihm das weitgehend nach.

4. Syndikus 1990, Band 2, 189 schlug einen ganz anderen Weg ein. Er fragte nach dem Herkommen der Motive. Horaz habe zwar die Form eines Weihepigramms verwendet, dabei aber die Nennung einer erwarteten Gegengabe vermieden, dafür das „Jagdmotiv" (190; gemeint ist die Opferung eines jungen Ebers, die sonst gern bei Weihepigrammen von erfolgreichen Jägern auftaucht) und den Lobpreis der dreigestaltigen Gottheit hinzugefügt. Syndikus freute sich also an der hübschen Variation der üblichen Weihepigramm-Form durch Fortlassen (der Bedingung) und Zusetzen (des „Jagd"-Motivs und der Lobpreisung) bzw. an der Mischung von Epigramm-Formen: „Aus einem religiösen Vorgang ist für ihn im Grunde ein ästhetischer Reiz geworden" (190, Absatz 2, Ende), nämlich die interessante Mischung der Gattungen. Dieser Reiz liege aber auch im Ausdruck einer „schlichten Frömmigkeit, deren naiver Ton[74] den Großstädter entzückt" (189). Können Sie sich hiermit einverstanden erklären?

5. F. Cairns hatte einen nicht ganz unähnlichen Einfall (Philologus 126, 1982, 227 ff.): Er ging davon aus, dass sowohl Horaz wie auch seine literarisch gebildeten Leser die Ge-

[73] Übrigens schrieb Dacier sehr anschaulich, Horaz habe die Pinie aus seinem „Fenster" sehen können, nur: Hatten Häuser damals Fenster? Vgl. H. Blümner 1911, 100 f.: Fenster zum Hinausschauen in die Umgebung kannte man nicht.

[74] K. Quinn, Horace: The Odes, 2. Auflage London 1984, 251 meinte dagegen, Horaz spiele den traditionellen Familienvater, dem es ja seit alters oblag, die *res divinae* zu verrichten; Horaz schreibe also ironisch, wie er auch nur ironisch vom Jungeber spreche, der keineswegs ein Tier der Wildnis sei (wie es Diana angemessen wäre), sondern nur ein Zuchttier aus dem Stall. Nun steht aber in den Zeilen des Horaz absolut nichts von dem, was die *familia* anginge. Quinn folgte nur der damals üblichen Mode des Ironisierens.

dicht-Gattung des „anathematischen Hymnus", also des schenkenden Preisliedes genau kannten. Und nun: „The reader who shares Horace's knowledge of the commonplaces of the genre will be rewarded by his recognition of commonplaces which are, on first reading, absent, and will supply mentally the missing connections of thought" (228). Cairns arbeitet aus der Fülle vergleichbarer Gedichte die Haupt- und die Nebenthemata der anathematischen Gattung heraus und glaubt dann in unserem Text etliche verdeckte Anspielungen auf die „commonplaces of the genre" zu erkennen, Anspielung auch auf das Diana-Fest auf dem Aventin. *Pinus* bleibt für Cairns nicht einfach der Baum, sondern *pinus* spielt seiner Meinung nach wegen des ähnlichen Wortanfangs auf Pitys an (griechisch für *pinus*, S. 240), welche Nymphe der Gott Pan einst verführte und dann in eine Pinie verwandelte; und dann noch ein weiteres etymologisches Spiel (*laetus* – *leto* [235]). Überlegen Sie, welche Auffassung vom Dichten und der Entstehung von Dichtung sich in all dem ausspricht! Dankbar wird der Leser die von Cairns beigebrachte Fülle griechischer Epigramm-Motive notieren, doch dass der antike Leser aufgefordert gewesen wäre, die wenigen Worte des Horaz mit seinem eigenen (angenommenen) reichen Wissen zu vergleichen, um herauszufinden, was alles fortgelassen, was angedeutet ist, verschiebt die Interpretation auf das Gebiet bloßen Literaturbetriebs.

Antworten

§ 154 Zu 1: In meinen „Methoden der Latinistik" (Maurach 1998) 102ff. wandte ich mich gegen alle Interpretationen, die etwas zum Text hinzutun, was nicht deutlich in ihm ist. Dacier erzählt sich eine Geschichte: Horaz hatte „Mätressen", bzw. man berichtete, wie Sueton angibt,[75] er sei *ad res venereas intemperantior* gewesen. Eine seiner Mädchen habe ein Kind von ihm glücklich geboren, und dafür danke nun Horaz in diesem Gedicht – eine völlig unerlaubte Hinzudichtung, so meine ich.

Zu 2 und 3: Orelli und auch Richard Heinze suchen ebenfalls nach einem unausgesprochenen Anlass für das Gedicht, wenn Orelli den Baum „besonders herrlich" heißt und Heinze die Kiefer ein „Wahrzeichen der Gegend" nennt und somit Horaz ihre Schönheit zum Anlass nehmen lässt, sie der Göttin der freien Natur zu schenken. Heinze verschiebt, so will mir – bei aller Achtung vor Heinzes wundervollem Kommentar – doch scheinen, das Verständnis der Strophen ins Natur-Ästhetische.

Zu 4: Auch Syndikus nähert sich dem Gedicht vom Ästhetischen, diesmal dem Literar-Ästhetischen her, wenn er von der Gattung des Weihepigramms ausgeht und dann den horazischen Variationen nachspürt, das heißt dem Reiz der variierten Gattungsform. So kann er denn auch sagen, dass der „religiöse Vorgang" (was ist das wohl?) zurücktrete hinter dem literarisch-ästhetischen Reiz. Am Ende freut aber auch Syndikus sich an der schlichten und naiven Frömmigkeit, der hier Ausdruck verliehen wurde.

Zu 5: Cairns' Aufsatz zu lesen, bereitet ein hohes Vergnügen, ist er doch angefüllt von reichem Wissen um die „commonplaces" der Gattung und voll von außergewöhnlichen Einfällen. Dann aber setzt der kritische Verstand ein und führt zu einem Lächeln über die etymologischen Kapriolen und über den Einfall, beim Leser all die Gemeinplätze der Gat-

[75] Abgedruckt in Fr. Klingners „Q. Horati Flacci Opera", Leipzig 1959, 3*, 15ff.

tung vorauszusetzen und ihn dann die Strophen nach ihnen abfragen zu lassen, ob sie vorhanden, ob sie versteckt oder gar fortgelassen sind. Ich meine, das ist ein absurdes Verfahren und verhindert, die schönen Zeilen aus sich heraus zu genießen. Dies vor allem deswegen, weil die Lektüre nun zu einem intellektuellen Quiz geworden ist. Wichtig an diesem Aufsatz ist allein dies, dass wir die Beschränkung des horazischen Gedichtes auf nur ganz Weniges umso deutlicher erkennen, oder anders: Das Vergleichen, das Cairns nahe legt, zeigt, worauf es Horaz eben *nicht* ankam.

§ 155 Wenn Sie nun mich selber fragen, wie ich das Gedicht verstehe, so erinnere ich Sie an das „Methoden“-Buch (Maurach 1998) 39ff. und 110f., an Horazens Lied c. 1, 38:

Persicos odi, puer, apparatus,
displicent nexae philyra coronae:
mitte sectari, rosa quo locorum
sera moretur.

Simplici myrto nihil adlabores
sedulus curo. Neque te ministrum
dedecet myrtus neque me sub arta
vite bibentem.

§ 156 Wir begreifen da nichts, wenn wir uns nicht hineingeben in die Gestimmtheit: ein heißer Sommertag, nur Ruhe, Schauen, Sinnen und ein guter Trunk – nichts weiter. Ich meine, wir müssen zurück zu Eduard Fraenkel, der bei solchen Gelegenheiten sich an seine Jugendtage in Italien erinnerte. Das Gedicht sagt nur sich selbst und die Stimmung eines solchen Tages, und wie ein Genießender auf sie antwortet. Allein das Sichhineingeben ist schon hoher Genuss; und wenn dann der Reiz der leicht verrätselten Sprache die Zeilen aus dem gewöhnlichen Geplapper heraushebt (z.B. *rosa, quo locorum*), ist das Fest vollkommen.

So auch im Falle von c. 3, 22: Darf denn das Gedicht nicht einfach und „naiv“, so Syndikus’ treffende Bemerkung, sagen, dass der Sprechende die Gottheit, die da über Berg und Waldungen, Haus und Mensch herrscht und wacht, in seinen Versen lobend preist und ihr ein Geschenk machen will, den Baum für immer und jährlich ein Opfer?[76] Genügt es nicht, wieder zum „religiösen Vorgang“ (was immer damit gemeint sein mochte) zurückzukehren und sich zu freuen an einem unnachahmbar schlichten, schönen Ausdruck einer keineswegs ästhetischen oder intellektualen Haltung, sondern einer sehr tief gehenden Gestimmtheit, die wir selber ebenfalls in ähnlicher Lage sehr wohl noch zu empfinden vermögen? Genug davon, aber ich möchte den Leser vor dem Abgleiten ins intellektuelle Spielen und ästhetelnde Gaukeln warnen.

[76] So las auch D. West (Horace Odes III, Oxford 2002, 186f.) das Gedicht: kein Hilferuf in spezieller Lage, „but an expression of gratitude and affection for the goddess in all her manifestations“. Dass in alter Zeit der Baum vielfach als etwas Heiliges betrachtet wurde, braucht nicht eigens erwähnt werden (s. Burkert 1977, 144f.).

Nachtrag zur Methode

§ 157 Man müsste sich jetzt fragen, woher die Versuche kamen, etwas zu dem Gedicht c. 3, 22 hinzuzutun, zum Beispiel als Anlass eine Schwangerschaft einer der Mätressen des Dichters anzusetzen.

Vielleicht trifft meine Vermutung und Warnung etwas Richtiges: Ich möchte nämlich vermuten, dass derlei Bestrebungen dem Wunsch entstammen, ein Detail aus der Biographie des Dichters durch „Interpretation" zurückzugewinnen. Warnen aber möchte ich vor eben diesem Wunsch, denn er ist zum einen meist nicht erfüllbar, zum andern ist er auch völlig überflüssig, denn biographische Details verhelfen – auch wenn sie erschließbar wären – nicht zu einem besseren Verstehen und intensiveren Genießen. Die Kenntnis der Schuhgröße Vergils klärt nichts an der „Aeneis".

§ 158 Der Versuch aber, diese Gedichte auf einen ästhetischen Reiz zu reduzieren oder sie zu einer Art Quiz zu degradieren, der stammt aus anderen Wünschen. C. 3, 22 rein ästhetisch zu lesen, zum Beispiel als Spiel mit Gattungsgegebenheiten zu begreifen, das kommt aus dem Wunsch, dieser Gebilde intellektualistisch Herr zu werden: „Aha, dies ist dieser ‚commonplace', jenes ähnelt jenem Gemeinplatz", und schon meint man, das Gedicht zu beherrschen. Nicht ganz unähnlich ist der Versuch, den Zeilen ihre götternahe Gestimmtheit zu nehmen – beides, das intellektualistische Beherrschenwollen wie auch das Ästheteln begehen den Fehler, die Verse nicht das sein zu lassen, was sie sein sollten: Ausdruck einer dankbaren Gestimmtheit. Ich möchte den Erklärern zurufen: „Lasst doch diese schönen Dinge sein, lasst sie das sein, was sie offenbar sein wollen! Tretet bescheiden zurück, *favete linguis*!"

Dieser letzte Satz leitet nun schon hinüber zum letzten Text dieses Teiles, der Ersten Römer-Ode.

Der vierzehnte Text: Horaz, c. III 1

Unterscheidung der Bilder

A. Einleitung

§ 159 Die ersten sechs Oden des dritten Buches, die Th. Plüss im Jahre 1882 die „Römer-Oden" genannt hat, weil sie sich seiner Ansicht nach an die Römer überhaupt und nicht an Einzelpersonen richten, weisen alle ein und dasselbe Versmaß auf, das sog. alkäische (danach folgt ein Gedicht an eine bestimmte Person und in anderem Maß), und allein diese beiden Charakteristika schließen diese sechs Gedichte zu einem Komplex zusammen. Die ersten vier Zeilen dieses Komplexes sind denn auch eine Einleitung, ein „Proömium", zu allen sechs Gedichten und daher vom Rest des c. 3, 1 abzuheben.[77] Dies sollte allerdings behutsam geschehen und nicht zur Gänze, denn es wird sich zeigen, dass die erste und die letzte Strophe einen ganz wesentlichen Bezug aufeinander besitzen (s. § 178).

[77] „There is something attractive in this hypothesis", urteilte Ed. Fraenkel 1957, 262 oben. Er rechnete allerdings nach Vorgang anderer mit der Möglichkeit, dass die ersten *acht* Verse ein solches Proömium sein könnten (vgl. V. Pöschl 1991, 150 f.). Zur Abtrennung der v. 1–4 s. auch unten im Nachtrag.

B. Der Text (§ **160**)

Odi profanum volgus et arceo!
Favete linguis! Carmina non prius
audita Musarum sacerdos
virginibus puerisque canto.

Regum timendorum in proprios greges,
reges in ipsos imperium est Jovis,
clari Giganteo triumpho,
cuncta supercilio moventis.

Est ut viro vir latius ordinet
arbusta sulcis, hic generosior
descendat in Campum petitor,
moribus hic meliorque fama

contendat, illi turba clientium
sit maior – aequa lege Necessitas
sortitur insignis et imos,
omne capax movet urna nomen.

Destrictus ensis cui super inpia
cervice pendet, non Siculae dapes
dulcem elaborabunt saporem,
non avium citharaeque cantus

somnum reducent – somnus agrestium
lenis virorum non humilis domos
fastidit umbrosamque ripam,
non Zephyris agitata tempe.

Desiderantem quod satis est neque
tumultuosum sollicitat mare
nec saevus Arcturi cadentis
impetus aut orientis Haedi,

non verberatae grandine vineae
fundusque mendax, arbore nunc aquas
culpante, nunc torrentia agros
sidera, nunc hiemes iniquas.

contracta pisces aequora sentiunt
iactis in altum molibus: huc frequens
caementa demittit redemptor
cum famulis dominusque, terrae

fastidiosus. sed Timor et Minae
scandunt eodem quo dominus, neque

decedit aerata triremi et
post equitem sedet atra Cura.

Quodsi dolentem nec Phrygius lapis
nec purpurarum sidere clarior
delenit usus nec Falerna
vitis Achaemeniumque costum,

cur invidendis postibus et novo
sublime ritu moliar atrium?
cur valle permutem Sabina
divitias operosiores?

C. Kurzkommentar

§ 161 Die folgenden wenigen Bemerkungen sollen keineswegs mit denen in den großen Kommentaren von Heinze, Syndikus oder Nisbet-Rudd konkurrieren, zumal ich selbst in meinem „Horaz" (Maurach 2001) 224ff. das Gedicht viel ausführlicher, aber (wie mir heute scheint) noch nicht gut genug, besprochen habe; die kurzen Anmerkungen sollen lediglich die Interpretation vorbereiten. Was die Sekundärliteratur angeht, so begnügen wir uns mit den Kommentaren von R. Heinze, H. P. Syndikus und Nisbet-Rudd, denn wir wollen ja keinen umfassenden Aufsatz schreiben, sondern lediglich das Interpretieren üben, und darum werden wir nur die wichtigsten zu diesem Gedicht vorgebrachten Ansichten prüfen.

Str. 1: Sie ist, wie gesagt, als Proöm zum ganzen Komplex der sechs Gedichte (c. 3, 1–6) aufzufassen; sie ist „dramatisch" zu lesen, das heißt, es geschieht etwas in ihr. Zunächst eine Abweisung: „Ich leide nicht das unbefugte Volk und halte es fern". Pause, dann die Hinwendung zu den übrigen, zu denen, die „befugt" sind zu hören: „Heiligt (das Geschehen) mit Euren Zungen (das heißt mit Euren Worten: Sprecht nur Angemessenes oder schweigt, denn) Gesänge, nie zuvor gehörte, singe ich, der Priester der Musen, den Jungfrauen und Jünglingen (des Chores)." Horaz stellt sich vor – was *realiter* zu Rom nicht denkbar gewesen ist: Fraenkel 1957, 263f. – als begnadeter Vorsänger eines Chores, der an einer heiligen Begehung beteiligt sein wird (wie er es in gewisser Weise bei der Säkularfeier des Augustus[78] dann auch sein sollte).

Str. 2–4: In v. 7 zeigt *Giganteo* einen besondern Gebrauch des Adjektivs: Es beschreibt nicht etwa attributiv, sondern vertritt einen Genetivus Obiectivus, denn es meint den Triumph *über* die Giganten (Maurach 1995, 109, Abs. 2). *Cuncta supercilio moventis*: Jupiter bewegt das All durch ein Nicken seiner Braue. Das spielt auf die Szene zwischen ihm und Thetis in Homers Ilias 1, 528 an, wo eine Bewegung seiner Brauen „den großen Olymp beben macht".

V. 9f.: Es ist nun einmal so, dass der eine mehr Grund und Boden hat (darum seine Rebstöcke in größeren Abständen zueinander pflanzen kann, was auch die Qualität des

[78] Vgl. Kienast 1991, 117, 223f. mit reichen Literaturangaben, bes. B. Schnegg-Köhler, Die augusteischen Säkularspiele, München 2002 (Archiv f. Religionsgesch. 4).

Weines erhöht), dass ein anderer zu einem älteren, adligeren Geschlecht gehört (und somit, wenn er von den Hügeln, wo er in den besseren Wohngegenden lebt, mit größeren Chancen hinab zum tiefer liegenden Campus Martius geht, um sich in ein höheres Amt wählen zu lassen), andere einen vielleicht besseren Ruf genießen oder auch nur einfach bekannter sind als andere Römer, noch andere eine größere Klientel haben als andere (und darum auf breiter gestreute *gratia* bauen können, auf eine weitere Einfluss-Sphäre) – die *Necessitas*, die Unentrinnbarkeit vor dem Schicksal, letztlich vor dem Tode, gilt jedoch für Hoch und Nieder, und die Schicksalsurne – Horaz spielt auf die römische Wahlurne an – birgt, ja schüttelt sogar wie ein Menschenwesen die Namenslose aller ohne Unterschied.[79]

§ 162 Der Interpret hat zu beachten, dass hier nicht abstrakt „wohlhabender – chancenreicher – von besserem Ruf – einflussreicher" – gesagt wird, sondern dass mindestens drei dieser Kennzeichnungen durch konkrete Angaben ausgedrückt sind, durch „anschauliche Bilder", wie Richard Heinze gern sagte (als ob es unanschauliche gäbe).

Str. 5–6: Anspielend auf die Damokles-Geschichte (Cic. Tusc. 5, 61 f.), münzt Horaz die Anekdote aber so um, dass nun nicht der Höfling unterm Schwert zu liegen kommt, sondern der schlimme Tyrann selber. Den wird dann kein Vogel (im Bauer)[80] und keine Zither in Schlaf singen (man beachte die leichte Personifizierung),[81] wohingegen den bescheidenen Bewohner des Landes draußen an schattigem Ufer oder in dem vom Westwind lau durchwehten Tale der Schlaf ganz leicht besucht. Die Kommentare belehren darüber, dass die *Tempe* (Neutr. Plur.)[82] ihre genaue Bedeutung verloren haben und nur noch „Tal (überhaupt)" meinen. Erneut wird nicht abstrakt „Landbevölkerung schläft leichter" (man verzeihe die banale, aber klärende Formulierung) gesagt, sondern es werden konkret Ufer und Tal in die Phantasie des Lesers oder Hörers gerufen.

§ 163 Str. 7–10: „Genau in der Mitte der Ode" (Syndikus 1990, 20)[83] steht der Kardinalsatz (auch wenn diese Grundforderung in den Nebensatz gestellt ist): „Wer nur das anstrebt, was genug ist", hiergegen sind die Bilder von der durch die Herbststürme aufgereg-

[79] Hübsch, wie *sortitur* bereits auf die *Los*-Urne des nächsten Verses vorbereitet. *Necessitas* war in Rom nie Gottheit, s. Nisbet-Hubbard 1970, 394 (zu c. 1, 35, 17). Zur Wahlurne Marquardt-Mau 1886, 648, Anm. 9.

[80] Vgl. bei L. Farrar 2000, 58 f.

[81] Man hat (G. Giardina, Museum Criticum 21/2, 1989, 345 f.; 25/8, 1993, 331) in v. 19 statt *saporem* ein *soporem* vorgeschlagen, aber die Leckereien schaffen doch wohl zunächst ein Wohlgefühl des Geschmackes, danach erst – wenn zu reichlich genossen – Schlaf.

[82] „Bergschlucht von überwältigender Schönheit zwischen dem Olymp und der Ossa; durch die Schlucht fließt der Peneios, der Hauptstrom Thessaliens, dem Meer zu" (S. Rossiter, Reiseführer Griechenland, übers. von B. Kienast, München 1982, 585); wohl dem, der das Tal noch nicht so tourismusgeschädigt erlebt hat, wie es heute ist. *Tempe* wurde, ohne geographischen Bezug, zu „schönes Tal" allgemein schon zu Ciceros Zeit (Att. 4, 15, 5), s. ferner M. Erren, Publius Vergilius Maro, Georgica, Kommentar Band 2, Heidelberg 2003, 516.

[83] Der Kardinalsatz steht allerdings nur den Verszahlen nach in der Mitte des Gedichtes, denn die beiden Strophen vor ihm gehören klärlich bereits zum zweiten Teil des Gedichtes: Die Strophen 2–4 sprechen davon, dass die Menschen Zwängen unterstehen, die von außen kommen, Str. 5 leitet dagegen den Gedichtteil ein, der von den Zwängen spricht, die von innen kommen.

ten See, vom verhagelten Wingert, vom dorrenden oder überschwemmten Ackerland gestellt, von Ängsten also, welche durch die Beherzigung jenes Kardinalsatzes gegenstandslos gemacht würden. Ein Wort zu v. 33–37: Es mag zunächst ein wenig albern („bizarr" nennen Nisbet-Rudd das Motiv) erscheinen, dass da Fische merken, wie ihr Lebensraum sich dadurch verengt, dass bauwütige Eigner ihre Villen auf Molen ins Meer hinausreichen lassen. Aber wir erleben heute ja ebenfalls solche Verengungen des Lebensraumes von Tieren mit all den üblen Folgen.[84] Man kann, wenn man so will, Horaz als Zeitkritiker ansprechen, so wie Sophokles es war (Antigone 338f.). Halten wir fest: Der Bauwütige baut aus Langeweile, er ist des Wohnens auf dem Lande überdrüssig – eine absurde Haltung, die den Bauunternehmer mit seinen Gehilfen schuften macht, und der Bauherr selber ist *frequens* (34) dabei, das „repeatedly" (Nisbet-Rudd) bezieht sich ja auch auf den *dominus*, aber auch nervösen Eifer kann das Adjektiv bezeichnen (Sen. Phdr. 1076) – wildes Getriebe also, nur, weil da ein Reicher nicht zufrieden ist mit dem, „was genug".

§ 164 V. 37–40: Dennoch, Angst und das Gefühl des Bedrohtseins, das heißt Angst vor Verlusten und das Empfinden, dass der Besitz bedroht ist, dazu die ständige Sorge (ob diese und jene Transaktion „klappen", diese oder jene Schwierigkeit sich als unüberwindbar erweisen wird), diese Beunruhigung – und nun wechselt Horaz Bereich und Bildwelt – verlassen den davon Heimgesuchten nirgends, weder den, welcher auf einem Kriegsschiff sich sicher wähnt, noch den Reiter, der dahinsprengend sich zu befreien sucht. Warum nicht, davon wird die Interpretation sprechen müssen.

Str. 11f.: Der Sinn ist deutlich der, dass ein reiches Haus, oder allgemein: Reichtum nichts nützt, wenn man krank ist und Schmerz leidet. Wenn also der Reichtum so wenig hilft, warum dann mühsam großartige Paläste[85] bauen oder nach Reichtum gieren, der doch nur *operosus* (48) ist, das heißt Last und Mühe bereitet? Warum soll ich, fragt Horaz, dafür mein liebes Sabiner-Gütchen hergeben?

D. Übersetzung

§ 165 Es gibt viele Horaz-Übersetzungen, solche, die wörtlich sein wollen, und solche, die es wagen, selber zu dichten. Wir wollen eine ganz einfache Wiedergabe anbieten:

„Ich leide nicht das unbefugte Volk und halte es fern.
(Ihr anderen:) Sprecht heilige Worte! (Denn) Gesänge,
nie zuvor gehörte, singe ich – Priester der Musen – den
Jungfrauen und Jünglingen.

Die Macht über die Menschenherden liegt bei furchtbaren
Tyrannen, über diese aber (liegt sie) bei Jupiter, der gerühmt

[84] Die Folgen sind z.B. im Kruger-Park Südafrikas oder im Tuli-Park Südbotswanas, besonders in Brasilien nur allzu deutlich sichtbar.

[85] R. G. M. Nisbet hatte einmal (s. Nisbet-Rudd 2004, 19) statt des *purpurarum sidere clarior … usus* in v. 43 *Sidone* konjiziert („strahlender als Sidon", das heißt als der Purpur aus Sidon), was sich durchzusetzen scheint, s. Syndikus 1990, Band 2, 8, Anm. 10 und Nisbet-Rudd 2004 im Text und Kommentar.

ob des Siegs über die Giganten, der das All bewegt
mit der Braue.

Es ist so bestellt, dass der eine Mann auf weiterem Boden als ein anderer
seine (Reben stützenden) Ulmen in Furchen ordnet, dass
dieser als edlerer zum Marsfeld hinabsteigt, um sich zu bewerben,
dass jener für sich einnimmt mit besseren Sitten,
besserem Ruf,

dass noch ein anderer eine größere Klientenschar aufweist –
nach gleichem Gesetz lost Notwendigkeit Hohen und Niederen ihr
Geschick zu, eines jeglichen Namen schüttelt die
geräumige Losurne.

Wem ein entblößtes Schwert überm unfrommen Nacken hangt,
dem werden keine sizilischen Leckerbissen süßes Schmecken bewirken,
auch nicht der Sang der Vögel (im Bauer)
oder der Zither Schlaf –

der sanfte Schlaf des Landmanns scheut (dagegen) nicht
ein niederes Haus und das schattige Ufer, auch nicht
Zephyr-durchwehte Täler.

Wer nur anstrebt, was genug, den ängstigt weder
das tosende Meer noch das Schwinden des Arktur
mit seinem wilden Ansturm oder der des herauf
kommenden Böckchens,[86]

nicht Hagel-zerschlagene Reben und ertragloser
Boden, wenn die Olive (einmal) den Regenschwall
beschuldigt, (ein andermal) die Äcker-dörrenden Gestirne
und ungünstige Stürme.

Verengt sich ihr Meer, wenn Molen in die Tiefe gesenkt
sind, so spüren es die Fische; dahinunter schickt ja mancher Unternehmer
das Mörtelgestein mit seinen Gesellen und der
Bauherr dazu, wenn er überdrüssig des
Festlands. Doch

Angst und Bedrohung steigen mit hinauf zum Bauherrn
und weder verlässt, auch wenn es (noch so) Erz-bewehrt,

[86] Vergil (Georg. 1, 204) warnt ebenfalls vor der Gewalt dieser Gestirne (s. R. A. B. Mynors' Kommentar: Virgil, Georgics, Oxford 1994, 47).

das Schiff und sitzt auch hinter dem (noch so hurtigen) Reiter
die schwarze Sorge.

Wenn also phrygische Steintäfelung oder das Tragen
von Purpur, strahlender als das von Sidon, weder
Falerner noch persischer Duftstoff dem Schmerz-
Leidenden Linderung schafft,

warum sollte ich da mich um (Pracht-)Türen bemühn,
die man mir (doch nur) neidet, und um hohe Säle
nach neuer Mode? Warum mein Sabiner-Tal tauschen
für (doch nur) Mühe erfordernden
Reichtum?“

So weit der Versuch einer orientierenden Übersetzung; nun lesen Sie diesen Versuch oder einen besseren, um noch einmal den Gedankengang zu fassen, dann geht es ans „Interpretieren“.

E. Interpretation

Fragen

§ 166 Sie sind nun aufgerufen, dieses Gedicht zu „interpretieren“; das soll diesmal heißen: Sie werden sich zum einen Gedanken machen über den „Sinn“ des Ganzen, über seine Botschaft; zum anderen wollen wir auf die Bilder achten und uns fragen, ob das, was Horaz an Anschaulichem verwendet, stets von der gleichen Ausführlichkeit ist, oder ob es da Unterschiede gibt. Ein Beispiel: In v. 5f. wird die Herrschaft der Könige genannt; da ist nichts, aber auch gar nichts Anschauliches – oder doch? *Greges* werden die Völker genannt, und mit einem Schlage sieht man eine Herde Schafe oder anderen Viehs vor sich und versteht: Die Völker lassen sich treiben und beherrschen, wie der Bauer sein Vieh treibt und beherrscht (vgl. Hom. Il. 2, 85 und oft: Agamemnon ist der „Hirt der Völker“). Aber ein vollständiges Bild ist das keineswegs, nur ein rascher Blick ins Lebendige, um etwas am Gedanken zu verdeutlichen; das Bild dient, nämlich der Erinnerung an das Untertanen-Verhältnis: Es ist nicht Selbstzweck.[87]

Erster Fragenkomplex

§ 167 1. Betrachten Sie noch einmal die erste Strophe und überlegen Sie, was wohl an diesem Lied c. 3, 1 „unerhört“ sein könnte. 2 a. Klären Sie sich den Bau des ganzen Gedichtes und fragen Sie (2 b) danach, unter welchem Ober- oder Leitbegriff alle Teile stehen? Gibt es einen Begriff, der alle Teile deckt oder bestimmt? Ist von *einem* Begriff vielleicht in allen Teilen die Rede? 3. Wenn Sie mit der zweiten Frage weitergekommen sind, dann werden Sie in der Lage sein anzugeben, wogegen die letzten beiden Strophen stehen, gegen welchen Begriff oder Zustand sie rebellieren. 4. Welches ist die Botschaft des ganzen Liedes?

[87] Zu diesen Begriffen vgl. Maurach 1995, 3ff.

Zweiter Fragenkomplex

§ 168 Der zweite Fragenkomplex betrifft die Kunst oder Kunstfertigkeit. 1. Prüfen Sie die Bilder und fragen Sie sich, wie „vollständig" sie wohl sind, und dann weiter, warum da eigentlich Bilder verwendet wurden. Warum schreibt Horaz das, was er zu sagen hatte, nicht einfach in der Form eines senecanischen Briefes? 2. Beachten Sie Horazens Weise, seine Sprache von der des Alltags abzuheben! 3. Was ist nun eigentlich großartig, wenn nicht gar schön an Horazens c. 3, 1?

Antworten

Erster Fragenkomplex

§ 169 Zu 1: „Unerhört" war es zwar nicht, in Gedichtform Philosophisches auszusprechen, Lukrez hatte das getan und Horaz selber in Satiren und in früheren Oden (2, 16 und 18; dann in c. 3, 24). Unerhört muss es Horaz geschienen haben, dass er das von früh auf geübte, vom Vater erlernte, von den athenischen Philosophen vertiefte und begründete[88] Nachdenken über die Menschenseele, also ein *wahres* Wort, mit dem zu verbinden vermochte, was die Muse ihm gab: dem *schönen* Wort. Jetzt war ihm, im Unterschied zu früher, auch das *machtvolle* Wort zugewachsen (man hat angesichts der Römer-Oden gewiss nicht zu Unrecht von etwas „Monumentalem" gesprochen).

Zu 2 a: Nach Absonderung der ersten Strophe, welche das Proöm zu allen sechs „Römer-Oden" darstellt (vgl. oben § 159 am Ende und Anm. 77), stehen drei Strophen, die fest miteinander verklammert sind: *Cuncta* in v. 8 und *omne* in v. 16 sind aufeinander so bezogen, wie es wohl Jupiters Herrschaft (v. 6) und die der *Necessitas* (v. 14) sind. Der Ausdruck der Bescheidung, als Prinzip sentenzhaft formuliert, in v. 25 (genau in die verszahlmäßige Mitte des Gedichtes gestellt) gliedert, und die beiden Strophen davor schließen sich so zu einem geschlossenen Komplex zusammen: Ruhelosigkeit des *impius* steht gegen den linden Schlaf des Landmannes. Nach der Herrschaft Jupiters und der *Necessitas* (beides kommt gleichsam von außen) ist nun also die Rede vom Innern des Menschen. Auch die drei Strophen, welche den Wahnsinn von See-Villen malen, sind – allein durch das Thema – ebenso eng miteinander verbunden wie die letzten beiden. Wenn man so will, hat das Gedicht die Strukturierung von 1–3 – 2–3 – 2.

Zu b: Nun aber die viel gewichtigere Frage nach dem Ober- oder Leitbegriff, der alle Strophen (außer der ersten) regiert. Es ist doch wohl der Begriff des Herrschens: Jupiter herrscht über das All und die irdischen Mächtigen; diese über die Menschen-„Herden", und über alles Irdische herrscht die *Necessitas*, das unabänderliche Schicksal (von Veränderung und Vergehen). Die Strophen über den am Überdruss leidenden Bauherrn stehen ebenfalls unter dem Begriff des Herrschens, hier jedoch unter dem des Beherrscht-*Werdens*, nämlich von der eigenen Gier als Auswirkung des Überdrusses am eigenen Reichtum, der letztlich Angst, das Gefühl des Bedrohtseins und Sorge schafft. Kosmos, Königreiche, Rom und Luxusgetriebensein römischer Reicher, so die Abfolge. Herrschen und Beherrschtwerden, unausweichliches Geschick und Angst und Sorge – wer ist frei? Der Horaz der letzten Strophe, und zwar dadurch, dass ihm genügt, was er hat, also dadurch,

[88] Maurach 2001, 4 ff. hierzu.

dass er das Prinzip des v. 25 beherzigt, das in c. 3, 29, 53ff., das Buch rundend, wieder auftaucht.[89]

Zu 3: Mittlerweile dürfte klar sein, dass die beiden letzten Strophen an des Dichters eigenem Empfinden (so wie er es darstellt) die Gültigkeit des „Wer nur anstrebt, was genügt, der bleibt furchtfrei" (v. 25) darlegen. Mehr als das Genügende vermag nicht vor Zahnweh zu schützen (wenn wir nach Maßgabe von epist. 1, 1, 106ff. scherzhaft so interpolieren dürfen) – also wozu das?

Zu 4: Zur Botschaft des Liedes

§ 170 Es soll nun nicht der Eindruck entstehen, als sei über c. 3, 1 im Allgemeinen und seinen Bau im Besonderen und auch über den Sinn des ganzen Carmen noch nie etwas gesagt oder geschrieben worden. Vielmehr sind die Verlautbarungen hierüber Legion. Es würde den engen Rahmen dieses Buches sprengen, wollten wir weit in die Literatur ausgreifen; beschränken wir uns, wie schon oft geschehen, auf Richard Heinze, Viktor Pöschl, Hans Peter Syndikus und Nisbet-Rudd.

Heinze schrieb: „Keiner ... ist gegen den Tod gefeit; aber auch das Leben verbittert sich, wer in frevelhaftem Streben nach Macht und Reichtum" zu hoch aufsteigen will. Diesen Gedanken nennt Heinze epikureisch (zu v. 41) und verweist auf ähnliche Verse des Lukrez, die Horaz wohl bewusst anklingen ließ. Heinze unterscheidet, so kann man präzisierend sagen, die Grundangst vor Katastrophe und Tod von den vergällenden Beunruhigungen *während* des Lebens. Gegen beides, das erkannte Heinze natürlich auch, nennt Horaz das Gegenmittel: die Bescheidung. Heinzes Einleitung und Übersicht ist kaum mehr als eine Inhaltswiedergabe. Wenn er feststellt, dass der „Quell aller Begierde die Furcht, und zu tiefst Todesfurcht" sei, dass Horaz dies Motiv aber nicht verfolge, weil „sein Hauptanliegen ist, das *desiderare quod satis est* einzuschärfen", dann ist dies einerseits natürlich richtig, andererseits aber nicht genug: Das Motiv der Überlegenheit über das eigene Lebendigsein wird das Thema der nächsten Römer-Ode sein und wird deswegen hier weitgehend ausgespart; und überdies ist die Kraft des Gedankens der Ode mit Heinzes Worten nicht angemessen beschrieben. Wenn Heinze dann den „ganz persönlichen Schluss" als „überraschend" empfindet und als Zeichen dafür, dass alles Vorgebrachte „Ausdruck eigener Beobachtung" des Dichters sei, dann zielt das zu kurz, wie sich bald zeigen wird.

Viktor Pöschl (Horazische Lyrik, 2. Auflage Heidelberg 1991, 148ff.) sieht den „Kerngedanken der ersten Ode" im Aufruf zur Abkehr von der „Macht- und Prunkgier" (149). Er weist zwar mit Recht jeglichen Aktualisierungsversuch und Bezug auf Augustus zurück (153), aber er beschränkt sich zu sehr auf die zweite, die Jupiter-Strophe: Überall sieht er den Gedanken an göttliche Willkür, ja Brutalität (160) ausgedrückt und dementsprechend den an die „Angst der Mächtigen", woraus sich die Forderung ergibt, sich aus dem Bereich, wo derlei wirkt, zurückzuziehen (160, 163). Auch dies ist richtig, aber es erfasst, wie sich bald zeigen wird, noch nicht die ganze Mächtigkeit der ersten Ode.

[89] Dieses Lebensprinzip der Bescheidung steht auch am Ende des ganzen Buches III, in c. 3, 29, 50ff., kurz vor dem Aufschwung in c. 3, 30. Was das bedeutet, habe ich gezeigt in: Der Grundriss von Horazens erstem Epistelbuch, Acta Classica 11, 1968,120; vgl. ferner Maurach 2001, 376.

§ 171 Führt Syndikus tiefer hinein in diese Gedankenwelt? Auf S. 18 des zweiten Bandes schreibt er (zu v. 5–24), dass der Reiche ebenso wie der Mächtige „in der entscheidenden Lebensfrage genauso hilflos ist wie der Arme". Wir wollen nicht mit ihm über den Grad der Genauigkeit des Ausdrucks „Lebensfrage" rechten, wollen ihm vielmehr zustimmen und zuhören, wie er sich den Zusammenhang mit den folgenden Strophen denkt: „Diese Feststellung wird in der 5. Strophe überboten", der Gedanke an „übergroßen Reichtum" habe „eine besondere Affinität nicht nur zu einem unvernünftigen, sondern zu einem schlechten Leben" (S. 19), womit auf *inpia* in v. 17 gezielt ist, auf die Unfrommheit des Tyrannen. „Verschärfung" (S. 19) also und Überbietung – stimmt das? Kaum, denn es verwischt die Grenze zwischen den Bereichen (Kosmos, Weltreich, Streben nach politischen Ämtern zu Rom einerseits, andererseits das Luxusleben der Überdrüssigen), verwischt den grundsätzlichen und deutlichen Unterschied zwischen dem Beherrschtwerden von etwas von *außen* Kommendem und andererseits dem Unterworfensein unter den eignen Trieb, also unter etwas, das von *innen* kommt.
§ 172 Und was bieten Nisbet-Rudd? Auf S. 3 ihres Kommentars liest man den Versuch, sich des Gedankenganges zu versichern: trotz Macht- und Erfolgsstreben „everybody dies in the end". Diese sehr tiefsinnige „idea" solle man in Erinnerung behalten fürs Nachfolgende, worin die „evils of riches" in Gegensatz gestellt seien zu den „blessings of simplicity". Mehr ist bei Nisbet-Rudd zum Gedankengang nicht zu lesen, ihm hat der Kommentar offenbar nicht viel Mühe gewidmet.
§ 173 Kann man genauer urteilen? Wenn Nisbet-Rudd uns im Stich lassen, H. P. Syndikus' Überbieten Widerspruch hervorruft und wenn auch R. Heinze allzu wortkarg blieb, sollte man den Gedanken aufgreifen, dass der Kardinalsatz in v. 25 zwar nur in der verszahlmäßigen Mitte des Gedichtes steht und nicht auch in der kompositionellen, sehr wohl aber im *gedanklichen* Zentrum: Die Gewalten, die den Menschen von außen her beherrschen (Katastrophe und Tod), sind das Thema der Strophen 2–4; was hier mit dem Menschengeschlecht geschieht, daran ist es selber schuldlos, dagegen kann er nichts tun. Doch bereits in Str. 6 steht *inpia*: Es geht von nun an um etwas, woran der Mensch selber schuld ist und wogegen er etwas tun kann: sich zurückziehen auf das, was genug. Am Ende stellt Horaz, spöttisch lächelnd, sich selber als Beispiel für solche Bescheidung hin, und wird es wieder tun, wenn das Buch zu Ende.

Zweiter Fragenkomplex

§ 174 Hier soll es um die Kunst des Horaz gehen. Von den Bildern des c. 3, 1 ist eines bereits angesprochen, das der Untertanen-„Herden" in v. 5. Einen hohen Reiz dieses Gedichtes macht der Wechsel aus, der Wechsel von Bildhaftem und Abstraktem. Die „Herden" der Untertanen (v. 5) sind kein vollständiges Bild[90], nur ein Bild-Element, das sich ein jeder selber vervollständigen kann.[91] Jupiters Herrschen über die Tyrannen ist dagegen völlig an-

[90] Wollen wir gleich sagen, dass vollständige Bilder, also Schilderungen, in die Digression, den Exkurs, das heißt in die Ekphrasis des Epos gehören, wie es zum Beispiel die Beschreibung des Alkinoos-Palastes in der Odyssee ist (7, 81 ff.).

[91] „Schauanregung" habe ich behelfsweise derlei in der „Lateinischen Dichtersprache" (Maurach 1995), S. 3 ff. genannt.

schauungslos, anders der „Giganten-Triumph“ (v. 7): Hier wird auf den Mythos angespielt, der Leser kann sich den Kampf aus dem Mythos, sich seiner entsinnend, vorstellen: „Schau-Anregung“ ebenso wie die „Braue des Jupiter“ (v. 8). In v. 9–11 findet man zunächst zwei anschauliche Bemerkungen: Der eine kann die Ulmenreihen weiter auseinanderziehen, der andere steigt von den guten Wohngegenden auf den Hügeln Roms hinab zum Campus; die Sitten und der gute Ruf sind dann wieder anschauungslos im Unterschied zur erneut konkret vorstellbaren Menge der Klienten. *Necessitas* ist abstrakt, die Losurne konkret – so könnte man weiter und weiter fragen. Bild folgt auf Bild bis zum sentenzenhaft formulierten Grundsatz in v. 25, wobei das schattige Ufer und das kühle Tal immer nur Anregungen zum inneren Schauen bleiben. Erst in v. 33 ff. verweilt der Dichter beim Getümmel auf der Mole; man könnte dies mit einigem Recht ein vollständigeres Bild nennen. Aber das Aufspringen von Angst und Sorge auf Schiff und Pferd ist nicht schlichthin Bild, sondern es handelt sich hier eher um eine bildhaltige Personifizierung wie Deimos und Phobos in Homers Ilias (4, 440; E. Simon, Die griechischen Vasen, München 1981, 85 links).

§ 175 Es war vom Wechsel die Rede, da sollte man auch auf den von Griechisch-Mythischem zu Römischem reden. Das Gedicht beginnt mit Jupiter, der aber mit Zeus insofern identifiziert erscheint, als er die Giganten besiegt hat und das All mit der Braue bewegt (wie Thetis es erlebt hat). Dann folgt der römische Grande und – wenn man so will im Oxymoron – seine Unterwerfung unter den Wählerwillen auf dem Campus in eigener Sache. Der sizilische Tyrann unter dem Schwert führt dann wieder in eine fremde Welt, bevor mit dem überdrüssigen Bauherrn wieder römischer Bereich betreten wird. Auch hier herrscht ein reizvoller Wechsel.

Oben (168, 1) wurde die Frage aufgeworfen, warum Horaz , wenn er schon Gegenstände behandelt, die auch Cicero und Seneca besprachen, also philosophische, dann nicht auch wie Seneca oder Cicero die Prosa wählte, vielmehr zur nicht ganz leicht verständlichen Dichtung griff? Nun, Prosa legt sich begrifflich fest, schränkt die Phantasie des Hörers ein, Poesie dagegen öffnet mit ihren Bildern und Andeutungen weite Horizonte, regt die Vorstellung an und erlaubt dem Hörer, sich nicht nur angesprochen, sondern auch in den Bereich schönen Sprechens erhoben zu fühlen. Dichtung geht ins Herz mittels des schönen Worts, Prosa fesselt den Intellekt durch ihre Präzision. So etwa könnte man vereinfachen.

§ 176 In der 2. Frage stellte sich folgendes Problem: Wie hob Horaz seine Sprache von der des Alltags ab? Nisbet-Rudd 2004 machen auf einige poetische „Tricks“ aufmerksam, zum Beispiel auf das „Polyptoton“[92] *viro vir* in v. 9; in v. 17 auf den rein dichterischen Gebrauch des Wortes *ensis*; man kann auf die Personifizierungen hinweisen (v. 27 f.; 30 und 37); auf das, was Nisbet-Rudd „Periphrasis“ nennen, nämlich auf *purpurarum usus clarior* statt *purpurarum clariorum usus.*[93] Aber das sind, wie etwas salopp gesagt wurde, „Tricks“. Wer aber zeigt uns, was an diesem Gedicht großartig, was schön ist?

[92] Vgl. bei Maurach 1995, 31.

[93] Mit mehr Recht könnte man diesen „Trick“ eine Zuordnung des Adjektivs zu einem eigentlich nicht passenden Substantiv nennen, also eine „Enallagé“, die hier aus Klanggründen angewendet ist (Maurach 1995, § 48; RWZ 1998, 103). Ob *novo ritu* („nach der neuesten Mode“, A. Bal) in v. 45

§ 177 Was an c. 3, 1 schön ist, das ist gewiss die Gedrungenheit und Kraft, aber sicherlich auch noch manches andere. So zum Beispiel das Schluss-„Bild", besser: die Anregung dazu, mit dem inneren Auge Horazens Villa im Sabinerland zu schauen (sie ist heute wohl endgültig ausgegraben, so dass man sich ein Bild von der Schönheit der Lage, aber auch von den bescheidenen Ausmaßen machen kann). Doch ich wage hier eine weitere Bemerkung, nämlich zur zweiten Strophe:

Regum timendorum in proprios greges,
reges in ipsos imperium est Jovis,
clari Giganteo triumpho,
cuncta supercilio moventis.

Von prachtvoller Macht ist der geballte Beginn mit der variierten Wiederaufnahme des Wortes „Könige", geballt auch durch die Syllepse, die *imperium est* in der ersten Zeile aussparte und für die zweite aufhob, die Verse auf diese Weise noch stärker verzahnend. Diese machtvolle Ballung löst Horaz dann mittels einer preisenden Erwähnung des Gigantenkampfes als Manifestation von Jupiters Kraft und mittels der Erinnerung an die Erzählung Homers von der Auffahrt der Thetis. Ballung und Lösung – dies scheint mir eine Leseweise, die geeignet sein könnte, zu weiteren Beobachtungen dieser Art anzuregen, aber auch dazu, etwas von der Schönheit dieses Stils zu erfassen.

Wir können diesen Fragenkomplex nicht erschöpfen; aber angesprochen sollte er werden. Diese Besprechung von c. 3, 1 war fast über Gebühr lang und ermüdend; der folgende Text wird viel kürzer.

Zur Methode

Was wäre aus den Bemerkungen zu Hor. c. 3, 1 bezüglich der Methode zu entnehmen? Es ist, wie oben gesagt (vgl. § 30, 67 und 149), unerlässlich, sich der Textstrukturen zu versichern. Hier erschloss die Strukturanalyse gar den Grundgedanken des Ganzen. Es scheint, als bedingten Strukturuntersuchung und Sinn-Interpretation einander unauflöslich.

Nachtrag

§ 178 Freilich ist die Abtrennung der ersten vier Verse als Proömium zum ganzen Römer-Oden-Komplex nicht ungerechtfertigt; aber man darf doch auch wieder nicht übersehen, dass „Ich" in v. 1 und in v. 46f. das Carmen runden. Nicht unwichtig ist auch, dass am Anfang dieses „Ich" in höchster Würde sprach, als „Priester der Musen", am Ende dann ganz bescheiden von seiner Zurückhaltung. Das ist ein Kontrast, der auch zwischen c. 3, 29 und dem Buchende in c. 3, 30 herrscht, ja auch zwischen dem bescheidenen Ton von c. 1, 1, 35f. und dem hohen in *exegi monumentum*, und auch zwischen epist. 1, 18 und 1, 19.[94] Ferner sollte man die „Jünglinge und Mädchen" der ersten Strophe

wirklich ein „Oxymoron" ist, wie Nisbet-Rudd sagen, scheint zweifelhaft, in OLD *ritus* 2 b sind genügend Stellen genannt, um meinen zu können, *ritu* heiße nichts weiter als Art und Stil (wie Heinze kommentierte).

[94] Vgl. Maurach 2001, 376 und „Zu einigen Buchenden bei Horaz", Festschrift W. J. Henderson, P. Lang-Verlag 2003, 31ff.

nicht zu rasch übergehen: Spricht Horaz zu ihnen als den noch Bildsamen im Unterschied zu den schon sich verhärtenden Erwachsenen? Doch wieder einmal gerät der Nachtrag in die Gefahr, mehr sagen zu wollen, als der Text erzwingt. Immerhin blieben die eben gemachten Bemerkungen im Rahmen des Liedes.

Der fünfzehnte Text: Boethius, Consolatio Philosophiae II 4, 22ff.

Ein letztes Mal die Klarheit des Klassischen

§ 179 In diesem Text, der Prosa und Dichtung verbindet, entfernt an die „Menippeische" Satire Varros[95] erinnernd, vereint sich die Sprache des Philosophen mit der des Dichters. Wir werden also Gelegenheit haben, viel von dem zu wiederholen, was früher Einzelthema gewesen.

A. Historische Übersicht

§ 180 Anicius Manlius Severinus Boethius, um das Jahr 480 n. Chr. geboren und dem römischen Uradel entstammend, stieg, begünstigt durch sein Herkommen sowie seine hohe geistige Begabung, rasch auf und wurde im J. 510 bereits Konsul ohne Kollegen, dann Führer des Senats als „Leiter aller Hof- und Staatsämter" (RWZ 1998, 201). Dieser hatte, obzwar politisch weitestgehend entmachtet, immer noch hohes Ansehen und weite Geltung, saßen in ihm doch die reichsten Römer und die gebildetsten. Besonders die Symmachi (Q. Aurelius Memmius Symmachus erzog den Knaben Boethius und gab ihm später seine Tochter zur Frau) suchten das alte geistige Erbe zu bewahren, nicht zuletzt durch geradezu wissenschaftlich veranstaltete Ausgaben der alten Klassiker. Auch Boethius eignete sich eine breite Bildung an, insbesondere auf dem Gebiet der Philosophie. In den 20er Jahren des 6. Jahrhunderts n. Chr. verdüsterte sich das politische Klima, der alternde König Theoderich vermutete eine wachsende Opposition und gar eine Verschwörung gegen sein Regiment, Boethius trat für einen vom König beschuldigten Senator ein und bezahlte diese loyale Haltung mit Einkerkerung. Nach etwa einjähriger Haft, während welcher er seine „Consolatio Philosophiae" schrieb,[96] eine Trostschrift für sich selber, wurde er 524 n. Chr. bei Mailand grausam hingerichtet.[97]

[95] M. von Albrecht 1992, Band 1, 478. Man sollte jedoch nicht vergessen, dass bereits Seneca riet, neben dem Argumentieren nicht den „kurzen" Weg über ein treffendes Dichterwort zu vergessen (ep. 94, 27ff.; vgl. bei Maurach 2005, 57).

[96] Wie hart die Haftbedingungen waren, wissen wir nicht; wem es schier unmöglich erscheint, dass Boethius derart viele Stellen aus der Literatur auswendig wusste, mag annehmen, dass die Haft vielleicht eine private war oder zumindest eine, welche die Beschaffung von Büchern zuließ. Aber man denke nur daran, wie viele Notenzeilen ein großer Dirigent zum Beispiel auswendig kennt.

[97] Literatur bei M. von Albrecht 1992,1353, Anm. 1. Zum Prozess gegen ihn H. Tränkle im 183. Band der „Wege der Forschung", hrsg. von M. Fuhrmann und J. Gruber, Darmstadt 1984, 63 (Verurteilung aufgrund gefälschter Dokumente); zum Todesort J. Mathwich, ebd. 50.

B. Der Text

§ 181 Abgedruckt wird mit geringfügigen Änderungen der Interpunktion und Großschreibung der Text von L. Bieler aus dem Corpus Christianorum, Series Latina 94, Turnhout 1957, 24–6; er ist, was unser Textstück betrifft, identisch mit der neuesten Ausgabe von C. Moreschini (2. Auflage München 2005) und ist bis auf den letzten Satz der Prosa einhellig überliefert.
Im ersten Buch der Trostschrift lässt Boethius den menschlichen Unterredner vor der ihm erschienenen Frau Philosophie über den Verlust seiner glänzenden Stellung und seines Vermögens klagen, lässt im dritten Buche die Philosophie ihm dann den Weg zu einer innerlichen Glückseligkeit weisen. In der Mitte des zweiten Buches aber rechnet Philosophia mit den irdischen Gütern ab und fasst in Prosa 4, § 22ff. zusammen:

(§ 22) Quid igitur, o mortales, extra petitis intra vos positam felicitatem? Error vos inscitiaque confundit. (§ 23) Ostendam breviter tibi summae cardinem felicitatis. – Estne aliquid tibi te ipso pretiosius? Nihil, inquies. Igitur, si tui compos fueris, possidebis, quod nec tu amittere umquam velis nec fortuna possit auferre. (§ 24) Atque ut agnoscas in his fortuitis rebus beatitudinem constare non posse, sic collige: (§ 25) Si beatitudo est summum naturae bonum ratione degentis, nec est summum bonum, quod eripi ullo modo potest, quoniam praecellit id, quod nequeat auferri, manifestum est, quin ad beatitudinem percipiendam fortunae instabilitas aspirare non possit. (§ 26) Ad haec, quem caduca ista felicitas vehit, vel scit eam vel nescit esse mutabilem. Si nescit, quaenam beata sors esse potest ignorantiae caecitate? Si scit, metuat necesse est, ne amittat, quod amitti posse non dubitat. quare continuus timor non sinit esse felicem. An vel si amiserit, neglegendum putat? (§ 27) sic quoque perexile bonum est, quod aequo animo feratur amissum.

(§ 28) Et quoniam tu idem es, cui persuasum atque insitum permultis demonstrationibus scio mentes hominum nullo modo esse mortales, cumque clarum sit fortuitam felicitatem corporis morte finiri, dubitari nequit, si haec afferre beatitudinem potest, quin omne mortalium genus in miseriam mortis fine labatur. (§ 29) Quodsi multos scimus beatitudinis fructum non morte solum, verum etiam doloribus suppliciisque quaesisse, quonam modo praesens facere beatos potest, quae miseros transacta non efficit?

Quisquis volet perennem
Cautus ponere sedem
Stabilisque nec sonori
Sterni flatibus Euri
Et fluctibus minantem
Curat spernere pontum,
Montis cacumen alti,
Bibulas vitet harenas:
Illud protervus Auster
Totis viribus urguet,
Hae pendulum solutae
Pondus ferre recusant.

Fugiens periculosam
Sortem sedis amoenae

Humili domum memento
Certus figere saxo.
Quamvis tonet ruinis
Miscens aequora ventus,
Tu conditus quieti
Felix robore valli
Duces serenus aevum
Ridens aetheris iras.

C. Kurzkommentar

§ 182 Einen ausführlichen Kommentar, vorwiegend zu den Motiven und ihrer Herkunft, hat Joachim Gruber vorgelegt: Kommentar zu Boethius: De Consolatione Philosophiae, Berlin 1978 (186ff. zu unserer Stelle); dieser Kommentar erfuhr 2006 eine zweite Auflage. Eine Übersetzung verfertigte Karl Büchner für den Reclam-Verlag: „Boethius. Trost der Philosophie" (1971), Stuttgart 2002; hierin findet sich die kluge Einführung von Friedrich Klingner auf S. 5–38.

§ 183 Nun zur Kommentierung: (§ 22) *Confundit* meint „verwirrt"; das Wort wurde seit Cicero und Lukrez so verwendet (OLD *confundo* 5). (§ 23) *Cardinem*: *Cardo* ist die Türangel, um die das Türblatt sich dreht, also abstrakt der „Dreh- und Angelpunkt". Hier bezeichnet das Wort das entscheidende[98] Argument, doch das abstrakte Wort „Argument" oder „Basis" ersetzte Boethius metaphorisch durch das anschaulichere „Angel", welche ja die Tür trägt und ihre Bewegung ebenso ermöglicht wie reguliert.

(§ 23) *Inquies*: Der formelhaft gewordene Optativ (A. L. Sihler, A New Comparative Grammar of Greek and Latin, OUP 1995, 459 [Hinweis A. Bal]) *inquam* wurde spätestens seit dem 1. Jahrhundert v.Chr. immer wieder „konjugiert" unter Überführung in die *i*-Konjugation; unser *inquies* überrascht also nicht. *Tui compos* bedeutet nach Auffassung aller von mir eingesehener Übersetzungen die Herrschaft über sich selbst (nahe der „Selbstbeherrschung"), was hier nicht recht zu passen scheint; nach meiner Ansicht meint es den Besitz dessen, was eigentlich und von Natur aus „mein" ist (der Thes. Ling. Lat. nimmt im Artikel *compos* nicht Stellung). Sie werden sich aber gewiss an den Ausdruck *omnia mea mecum* aus dem elften Text erinnern (Anm. 52).

§ 184 Nun weiter: (§ 25) *Summum naturae bonum ratione degentis*: Man nehme *naturae ratione degentis* zusammen als „Wesenheit (*natura*), die aus dem Geiste lebt"; gemeint ist das von Geburt aus dem Menschen mitgegebene Wesensmerkmal, dass er nämlich „aus der Vernunft" leben kann, wobei die Vernunft die Gabe darstellt, welche allein dem Menschen angeboren ist (Grimal 1978, 250ff.). *Praecellit*: „hervorragen", „übertreffen" (OLD *praecello* 1 b) spätestens seit Cicero, doch immer ein selteneres Wort, mit Dativ oder Akkusativ anscheinend erst seit dem 1. Jahrhundert n.Chr. *Manifestum est quin*: in positivem Satz (KS 2, 266, Anm. 4) wider die klassische Regel einmal bei Seneca belegt, dann bei Gaius (2. Jh.) und vor Boethius nicht mehr: eine seltenste Syntax (Thes. Ling. Lat. 8, 312, 25ff.), wohlgemerkt: für uns! *Aspirare*: eigentlich „ein- und anhauchen", wird zu „Anspruch erheben auf", „sich anmaßen" etwa seit Cicero.

[98] Mit „discrimen" glossiert der Thes. Ling. Lat.3, 446, 54 das Wort *cardo* an unserer Stelle.

§ 185 Es folgt (§ 26) *ignorantiae caecitate*: ein Ablativ des Ortes, hier des Zustandes, wie ihn die Dichter eingeführt haben (vgl. Catull 87, 3; HSz 146). *Non dubitat*: „Wovon er im Grunde immer schon wusste, dass es verlierbar". *An vel si*: Wenn das *vel si*, wie in Grubers Kommentar belegt (dazu HSz 502 Mitte: Spätlateinische Syntax), „wenigstens dann, wenn" bedeutet, was meint der Satz dann? Fördert es das Verständnis des Gedankens, wenn man vor *sic* tief durch Ansetzung eines Paragraphen einschneidet?

(§ 28) *Mortis fine* ist eine Zeitangabe: „beim Ende durch den Tod". (§ 29) *Quaesisse* bedeutet „erreicht haben" (OLD *quaero* 7) seit Plautus, Cicero. Ein Beispiel für den Ruhm tapferen Ertragens lernten wir im fünften Text kennen! (§ 29) *Transacta*: von *transigo*, das u. a. „zu Ende bringen" bedeutet (OLD *transigo* 5 b).

§ 186 Nun folgt ein Gedicht; es wird von Ihnen zu klären sein, wie es mit dem vorhergehenden Prosatext zusammenhängt.

V. 1–8: Konstruiere etwa so: *quisquis vult* 1. *ponere* und 2. (als Aufrechter einerseits) *nec vult sterni* und wer andererseits *curat spernere*. Versuchen Sie zu erklären, was *perennis sedes* mit Berg und Strand (v. 7 f.) zu tun hat! V. 11: *Pendulum*: Dieses Wort muss nicht immer „hangend" (so K. Büchner) bedeuten, es heißt zuweilen auch „schwankend" und „unsicher (stehend)"; gäbe „schwankend" guten Sinn? *Solutae*: „lose", s. OLD *solutus* 3 b. V. 17: *ruinis*: „Trümmer" (OLD *ruina* 4).

V. 19: *Conditus*: dichterisch, etwa seit Horaz, für „geborgen". Durch welchen (Wort-) Kunstgriff gibt Boethius diesen letzten Versen ihren Nachdruck? V. 22: *iras*: Nehmen Sie sich Zeit beim Erklären dessen, wie Boethius dieses Wort einsetzt! Wie sieht er das Geschehen in der Luft (*aether* meint sicherlich nur das, was über dem Erdboden geschieht)?

D. Textsicherung

§ 187 Zunächst (§ 24): Hier ist *agnoscas* besser überliefert als *cognoscas*, es ist auch vom Sinn her besser, denn im ersten und zweiten Buch bemüht Philosophie sich darum, Boethius daran zu erinnern, was er längst gewusst, aber in der Not vergessen oder verloren hat. Da ist *agnoscas* als „wieder erinnern" ausgezeichnet (Thes. Ling. Lat. 1, 1354, 48ff.).

(§ 29) In fast allen HSS ist der *quomodo*-Satz so überliefert, wie wir ihn abdruckten. Einige HSS bieten *praesens vita*, eine sinnwidrige Interpolation, denn *praesens* bezieht sich wie *transacta* auf die *beatitudo*, vgl. die gleich folgende Übersetzung.

E. Paraphrasierende Übersetzung

§ 188 (§ 22) „Wieso, Ihr Sterblichen, sucht Ihr das Glück außerhalb Eurer, wo es doch innerhalb von Euch angesiedelt ist? Irrtum und Unwissen verwirrt Euch! (§ 23) Ich will Dir in Kürze den tragenden Grund höchsten Glückes weisen. – Gibt es wohl irgendetwas, das Dir wertvoller wäre als Du selber? Nein, wirst Du sagen. Also, wenn Du erst einmal das besitzen wirst, was in Wahrheit Dein ist, dann wirst Du etwas besitzen, was weder Du jemals wieder verlieren möchtest noch der widrige Zufall Dir entführen kann. (§ 24) Und auf dass Du Dich daran erinnerst, dass Glück nicht in Zufälligem bestehen kann, ziehe mit mir die folgenden Schlussfolgerungen: (§ 25) Wenn Glückseligkeit das höchste Gut einer Wesenheit ist, die aus der Vernunft lebt, und wenn das höchste Gut nichts ist, was

Dir irgendwie entrissen werden kann, weil ja die höchste Wertstelle das einnimmt, was nicht entführt zu werden vermag, dann ist es klar, dass unsicherer Besitz nicht dazu angetan ist, die Glückseligkeit zu erreichen. (§ 26) Dazu noch dies: Wer sich von dem hinfälligen Glück tragen lässt, der weiß entweder oder weiß nicht, dass es dem Wechsel ausgesetzt ist; wenn er's nicht weiß, wie kann einer glücklich sein inmitten der Finsternis des Blindseins? Wer's weiß, muss immer fürchten, das zu verlieren, wovon er doch genau weiß, dass es leicht verloren geht, und daher lässt ihn unaufhörliche Angst nicht glücklich sein. Oder meint er vielleicht, dass er, wenn er es erst einmal verloren, es missachten darf? (§ 27) Auch so ist ein Gut, das man leichten Herzens aufgeben kann, ein nur sehr schwächliches Besitztum.

(§ 28) Und weil Du einer bist, der die Überzeugung hegt und dem man in so vielen Beweisgängen eingepflanzt hat, dass unmöglich der Geist des Menschen sterblich sein kann, und weil es klar ist, dass rein zufälliges Wohlergehen beim Tode des Körpers endet, brauchst du nicht daran zu zweifeln, wenn diese Art Glück wirklich die Glückseligkeit bewirken kann –, dass die gesamte Menschheit beim Ende durch den Tod dann ins Unglück fällt. (§ 29) Wenn wir nun aber von vielen wissen, welche die süße Frucht der Glückseligkeit nicht nur im Tode, sondern gar in Schmerz und Qual gefunden haben, wie kann jenes Wohlergehen, wenn es vorhanden, glücklich machen, wo es doch niemanden unglücklich macht, wenn es vorüber?

Wer vorsichtig einen dauernden Sitz gründen will und aufrecht
stehen möchte, nicht umgestürzt vom Blasen des Oststurms,[99] wer
anstrebt, die See, die da mit ihren Wogen dräut, verachten zu
können, sollte den Gipfel hohen Berges und den saugenden Sand
vermeiden: Den Gipfel bedrängt mit voller Kraft der wilde Sturm,
der lose Sand mag nicht tragen schwankes Gewicht:
Fliehe (also) das gefährliche Geschick eines reizvollen Sitzes:
Unten sollst Du auf Fels Dein Haus setzen, wenn Du sicher sein willst.
Mag dann der Sturm auch noch so laut tönen, wenn er mit den Fluten
Trümmer mischt – Du wirst, glücklich, von der Kraft eines Palisaden-Walls geborgen, der
Fest steht, heiter dahin leben, ein Gelächter über das Wüten der Lüfte!

F. Interpretation

Fragen

§ 189 1. Um an den Sinn des Prosastückes heran zu kommen, scheint es am besten, wie im Falle der ersten Römer-Ode, sich zunächst des Baus zu versichern. Also: Beschreiben Sie die Schritte, welche die Philosophie in § 22–29 geht! Gibt es eine Einleitung, gibt es unterschiedliche Argumente, oder ist der ganze Abschnitt ein einziges, ununterteiltes Argument? Geht es zu Beginn wie weiterhin stets um dieselbe Person oder denselben Gegenstand? Und dann: Ist, wie oben angedeutet, der Paragraphen-Einschnitt vor (§ 27) richtig gelegt?

[99] Der *Eurus* ist hier nicht spezifisch gemeint, Boethius hätte bis auf den Zephyr jeden anderen Wind wählen können: Aus dem Eurus wird ja gleich der Auster.

2. Der Hausbau: Fragen Sie sich, wo nicht gebaut werden sollte! Fragen Sie sich aber auch, ob Boethius hier auf einmal scherzt und den Architekten spielt, dabei Arten von Baugrund gegeneinander abwägt. M. a. W., liegt hinter dem Wortsinn ein tieferer?

3. Vermögen Sie den Stil der Prosa § 22–29 zu charakterisieren? Können Sie aus Grubers Kommentar ablesen, wie Boethius dichtet – aus eigener Phantasie oder übernimmt er Vorgeformtes?

Antworten

§ 190 Zu 1: Der § 22 spricht erst vom „Irrtum" allgemein, § 23 geht zum Du über und verheißt ein unentreißbares Gut, sofern man *sui compos* als „besitzend, was wirklich mein ist" fasst. Danach in § 24ff. geht es um die Abwertung der *fortuna*, das heißt um die zufälligen, und darum auch wieder verlierbaren Besitztümer. Dies geschieht in vier Schritten: § 25 spricht davon, dass ein höchstes Gut nur eines sein kann, das unverlierbar. § 26 sagt, dass ein höchstes Gut auch unwandelbar sein muss (Gegenprobe: Aller wandelbarer Besitz bewirkt Angst vor Wandlung und Verlust). § 26 *An* bis § 27 *amissum*: Ein Besitz, um den man bei Verlust nicht trauert, kann nicht wertvoll sein. Der Sinn: Ein kluger Mensch trauert nicht, wenn er weniger Wichtiges verliert; also das Ausbleiben der Trauer entwertet solchen Besitz. (Der Einschnitt vor *sic quoque* und inmitten eines durchlaufenden Gedankens ist also falsch.)

Zu 2: Gesprochen wird in v. 1–6 von Bergeshöhen und vom Meer, dann wird in v. 7–12 gewarnt vor Gipfeln und „trankbereitem Sand", der – da lose – ein (schweres) Gewicht nicht trägt und die „Gefahr enthält, dass der lockere Boden einmal unter dem Gewicht des Baues wegrutscht".[100]

§ 191 Wollen wir doch einmal versuchen, das Gemeinte des Gedichtes zu verstehen. Also: Wer vorsichtig bauen will und auf „ewig", und wer fest stehen (hier geht der Blick nun schon vom Haus zum Menschen) und nicht vom Sturm „umgeworfen" werden will und wer so tapfer sein möchte, dass er die bedrohlichen Wogen der See nicht fürchtet, der sollte – nun ist wieder vom Bauen die Rede – Bergeshöhen meiden (dort also nicht bauen) und auch den Sand, der nur zu gern aufsaugt[101]: Dort droben toben die Stürme, am Strande kann der lose Sand ein schweres Gewicht nicht tragen – und nun *pendulum*: Halten Sie es für denkbar, dass dieses Wort hier „vorwegnehmend"[102] etwa „welches dann ins Wanken geraten wird" gemeint ist? Denn von „hangend" u. dgl. kann hier am Strande kaum die Rede sein, wenn man nicht vielleicht an Türme denkt, die auf Molen gebaut werden: Dann würde das Wort „hoch aufragend" bedeuten müssen, was durch OLD *pendulus* 3 schlecht gedeckt scheint. Mir sagt der proleptische Gebrauch mehr zu.

[100] H. Scheible, Die Gedichte in der Consolatio Philosophiae des Boethius, Heidelberg 1972, 56 unten. „Wegrutscht" ist allerdings kein sehr hübsches Wort, „einsinken" wäre passender. Gruber macht lediglich auf die Alliteration aufmerksam, lässt den Leser, was die Bedeutung der Verse angeht, jedoch allein.

[101] Der Leser wird erfahren haben, wie man einsinkt am Übergang von Strand zu Meer, wenn er nicht gar schon einmal im Fließsand in Sekundenschnelle „versackt" ist.

[102] „Proleptisch" nennt man solchen Gebrauch, s. KS 1, 239 und HS 413 unten; Austin zu Verg. Aen. 1, 659; vgl. auch Landfester 1997, 111.

§ 192 Nun gut; wer also sicher bauen will, sollte sich von dem Reiz einer Bergvilla und eines Hauses am Strande im Wasser fernhalten, sollte drunten (*humili* als Gegensatz zur Bergeshöhe) auf sicherem Felsengrund sein Haus errichten. Dann mag der Sturm die See aufwühlen, Wasser und Trümmer mengend: „Du wirst geborgen sein durch die Kraft einer festen, ‚ruhig' dastehenden Mauer, wirst glücklich sein und heiter dahinleben und das Wüten dort oben in der Luft verlachen."

§ 193 Aber was ist das für ein Haus? Das Haus ist das der Philosophie, das heißt eines autarken Lebens, das sich von äußerlichem Besitz unabhängig gemacht hat. Das Bauen ist nur ein „Bild" dafür, „wie der Mensch sein Leben am klügsten einrichtet" (Scheible 56). Gruber erinnert über Scheible hinaus treffend an die „Burg" der philosophischen Lebenshaltung. Die Kommentatoren hätten auf Seneca verweisen können (ep. 82, 5, wo von *murus* und *arx* der Philosophie gesprochen wird); zu Recht zitieren sie Mt. 7, 24–7.

§ 194 Es bleibt Punkt c. Der Stil von Boethius' Prosa ist – in angenehmstem Unterschied zu manchen schier unverständlichen Wortspielereien sonst in seiner Zeit[103] leicht zu verstehen, auch wenn sie in einem leicht aufgehöhten Stil abgefasst ist. So verwendet Boethius für „überragen" *praecello* und nicht das simple *supero* oder Ähnliches. Er verwendet *cardo* in einer seltenen, übertragenen Weise; in § 26 ist *vehit* auffällig, das „mit sich führen" wird übertragen von den Glücksgütern gesagt, als seien sie ein Schiff, das etwas dahin trägt (Verg. Aen. 6, 356). Spätlateinisches findet man allein in § 26 am Ende im *an vel si*; zu Prosa gewordene Lizenzen der Dichtersprache erkennt man in den Ablativen, die einen Zustand angeben (§ 26 und 28).

§ 195 Zu 3: Das Gedicht spricht die üblich gewordene Dichtersprache, aber ohne allzu große Verrätselung. Nur v. 3ff. zeigt eine verzwickte Syntax. Wenn man fleißig nachschlägt, wird man allerhand Zitate und Anklänge an klassische Verse finden, so sind zum Beispiel die *bibulae harenae* aus Lukrez entlehnt (2, 376) oder aus Vergil (Georg. 1, 114) oder auch aus Ovid (met. 13, 901): Ein Stück poetischer Koiné. Man erinnert sich an den siebenten Text, an Martials „Versifikation": Auch des Boethius Verse sind eine solche, sie entbehren überraschender Individualität, führen nicht hinab in ein Empfinden oder zu einer Gestimmtheit: Sie explizieren die Prosa und versifizieren Popularphilosophisches.[104]

Schlussbemerkung

§ 196 Boethius schreibt in dem von uns vorgeführten Text wie auch sonst eine klassisch schöne Prosa und dichtet, wenn auch nicht beseelt von lyrischem Empfinden, so doch Versifikationen von hoher Qualität, zuweilen aber auch einen Hymnus von großer Schönheit, man lese das herrliche Gebet III m. 9, das Friedrich Klingner erhellt hat.[105] Wenn hier von Klassik die Rede ist, so stütze ich mich auf die Worte T. S. Eliots (edition suhrkamp 33, 1963,7ff.), die ich einmal so auf Boethius anzuwenden wagte[106]:

[103] Man denkt z. B. an Ennodius' fast unverständliche Prosa.

[104] Eigentlich spreche ich hier ungern von „Popularphilosophie", denn mag Boethius auch vieles aus früheren Zeiten und Schriften vereinfacht und zusammengegossen haben, so ist doch der Gehalt seiner Worte eine Botschaft und Forderung, der nachzukommen, kaum einem Menschen möglich ist.

[105] De Boethii Consolatione Philosophiae, Berlin 1921, 41ff.

[106] „Boethiusinterpretationen", in dem von mir herausgegebenen Band der „Wege der Forschung"

1. Wer aus der Vielfalt philosophischer Literatur mit überlegener Kritik und sicherem Geschmack und fern von der plebeischen Hast des Rechthabenwollens das Wertvolle zu wählen weiß, der darf wohl das Lob für sich in Anspruch nehmen, die Reife des Geistes zu besitzen;

2. wer nicht theoretisch spielend Philosophie betreibt, wer die Theorien derer *in angulis* (Cic. Resp. 1, 2)[107] in die Wirklichkeit überführt, in den Dienst am Staat,[108] so den eigenen Ruhm hintanstellend und ganz im Dienst der Sache ohne die Aufdringlichkeit der Originalitätssucht, der darf wohl auch sittlich reif genannt werden, wie Eliot es vom Klassiker verlangte;

3. wem es gelingt, aus der Sprache der eigenen Zeit und der früheren Epochen einen eigenen formsicheren Stil zu finden, der dem Alten verpflichtet, aber nicht verhaftet ist, wer das zeitgenössische Sprachgut verwendet, es aber in die Zeitlosigkeit erhebt, der darf sich gewiss auch einer reifen Sprache rühmen;

4. wer das tagesgebunden Spezifische zum klassisch Dauernden in ein harmonisches Verhältnis zu setzen wusste,[109] der dürfte endlich auch jenen Sinn für Proportion besessen haben (worüber Eliot auf den Seiten zuvor gesprochen hatte).

Zwischenbilanz: Verhaltensregeln beim Interpretieren

§ 197 Wieso Verhaltensregeln? Wenn, wie eingangs angenommen, das Interpretieren ein beobachtendes, dann über das Beobachtete nachdenkendes und methodisch vorwärts schreitendes Verstehenwollen eines Textes bedeutet, dann zeigt bereits der Ausdruck des Wollens an, dass solches Interpretieren zwischen Text und Interpreten stattfindet, also zu einem Teil im Subjektiven bleibt. „Ist es nicht … so, dass mit einiger Sicherheit nur ein sprachlich-grammatisches Verständnis auf der einen Seite erreicht werden kann, und auf der anderen ein Verständnis der Sachen, und dass es damit sein Bewenden hat? Was darüber hinausgeht, wäre dann nicht mehr eine Angelegenheit der wissenschaftlich strengen Interpretation, sondern der subjektiven Auffassung?“, fragte Hermann Fränkel (Rasmussen 1980, 166) und begegnete dann diesem Zweifel mit den Worten: Die Richtigkeit einer Interpretation lässt sich dann als zutreffend wahrscheinlich machen, wenn eine „histori-

193, Römische Philosophie, Darmstadt 1976, 409. Der Aufsatz von T. S. Eliot ist in deutscher Übersetzung auch in „Wege zu Vergil“ (Wege der Forschung 19, 2. Auflage Darmstadt 1976, 1 ff.) abgedruckt.

[107] Der Ausdruck findet sich auch in de or. 1, 57.

[108] Es sollte nicht allzu arg wunder nehmen, dass hier vom Staat die Rede ist, denn Boethius hat bei seinen Schriften – wie Cicero – stets auch im Auge gehabt, die Bildung Roms zu heben, um das Imperium nicht gänzlich verrohen zu lassen (Nachweise in dem in Anm. 106 genannten Aufsatz S. 139). Gegenbilder hatte er genügend vor Augen.

[109] Boethius hat sich nur in wenigen Ausdrücken spezifisch christlicher Terminologie bedient, so der Worte der Liturgie; was das Neuplatonische Gedankengut anlangt, so habe ich in den genannten „Boethiusinterpretationen“ S. 397–404, sowie im Gnomon 39, 1967, 415 gezeigt: Boethius hat „das spezifisch Neuplatonische stets abgeschützt durch Anklänge an die alten Klassiker, die, obschon umgestaltet, das Gesagte doch durch ihre hohe Autorität decken“.

sche Geschlossenheit der Zusammenhänge und geschlossene Wesensstruktur der Erscheinungen" erkannt ist (187). Das aber setzt voraus, dass der interpretieren Wollende sich einlassen muss auf den Text ohne eine vorgefasste Meinung. Dies aber kann nur einigermaßen zuwege gebracht werden, wenn der Interpret „verhält" im Sinne des Anhaltens, Sichzurückhaltens, und wenn er bei jedem Urteil, das er auszusprechen geneigt ist, sich fragt, ob es nicht zu viel an Modernem in sich trägt.

§ 198 Und noch etwas: Wenn es sich um Texte handelt, die nach dem Urteil zweier Jahrtausende bedeutend, wenn nicht gar groß scheinen, dann sollte der Interpret sich stets und immer selber befragen, ob er auch die gebührende Hochachtung, um nicht zu sagen: Ehrfurcht walten lässt. Goethe schämte sich nicht, zu Eckermann zu sagen: „Wenn ein moderner Mensch … an einem so großen Alten [gemeint war Euripides] Fehler zu rügen hätte, so sollte es billig nicht anders geschehen als auf den Knien."[110] Das schließt keineswegs aus, dass man Urteil haben sollte; auch im Corpus der Horaz-Oden findet sich das eine oder andere schwächliche Glied, oder in dem der Seneca-Briefe wird man, je weiter es dem Ende zustrebt, umso lockerere Zusammenhänge monieren. Nach einer Vorlesung J. A. Ernestis über Cicero schrieb Goethe am Ende des 6. Buches von „Dichtung und Wahrheit", er fordere auch von Professoren „einen Maßstab des Urteils", also das bei aller Bewunderung doch zuweilen auch kritische Verhalten.

Wenn dies auch nur annähernd geklärt ist, dann können wir zu einigen Bemerkungen zur Arbeitstechnik des Interpreten übergehen.

§ 199 Von einem wichtigen Mittel zum rechten Verstehen haben wir gesprochen: Vom Verhalten, das heißt dem Epoche-Üben, oder anders: Lassen wir die alten Texte so wie sie sind, oft fremd und zuweilen auch seltsam. Denn nur das bedenkende Begegnen mit Fremdem bringt uns weiter.[111]

§ 200 Ein zweites Mittel ist der Fleiß, will sagen: Das fleißige Nachschlagen in Lexikon und Grammatik. Es dauert ja lange, bis man die passende Nuance fürs Übersetzen gefunden und die Eigenart einer syntaktischen Fügung, insbesondere bei einem Gedicht, begriffen hat. Auch dies ist eine Haltung dem Text gegenüber, eine Haltung, die jegliche Annahme einer Wortbedeutung, die nicht eindeutig abgesichert ist, für falsch gewählt ansieht.

§ 201 Ein drittes Mittel ist dann die Umschau: Wenn wir einen engen Text aus sich begriffen haben, müssen wir uns umschauen in der Umgebung unseres Textes oder auch unseres Verfassers (derlei wurde oben als „Fernbezug" bezeichnet).

§ 202 Ob es wohl ganz unnötig ist, das bisher dem Leser ans Herz Gelegte noch einmal schematisch aufzulisten? Das könnte etwa so geschehen:

1. Untersuche jedes auch nur ein wenig belangreich aussehende Wort (vgl. *splendor* im 2. Text).
2. Achte genau auf die Tonhöhe eines Wortes, indem Du aus dem Lexikon seine Frequenz und Höhenlage erschließt (ist es im Epos geläufig oder im Brief?). Suche die Stilhöhe zu bestimmen (unter Trennung von Sache und Darstellungsweise)! Beispiele finden sich im zwölften (Vergil) und im vierzehnten Text (Horaz c. 3, 1), wo das Abheben der Dichter- von der Alltagssprache angedeutet ist.

[110] J. P. Eckermann, Gespräche mit Goethe, 2. Band, Berlin–Leipzig–Wien–Stuttgart 1916, 80f.
[111] Vgl. Maurach 2005, 2–4.

3. Achte genau auf den Gedankengang (6. Text [Seneca] und 14. Text [Hor. c. 3, 1] zu Str. 7–10), dazu auf die Leserführung (4. und 6. Text, auch im 8. und 10. Text beobachtet).

4. Frage, ob etwas rein römisch gedacht ist oder vielleicht griechisch? Dazu vergleiche man den 2. und 4. Text, dazu den 8., 12. und 13. Text, wo Mischung von beidem vorliegt.

5. Sichere Deine Ansicht durch das Lesen von Verlautbarungen anderer (6., 8. und 13. Text). Nimm deren Ansichten jedoch nie von vornherein als gültig, nimm sie nie kritiklos hin: Durch die Prüfung von Meinungen anderer lernt man selber sehr viel, sachlich und methodisch.

6. Wenn Dir etwas trotz vielen Bemühens unverständlich erscheint, sprich lieber ein „non liquet" aus und führe die Unsicherheit zunächst und für lange Zeit lieber auf Dein eigenes Unvermögen zurück als auf das des Autors. Erst nach langem, oft jahrelangem Überlegen ist man berechtigt, den überlieferten Text anzuzweifeln oder die Klarheit des Verfassers. Merke: Es ist besser, weil ehrlicher, den Text auf sich beruhen zu lassen und geduldig abzuwarten, als ein vorschnelles Urteil zu fällen.

7. Rechne stets mit der Möglichkeit, dass der Text, auch wenn er auf den ersten Blick nicht danach aussieht, und scheinbar ganz im Zeitgebundenen bleibt, doch auch Aussagen über das Menschliche überhaupt enthält.

8. Zwinge nie einen Text unter Deinen Einfall, bevor dieser als angemessen erwiesen ist, sondern lasse Deine Gedanken dem Text folgen, nie umgekehrt.

9. Füge nie zu Deinem Text etwas hinzu, das der Text nicht zwingend nahe legt.

Teil III: Proben aufs Exempel

Im ersten Teil haben wir gemeinsam anhand von fünfzehn Texten einige Grundregeln des Interpretierens erarbeitet. Jetzt ist es an der Zeit, sie mittels einiger weiterer Texte in ihrer Stichhaltigkeit und Gültigkeit zu erproben.

Der sechzehnteText: Plautus, Amphitruo 633–653

(Nach Würzb. Jahrb. 14, 1988, 137 ff.; abgekürzt „WüJb")

A. Inhaltsübersicht

§ 203 Im Prolog zum Amphitruo v. 59 (von wem auch immer geschrieben) wird das Drama *tragicomoedia* genannt, und es enthält in der Tat „prächtige Komik bis zur ergreifendsten Tragik" (Albrecht 1992, Bd. 1, 135). Amphitruo ist der Feldherr des mythischen Theben, er muss hinaus in den Krieg und seine schwangere Gattin daheim lassen. Sie erblickt der immer für ein Abenteuer bereite Vater der Götter und Menschen, Jupiter, und besucht die schöne Frau in der Gestalt ihres Gatten, ja er verlängert sogar seine Liebesnacht, indem er dem Sonnengotte befiehlt, später als sonst heraufzuziehen. Als dann endlich der Morgen graut, verabschiedet der Gott sich von seiner Geliebten, die ihn selbstverständlich für ihren heimgekehrten Gatten hält. Inzwischen war der echte Amphitruo siegreich heimgekehrt. Er schickt zunächst seinen Diener Sosia, um den Sieg und die Heimkehr zu verkünden, zum Palast. Dort aber verscheucht ihn Merkur im Auftrag seines Vaters und höchsten Gottes, und zwar in der Gestalt des Sosia, der sich gedoppelt glauben muss. Sein Feldherr ist wütend über die vermeintliche Halluzination seines Dieners und eilt heim.

Inzwischen aber hat Jupiter die Stadt verlassen. Daraufhin ist die Gattin des Feldherrn trauernd aus dem Hause getreten und singt eine Arie, die wir uns nun genauer ansehen wollen.

B. Der Text

§ 204 Der Text wird nach F. Leo, Plauti Comoediae [2. Auflage 1895] Nachdruck Berlin 1958, Bd. 1, 28 f. gegeben. Was die Textkritik angeht, die hier erheblich schwieriger ist, als dass sie einem Anfangenden aufgebürdet werden könnte, so bitte ich, in dem genannten Aufsatz „WüJb" nachzulesen. Ein oftmals hilfreicher Kommentar: D. M. Christenson, Plautus Amphitruo, Cambridge UP 2000 (leider auf Sexismus fixiert).

(633) Satin parva res est voluptatum in vita atque in aetate agunda
praequam quod molestum est? Ita cuique comparatum est in aetate hominum,
(635) ita dis est placitum, voluptatem ut maeror comes consequatur:
Quin incommodi plus malique ilico adsit, boni si optigit quid.

Nam ego id nunc experior domo atque ipsa de me scio, cui voluptas
parumper data est, dum viri mei mihi potestas videndi fuit
noctem unam modo. atque is repente abiit a me hinc ante lucem.

(640) Sola hic mihi nunc videor, quia ille hinc abest, quem ego amo praeter omnes.
plus aegri ex abitu viri quam ex adventu voluptatis cepi.
(641) Sed hoc me beat saltem,
quom perduellis vicit et domum laudis compos revenit, id solacio est.
Absit, dum modo laude parta (645) domum recipiat se. feram et perferam usque
abitum eius animo forti atque offirmato, id modo si mercedis
datur mihi, ut meus victor vir belli clueat: satis
mihi esse ducam.

Virtus praemium optimum,
virtus omnibus rebus anteit profecto:
(650) libertas, salus, vita, res et parentes, patria et prognati
tutantur, servantur.
Virtus omnia in sese habet, omnia adsunt
bona, quem penes est virtus.

C. Kurzkommentar

§ 205 Das Versmaß ist baccheisch, es ist in WüJb 138–140 beschrieben und gesichert. V. 633: *Satin(e)* drückt ängstliches Verwundern aus: „Ist es denn wirklich so, dass ...?" (WüJb 141). *Parva res voluptatum* lässt sich vom lateinischen Wortgebrauch von *res* nicht verstehen; ich hatte an einen Gräzismus nach dem Muster von Euripides, Suppl. 953 gedacht (WüJb 141, Anm. 17): „Klein ist die Sache (chréma) des Lebens", das heißt, das Leben ist kurz. Hier dann also: „Ist die Lust wirklich etwas so kurz Dauerndes verglichen mit dem Schmerz?" Zu diesem Gedanken Platon, Phaidon 60 b; WüJb 147, Anm. 47; Enk zu Plaut. Merc. 145. V. 635: Der Schmerz als „Begleiter" der Lust ist personifizierend hoher Stil. Die Götter haben es so eingerichtet, sagt Alcumena gottesfürchtig. Sie verschärft die oft gehörte Klage durch das „sofort": „Sofort" stellt sich Schmerz ein, wenn einmal Freude genossen wurde. Das ergibt sich aus der Spielsituation des „Amphitruo", s. v. 639 *repente.* V. 637: *Experior domo*: „ich erfahre es an mir selber" (Poen. 216; Enk zu Merc. 345). V. 640: „Ich komme mir einsam vor": Die Breite des Ausdrucks passt sich der Breite der Wort- und Gedankenführung im ganzen Liede an.

§ 206 V. 641: Mit *sed* setzt die Gegenbewegung des Gedankens ein, Alcumena vermag sich Trost einzureden. *Hoc ... quom* statt *quod* zwingt dazu, den ganzen Nebensatz „wenn er siegt" dem *hoc* antworten zu lassen: „Das tröstet mich, wenn er ...". V. 644 *Feram et perferam*: breiter Pleonasmus um des Nachdrucks ihrer Selbstbeschwichtigung willen wie im *forti atque offirmato* im nächsten Vers. V. 647: Eine verzwickte Wortstellung, auch sie scheint ein Stilmittel. *Clueat*: Wahrscheinlich ist der Ruf und Ruhm gemeint (s. Pseud. 591). Was Alcumena an ihrem Gatten schätzt und lobt, ist seine *virtus.* Daher folgt jetzt ein Loblied auf diese Tugend. Sie bezeichnet sie in v. 649 als „Lohn". *Virtus* wird im römischen Bereich nicht als erwerbbar angesehen (WüJb 146 mit Anm. 43), also ist diese Stelle griechisch gedacht, wie in WüJb ausführlich begründet wurde.

D. Übersetzung

§ 207 „Ist es wirklich so, dass im Leben und seinem Ablauf die Lust gering ist im Vergleich zum Schmerzlichen? Ja, es ist so im Dasein der Menschen eingerichtet, es hat den Göttern so gefallen, dass der Schmerz die Lust als Gefährte begleitet. Unbill und Übles stellen sich sofort ein, wenn etwas Gutes eintrat. Ich erfahre das ja am eigenen Leibe und weiß es von mir selbst, der Lust nur für kurze Zeit gegeben ward, nämlich solange ich meinen Mann sehen durfte, eine Nacht lang nur. Und dann ging er plötzlich fort von mir, von hier noch vor Sonnenaufgang. Einsam bin ich jetzt, weil der fort ist, den ich am meisten von allen liebe. Mehr Kummer ward mir aus dem Fortgang meines Mannes zuteil als Lust aus seinem Kommen.

Doch wenigstens das macht mich froh, dass er die Feinde besiegte und heimkam beladen mit Lob; das ist mir Trost. Ja, mag er fort sein, wenn er nur heimkehrt, nachdem er Ruhm erworben. Ich will sein Fortgehen tragen und ertragen mit starkem und gefestigtem Mute, wenn mir nur das zuteil wird, dass *mein* Gatte als Sieger im Kriege gerühmt wird; das soll mir genug sein.

(Solche) *virtus* ist das Beste; *virtus* übertrifft wahrlich alles andere; Freiheit, Heil, Leben, Vermögen und Eltern, Vaterland und Kinder werden durch sie geschützt, bewahrt. *Virtus* enthält alles andere (Gute) in sich, alles Gut besitzt, wem *virtus* eignet."

E. Interpretation

§ 208 1. Die Ansichten divergieren erstaunlich: Es genügt, auf L. Perelli, L'Alcumena di Plauto: Personaggio serio o parodico? in: Civiltà classica e cristiana 4, 1983, 383–394 hinzuweisen. S. 389: Es sei ein „mechanisch-kaltes Herleiern" der Virtus-Lehre herauszuhören und auf S. 383 dann gar „sexuelle Unersättlichkeit", wohingegen H. Tränkle im Museum Helveticum 40, 1983, 219 von „würdevoller Herbheit" sprach. Einiges auch in Maurach, Kleine Geschichte der antiken Komödie, Darmstadt 2005, 88 ff. zu dieser Szene.

Denken wir etwas nach. Hat Alcumena, als sie von ihrem Mann sprach, von Geschlechtslust gesprochen oder davon, dass der Anblick ihres Mannes (638) und seine Gegenwart ihr so viel bedeute? Wer Philologe sein will, wird diese Worte nicht verkrümmen zu „insaziabilità sessuale" (was Christenson [§ 204] nachplapperte), wird auch nicht von „Herleiern" faseln, wenn er – falls er dazu in der Lage ist – die Sorgfalt der Wortfügung erkennt. Was Perelli von sich gibt,[112] ist die moderne Pseudophilologie der entstellenden Sexualisierung schöner alter Texte.[113]

§ 209 2. Nun zu dem, was vorliegt: Wir erleben in dieser „Tragikomödie" das rührende Klagen einer zunächst enttäuschten Liebenden, die dann jedoch die Kraft zeigt, Trost daraus zu ziehen, dass ihr Mann ja im Dienste der Staatsgemeinschaft steht, in einem Dienst,

[112] Er ist nicht allein geblieben; ähnlichen Geschmack bewies J. E. Phillips, Class. Journ. 80, 1985, 124.

[113] Vgl. Maurach 1995, 253 ff. zu Hor. c. 1, 17; deutlicher und schärfer noch in: Enchiridion Poeticum, 2. Auflage Darmstadt 1989, 195 ff.

der von ihm fordert, Vaterland, Eltern und Kinder zu schützen.[114] Diesem höheren Auftrag ordnet Alcumena ihr eigenes Leid unter – eine Haltung, die einer römischen „Matrone“ (so Raffaelli-Tontini [s. Anm. 115] 41) würdig ist. Wenn man nun sieht, dass Plautus am Anfang der Arie einen Gräzismus einführt und am Ende über Virtus in griechischem Sinne spricht (Nachweis WüJb 145f.: Im Römischen wird *virtus* nicht als *praemium* erworben, sondern von der Gemeinschaft zuerkannt, s. § 206, Ende), dann liegt der Gedanke nicht fern, dass er hier im Gedanklichen nahe bei seiner griechischen Vorlage geblieben ist. Im Sprachlichen, in der Fülligkeit und im Klangreichtum allerdings folgt er dem Vorbild der römischen Tragödie. Damit wäre der Grundregel in § 202, Nr. 2 Genüge getan.

Zur Methode

Was wäre aus dem Plautus-Kapitel zu lernen? Was die Methode anlangt, so wurden zwei Wege beschritten: Zum einen wurde der Tatsache Rechnung getragen, dass Plautus griechische Originale übertrug, dass also die Möglichkeit bestand, im „Amphitruo“ Spuren der griechischen Vorlage zu finden (§ 202, 4). Zum anderen wurde genauer als bis dahin geschehen, danach gefragt, was die gequälte Frau über ihr Empfinden sagt (§ 202, 7); hierbei zeigte sich eine innere Bewegung von Klage zu Selbsttröstung. Wenn drittens in der Fülligkeit des Stils eine Spracheigentümlichkeit des Altlateins aufgedeckt wurde (§ 202, 2), dann sollten diese drei Resultate den Anforderungen an eine brauchbare Interpretation genügen.

Nachtrag

§ 210 So ungefähr hatte ich seinerzeit argumentiert. Mir scheint das, was ich damals herausbrachte, auch heute noch gültig. Es war das Resultat genauen Hinhörens unter strikter Vermeidung irgendwelcher vorgefasster Interpretationsziele, etwa des Zieles, auch im „Amphitruo“ eine „sessualità“ aufzustöbern. Es war außerdem und vor allem Ergebnis einer jahrzehntelangen Liebe zu diesem schönsten aller Plautus-Texte (wenn ich nach der oben gegebenen Grundregel in § 198 urteilen darf). Gewiss, Plautus musste Witze machen, sah sich auch gezwungen, seine griechischen Vorlagen arg zu zausen, wollte er erfolgreich sein und Geld verdienen; aber zuweilen schenkte er den verständnisvolleren Zuschauern auch echte Poesie.[115]

[114] Gut hierzu bereits J. Genzmer, Der „Amphitruo“ des Plautus und sein griechisches Original, Diss. Kiel 1956, 123f.

[115] So auch Maurach 2005, 132. Die Bemerkungen von R. Oniga in: Tito Maccio Plauto, Anfitrione, Venedig 1991, 213 sind so kurz, dass sie nicht belehren; der Kommentar von R. Raffaelli-A. Tontini in: Lecturae Plautinae Sarsinates 1, Urbino 1998, 41–3 entsprechen dem Urteil H. Tränkles, ebenso die Bemerkung von G. Manuwald, in: Studien zu Plautus’ Amphitruo, hrsg. von Th. Baier, Tübingen 1999, 193 und 194, Anm. 40. Verwunderlich bleibt an all diesen Verlautbarungen, dass keine meine gründliche Untersuchung auch nur erwähnt. Das Urteil über den wissenschaftlichen Rang der genannten Kommentare sei dem Leser überlassen.

Der siebzehnte Text: Terenz, Eunuchus III 1

(Nach „Literaturwitze bei Terenz“, in: Vir Bonus Dicendi Peritus, Festschrift A. Weische, Wiesbaden 1997, 299ff.).

A. Inhaltsübersicht

§ 211 Es geht der feinen Hetäre Thais im „Eunuchus“ um dreierlei: Sie möchte zum einen gern ihre eben erst nach Jahren wieder in ihre Nähe gekommene Nennschwester (vor dem Hetärenberuf) retten und möchte zum anderen sie ihrer Familie, die sie ebenfalls ganz in ihrer Nähe vermutet, zurückbringen, um so – dies gehört noch zu dem zweiten Ziel dazu – sich einen Patron in Gestalt des Hausvorstandes der Familie ihrer Nennschwester zu erwerben; und zum dritten will sie sich die ebenso ergebene wie einträgliche Liebe ihres derzeitigen Liebhabers erhalten. Nun befindet sich die nunmehr sechzehnjährige[116] Nennschwester im Besitz des Nebenliebhabers der Thais, und der will als Gegengabe die Zusicherung, dass er fortan bei Thais die Hauptrolle spielen werde. Da muss denn der ihr viel liebere, bisherige Hauptliebhaber, Phaedria, für kurze Zeit fortgebracht werden. Nachdem er (aufs Land) gegangen, überbringt sein Diener Parmeno der Thais die Geschenke seines Herrn Phaedria, einen (ziemlich schrumpeligen, alten) Eunuchen und ein Negermädchen. Die Gabe des Rivalen allerdings ist viel schöner, denn die Nennschwester der Thais ist eine Schönheit. Sie wird vom Parasiten Gnatho des Nebenliebhabers Thraso („Der Wagemutige“), der ein schwadronierender Offizier ist, überbracht. Darauf folgt die Unterhaltung zwischen Parasit und Offizier über die Wirkung, welche sein Geschenk drinnen bei Thais gemacht hat.

B. Der Text (**§ 212**)

Er wird gegeben nach R. Kauer-W. M. Lindsay, P. Terenti Afri Comoediae, Oxford 1926 (und Nachdrucke mit Ergänzungen, die hier jedoch nicht relevant sind); höchst hilfreich ist die Ausgabe von J. Marouzeau, Térence, vol. III, Paris 1947, 215ff.; ein vorzüglicher Kommentar: J. Barsby, Terence Eunuchus, Cambridge 1999, 156ff.

(391) TH(raso) Magnas vero agere gratias Thais mihi?
GN(atho) Ingentis. TH. Ain tu, laetast? GN. Non tam ipso quidem
dono quam abs te datum esse: id vero serio
triumphat. ... TH. Est istuc datum,
(396) profecto ut grata mihi sint, quae facio omnia.
GN. Advorti hercle animum. TH. Vel rex semper maxumas
mihi agebat, quidquid feceram, aliis non item.
GN. Labore alieno magno partam gloriam
(400) verbis saepe in se transmovet qui habet salem,
quod in te est. TH. Habes. GN. Rex te ergo in oculis ... TH. scilicet.
GN. Gestare. TH. Vero, credere omnem exercitum,
consilia. GN. Mirum. TH. Tum sicubi eum satietas

[116] U. Knoche, Über einige Szenen des Eunuchus (2. Teil), NGG NF 3, 3 (1938) 43, Anm. 1.

hominum aut negoti siquando odium ceperat,
requiescere ubi volebat, quasi ... nostin? GN. Scio:
quasi ubi illam exspueret miseriam ex animo. TH. Tenes.
Tum me convivam solum abducebat sibi. GN. Hui!
regem elegantem narras! TH. Immo sic homost:
perpaucorum hominum. GN. Immo nullorum arbitror,
si tecum vivit. TH. Invidere omnes mihi,
mordere clanculum, ego non flocci pendere;
illi invidere misere. Verum unus tamen
inpense, elephantis quem Indicis praefecerat.
is ubi molestus magis est, „quaeso", inquam, „Strato,
eon es ferox, quia habes imperium in beluas?"
GN. Pulcre mehercle dictum et sapienter. Papae,
iugularas hominem! Quid ille? TH. Mutus ilico.
GN. Quidni esset? ... TH. Quid illud, Gnatho,
quo pacto Rhodium tetigerim in convivio,
numquam tibi dixi? GN: Numquam, sed narra, obsecro.
(plus miliens audivi!) TH. Una in convivio
erat hic, quem dico, Rhodius adulescentulus.
forte habui scortum, coepit ad id adludere
et me inridere. „Quid ais", inquam homini, „inpudens?
Lepus tute es, pulpamentum quaeris?" GN. Hahahae!
TH. Quid est? GN. Facete, lepide, laute – nil supra!
tuomne, obsecro te, hoc dictum erat? vetus credidi.
TH. Audieras? GN. Saepe, et fertur in primis. TH. Meum est.

C. Kurzkommentar

§ 213 V. 391: Der Infinitiv *agere* hängt von keinem übergeordneten Verb ab, „wilhelminischer" Kasinoton wie in 402, 410. V. 394: Köstlich, wie Terenz den Parasiten die militärische Ausdrucksweise nachäffen lässt. *Datum*: „Es ist mir von Natur gegeben". V. 397 f.: Der schneidige Offizier spricht weiterhin in Kurzformen, lässt *gratias* aus. Das *vel* ist das, welches ein Beispiel anfügt (HSz 501). V. 400: *Salem* etwa „Grips". V. 401 f.: *In oculis gestare* zeigt ein Verb, das sonst bei *in oculis* nie vorkommt (wohl aber bei *in sinu*, s. Adelph. 709), der Parasit macht sich lustig; statt „im Auge behalten" (*ferre* wäre normal: Cic. Phil. 6, 11 und öfter) heißt es etwa „im Auge geschleppt". V. 405: *Nostin?* Das spielt auf die berühmte Ennius-Stelle (ann. 273–5 Skutsch) an: *quoi res audacter magnas parvasque iocumque/eloqueretur ... malaque et bona dictu/evomeret* aus Gellius 12, 4[117]: Der getreue Begleiter des

[117] *Evomere* verbanden Terenz, Cicero und Spätere mit Ausdrücken des Zornes und Ähnlichem (Thes. Ling. Lat. 5, 2; 1073, 1 ff.); daher wird man des Ennius *malaque et bona dictu* als Ärger und Lob auffassen. Ich habe die Redeweise des Bramarbas vielleicht etwas zu forsch „Kasinoton" genannt, doch man sollte versuchen, die fehlenden Finitformen nicht einfach in grammatische Schub-

Cn. Servilius wird gelobt, dem der Feldherr, wenn ermüdet vom Tage, sein Innerstes öffnete (Skutsch, The Annals of Q. Ennius, Oxford 1985, 449). Nur – der Offizier Thraso weiß die Stelle nicht genau auswendig. Gnatho aber kennt den Wortlaut, doch er spielt erneut wie im Falle des *gestare* mit der Zitaten-Unsicherheit des Offiziers[118] und gibt die Ennius-Passage vergröbernd mit *exspueret* statt mit dem ennianischen und geläufigeren *evomeret* wieder.

§ 214 V. 420 ff.: Noch ein Stückchen aus Thrasos Witzfabrik: Die Abfertigung des Rhodier-Jüngelchens, als der bei einer Party sich an das *scortum* (vielleicht „girl"; „Nutte" wäre zu stark) heranmachte und über ihren Galan Witze wagte. Da erdachte sich Thraso einen umwerfenden Scherz: „Bist selber ein Hase und suchst noch nach einer Pastete?"[119] (angenommen, man versteht unter *pulpamentum* eine Hasen-Pastete). Gemeint ist, dass einer, der selber so aussieht wie ein Weibchen – der Bengel wird ja als *adulescentulus* bezeichnet –, sich an kein girl heranmachen sollte. Nur – der Soldat gibt das als seine eigene Erfindung aus, dabei ist es ein uralter Witz: Er stammt aus Livius Andronicus (der es seinerseits dem Griechischen entlehnte: Thes. Graec. Ling. 3, 913 C [so A. Bal]), lange also vor Ennius.[120]

D. Übersetzung

§ 215 Eine textnahe Übersetzung dieses Feuerwerks an Witz und Spott kann nur Hölzernes zuwege bringen. Lesen Sie daher die nachfolgende Übertragung lediglich als Hilfe für Ihr eigenes, viel unterhaltsameres Lesen!

„TH. Thais – großen Dank mir wissen, wirklich? GN. Ungeheuren! TH. Sag' mal, ist sie froh? GN. Nicht so sehr über das Geschenk an sich, sondern weil es von *Dir* kommt. Darüber feiert sie wahrhaftig echt Triumph. … TH. Ja, das ist mir halt so gegeben, dass willkommen ist, was ich tue, alles. GN. Bei Gott, ich hab's gemerkt. TH. Zum Beispiel, der Großkönig wusste mir immer größten, was immer ich tat – andern nicht. GN. Den Ruhm, den andere unter größter Mühe erwarben, hat mancher schon aufs eigene Konto gebracht, wenn er Grips dazu hatte wie du. TH. Du hast's. GN. Der Großkönig hat dich also im Auge – TH. Jawohl! GN. – mit sich getragen? TH. Ganz recht. Mir das gesamte Heer, die Pläne anvertrauen. GN Erstaunlich! TH. Und dann, wenn er die Menschen satt hatte oder er keine Lust mehr spürte für den Dienst, wenn er sich ausruhen wollte, so etwa … weißt du? GN. Ich weiß: So etwa, wenn er seine schlechte Laune ‚ausspucken' wollte. TH. Du hast's begriffen – dann nahm er mich als seinen einzigen Gast mit sich. GN. Hui, von einem wählerischen König erzählst du da. TH. Noch mehr: Ein Mann von ganz wenig

laden zu stopfen, sondern als gewollte Ausdrucksmittel zu verstehen. Recht hilflos HSz 368, Abs. 2 [s. Barsby z. St.] oder Seyffert-Müller zu Cic. Lael. S. 538.

[118] J. Barsby 1999, 160 hierzu; U. Knoche, Über einige Szenen des Eunuchus (1. Teil), NGG NF 1, 8 (1936), 160 zeigt, wie Gnatho „fast mit jedem Wort den *miles* in seiner Weise verhöhnt".

[119] So ähnlich verstand die Stelle jetzt auch J. Barsby 1999, 163 f.

[120] Nachweise in Vir Bonus Dicendi Peritus, Festschrift A. Weische, Wiesbaden 1997, 303, Anm. 33.

Vertrauten. GN. Eher von null,[121] glaube ich, wenn er dich hat. TH. Alle mich beneiden, heimlich Rücken beißen, ich gar nicht beachten. Die anderen starben fast vor Neid. Aber einer immerhin – er ganz ungemein, war der Indischen Elefanteneinheit vorgesetzt – wie der allzu lästig ist, ‚Hör' mal', sag' ich, ‚Strato, bist du deswegen so aggressiv, weil du wilde Tiere anführst?' GN. Schön gesagt, bei Gott, und schlau! Donnerlittchen, dem hast du's aber gegeben! Und der? TH. Gleich still. GN. Wieso auch nicht? … TH. Sag' mal, Gnatho, wie ich den Rhodier fertig gemacht habe beim Gastmahl, hab ich dir's nie erzählt? GN. Nie, aber erzähl's mir! (Tausendmal hab' ich's schon gehört!) TH. Der war mit beim Gastmahl, der, von dem ich spreche, ein Rhodier, ein Jüngelchen. Ich hatte da ein Girl, der fing an, sich an sie 'ran zu machen und mich zu verspotten. ‚Hör' mal', sag' ich, ‚du schämst dich wohl gar nicht? Bist selbst ein Hase und willst Hasenpfeffer?' GN. Hahaha! TH. Was ist los? GN. Witzig, lustig, gekonnt – besser ging's nicht! Stammt der Witz, bitte schön, von *dir*? Ich glaubte immer, er sei alt. TH. Schon mal gehört? GN. Oft, gilt als einer der besten. TH. Ist von mir!"

E. Interpretation

§ 216 Worüber wäre hier nachzudenken? Man wird seinen Spaß an der Verspottung des nur halb gebildeten Tölpels haben, der gar nicht merkt, wie Gnatho mit ihm spielt. Aber man vergleiche diese Art der Verspottung mit der in der ersten Szene von Plautus' „Miles Gloriosus": Findet sich dort irgendwo Verulkung mittels wohlbekannter Stellen aus alter Literatur? Spielt außer der Tragödienparodie *im Stilistischen*[122] das *Alter* der Zitatenquelle irgendwo eine Rolle? Ich weiß keine derartige Stelle im Plautus. Nein, Terenz wagt etwas ganz Neues: Er zitiert *Klassiker* und bezeugt damit, dass man – oder vorsichtiger: eine Gruppe unter den Zuschauern – zu seiner Zeit den Begriff des Klassischen in Bezug auf die großen alten Römer kannte.[123]

Zur Methode

In § 202, 7 wurde daran erinnert, dass Texte stets daraufhin befragt werden sollten, ob sie nicht über das Zeitbedingte hinaus gleichsam ewig Menschliches enthalten. Hier in Ter. Eun. 3, 1 ist dies insofern der Fall, als damals wie heute Menschen so sehr von sich eingenommen sein konnten und können, dass sie blind werden gegenüber der eigenen Lächerlichkeit. Hinzukommt, dass der erste Teil der Szene den Fortgang der Handlung nicht förderte, wohl aber der anderen Aufgabe von Komödie nachkam, nämlich den Menschen etwas typisch Menschliches bewusst zu machen.

[121] Der freche Parasit möchte, dass man aus „null" die Kennzeichnung des Soldaten als einer „Null" heraushört.

[122] Eine kleine Literaturauswahl: Fr. Leo, Plautinische Forschungen (2. Auflage Berlin 1912), Nachdruck Darmstadt 1966, 132ff.; Ed. Fraenkel, Plautinisches im Plautus, Berlin 1922, 67ff.; H. Haffter, Untersuchungen zur altlateinischen Dichtersprache, in: Problemata 10, 1934, 68; J. Blänsdorf in: Das römische Drama, Darmstadt 1978, 210f.; E. Woytek, Titus Maccius Plautus, Persa, Wien 1982, 51, 281f.; Maurach 1988 zu v. 2.

[123] P. Kruschwitz in seinem hübschen Buch „Terenz" (Hildesheim 2004) 79, Anm. 29 nannte meinen Aufsatz „geistreich", versagte aber der „Entdeckung des Klassischen" seine Aufmerksamkeit.

Nachtrag

§ 217 Ich habe diesen Aufsatz, obwohl er erst zehn Jahre alt ist, dennoch referiert, weil er etwas für das Interpretieren Wichtiges zutage gefördert hat: die Verfeinerung des römischen Geschmacks, hier nachgewiesen anhand einer gewandelten Komik zwischen Plautus und Terenz. Die Verspottung von Halbbildung und das Wissen darum, dass es Klassiker der römischen Literatur gibt, das ist insofern eine neue Art des Komischen, als sie nun zuweilen nicht mehr „slap-stick comedy" ist, sondern zum Lächeln über Defizite führt, die allenthalben vorkommen. *Nostra res agitur* (Maurach, Kleine Geschichte der antiken Komödie, Darmstadt 2005, 132).

Der achtzehnte Text: Terenz, Phormio II 3

Grenzen des Interpretierens

A. Einführung in die Handlung

§ 218 Um Terenz näher zu kommen, soll hier eine einzelne Szene genauer besprochen werden, und zwar eine Szene aus einem Stück, dessen Vorlage nicht Menander war, sondern Apollodor von Karystos,[124] der hübschen Stadt an der Südwestküste Euboias, berühmt für ihren Cipolino-Marmor. Ihn nahm Terenz sich in der „Hecyra", in einem seiner beiden frühesten Stücke also, zur Vorlage, und dann im Jahre des „Eunuchus", also 161 v. Chr., noch einmal, und zwar für seinen „Phormio".

Gesamtinhalt

Zwei athenische Brüder, Demipho und Chremes, müssen auf eine Geschäftsreise gehen. Ihre Söhne, den Phaedria des Chremes und den Antipho des Demipho, haben sie der Fürsorge des Dieners Geta anvertraut. Trotzdem hat Phaedria sich in eine Zitherspielerin in Diensten eines Kupplers verliebt, hat aber kein Geld, um sie freizukaufen. Antipho hat gar eine arme Waise, Phanium geheißen, mittels eines Tricks geheiratet: Der Parasit[125] Phormio wurde angestiftet, vor Gericht anzugeben, Antipho sei ihr nächster männlicher Verwandter und somit – nach athenischem, nicht nach römischem Recht – zu dieser Heirat verpflichtet (Kruschwitz 2004, 100). Demipho, der bei seiner Heimkehr von dieser Verbindung hört, ist unangenehm berührt, denn eigentlich hatten er und sein Bruder Chremes abgesprochen, dass Antipho die Tochter des Chremes heiraten sollte, die er einst auf Lemnos mit einer anderen Ehefrau in Bigamie gezeugt hatte.

§ 219 Chremes hatte nämlich vorgehabt, auf Lemnos seine dort einst, wie gesagt, heimlich geheiratete Frau und deren Tochter zu finden; die heimliche Ehefrau aber war inzwi-

[124] Zu ihm Lesky (1993) 747; E. Lefèvre hat ihm ein Buch gewidmet: Der Phormio des Terenz und der Epidikazomenos des Apollodor von Karystos, Zetemata 74, 1978.

[125] Zu den Tischgenossen niederen Standes, mit denen man dann auch nicht allzu rücksichtsvoll umzugehen brauchte, s. RE 18, 2c; 1382, 41 ff.; 1385, 59 ff., neuerdings P. Kruschwitz-T. Hiepe, Die antiken Wurzeln des Begriffs „Parasit", in: T. Hiepe u. a. (Hrsg.), Parasitismus als Lebensform, Nova Acta Leopoldina N. F. 83, Nr. 316, 2000, 147 ff.

schen verstorben, und die Tochter war mit ihrer Amme nach Athen übergesiedelt. Chremes ist enttäuscht, denn er hatte ja mit Demipho verabredet, seine Tochter mit dessen Sohn Antipho zu vermählen.

§ 220 Nun ein Blick hinüber zur zweiten Intrige, zu Phaedria und seiner Zitherspielerin. Der Hetärenwirt peinigt den jungen Mann, der schon lange nicht mehr zahlen kann, indem er das Mädchen einem Offizier verkaufen will und sich nur mit Mühe überreden lässt, noch einen Tag zu warten: Vielleicht, so verspricht Phaedria, werden dann die Freunde des Verliebten aushelfen. Aber auch denen muss er den Betrag – es sind 30 Minen – ja zurückzahlen. Jetzt betrachten wir das eben nur Angedeutete genauer; es kommt die große Stunde des treuen Sklaven Geta:

§ 221 Er macht den Vätern Demipho und Chremes vor, Phormio habe sich bereit gefunden, Demipho von der unliebsamen Schwiegertochter zu erlösen, indem *er* sie heiratet, wenn man ihm das Geld gebe, das er für eine (angebliche) Verlobte aufzubringen hat, das heißt 10 Minen Mitgiftrückzahlung, 10 für ein Häuschen, um mit der neuen Braut und dann Ehefrau leben zu können, und 10 weitere Minen für diverse Ausgaben. Dem Mädchen Phanium muss daher die Veränderung der Lage schmackhaft gemacht werden. Chremes bittet also den Bruder Demipho, seine (des Chremes Frau) zu ersuchen, in Demiphos Haus zu kommen, um mit dem dort befindlichen Mädchen Phanium alles zu besprechen – er selber will seine Frau lieber nicht sehen, denn das Geld, mit dem er Demipho unter die Arme greifen will, war eigentlich der Ertrag von *ihren* Gütern. Chremes unterschlägt also die Einkünfte der Frau, Demipho will des eigenen Sohnes Frau aus dem Hause schaffen, Phormios Stellung verdankt sich einem nie stattgefundenen Prozess und Phaedria soll die 30 Minen für Phormio erhalten, die er sich von Freunden hatte pumpen müssen – für eine Hetäre!

§ 222 Nun die Katastrophe: Phaniums Amme, die mit dem Mädchen nach dem Tode von Phaniums Mutter nach Athen gezogen war, lebt – wie der Bühnenzufall es so will – im Hause neben dem des Demipho. Als sie, von der Angst gepeinigt, die Heirat ihrer Herrin mit Antipho könnte am Widerspruch von dessen eben heimgekehrtem Vater scheitern, vors Haus kommt, erblickt und erkennt sie in dem vor der Tür stehenden Nachbarn den Chremes, den Mann ihrer früheren Herrin und somit auch den Vater ihres Schützlings. Chremes erfährt nun alles und erkennt, dass Demiphos Sohn Antipho genau die Frau geheiratet hat, die von den beiden Vätern für ihn ausersehen war, nämlich seine, des Chremes, eigene Tochter, und muss nun den Hinauswurf der Phanium verhindern. Als nun Demipho mit seiner Frau erscheint, muss Chremes die Abschiebung der Phanium rückgängig machen, zugleich aber dem Demipho die Gründe dafür vorenthalten, denn im Beisein seiner Frau kann er ihm ja nicht gestehen, wie alles zusammenhängt.

§ 223 So stellt sich heraus, dass die ehrbaren Väter die ganze Zeit unwissend gegen die zwischen ihnen verabredete Hochzeit agitiert hatten. In diesem Augenblick (v. 829 ff.) aber taucht Phormio auf und setzt nun Chremes mit seinem inzwischen erworbenen Wissen darum, wer das Mädchen in Wirklichkeit ist, in Gegenwart von dessen jetziger Frau unter Druck: Leicht erhält er so das versprochene Geld und, als das Geheimnis endlich gelüftet ist, den Dank der athenischen Ehefrau, die nun Macht über ihren als Bigamist und Veruntreuer ihrer Einkünfte erwischten Mann gewonnen hat. Er wird Phaedria die 30 Minen geben, der wird sie den Freunden zurückzahlen, wird sein Mädchen freikaufen und es sich in Phormios Haus mit ihr gut gehen lassen; Antipho wird seine Frau in Ruhe behalten dürfen, und Phormio wird des Dankes beider junger Männer und ihrer Mutter dazu nunmehr sicher sein, ja er lässt sich von ihr sogar zur Abendmahlzeit einladen, wohl sehr zum Ärger der beiden Väter.

Eine Einzelszene

§ 224 Ein temporeiches Spiel.[126] In ihm nimmt die Szene II 3, in welcher Demipho sich Berater vom Markt[127] mitgebracht hat, um Phormio, der mit Geta auf der Bühne steht, der Lüge vor Gericht zu überführen, damit aber restlos scheitert, einen herausragenden Platz ein (348–440). Diese Szene, ein Meisterstück, wollen wir genauer betrachten.
Aufgebracht beklagt Demipho seine üble Lage und bittet die Berater um Hilfe; Geta erblickt ihn und kommentiert kurz und richtig: „Der ist böse" (350). Zunächst verhalten die beiden sich so, als ob sie den Alten gar nicht wahrnähmen. Phormio will ihn noch mehr reizen und bricht in eine erregte Theaterrede aus, die das Ohr Demiphos erreichen soll: „Mein Gott, leugnet er, dass Phanium seine Verwandte ist? Die soll nicht seine Verwandte sein?[128] Er gibt vor, nicht zu wissen, wer ihr Vater war? Den Stilpo[129] will er nicht gekannt haben?" (351–356). Das ist das erste Geschoss, das Phormio abfeuert. Nun das zweite: Nur weil das Mädchen arm ist, wolle Demipho nichts von ihr wissen: „Schau her, was Geld alles bewirkt!" (358). Geta heuchelt Loyalität zu seinem Herrn und Widerstand gegen derlei Anzüglichkeiten des Parasiten. Demipho hört all das, er ist empört über das Vernommene und die in ihnen enthaltenen Anklagen (360). Phormio lässt nicht locker und meint zu Geta: Dass Antipho vor Gericht den Namen des Verwandten nicht kannte, das verstehe er gut; denn der alte Onkel hat immer nur auf dem Lande gelebt, arm, immer nur arbeitend: „Er hatte da einen Acker von unserem (!) Vater geerbt", flunkert Phormio schamlos; oft habe der Alte ihm, dem Phormio, vorgeklagt, sein städtischer Verwandter (Demipho) vernachlässige ihn. Dabei war er ein so feiner Mensch! „So einer wie du", wirft Geta, scheinbar immer noch die Sache seines Herrn vertretend, ironisch und für die Ohren seines Herrn ein. Phormio gibt nun vor, seine Animosität gegen Demipho komme von dessen Hartherzigkeit (371), gegen welche Bezeichnung Geta erneut gespielten Einspruch erhebt: „Hör' auf, Dreckskerl!" (*inpurissime*, 372). „Er hat's verdient!", rechtfertigt sich Phormio, was ihm nur ein „Ach nein, wirklich, du Kittchen?"[130] einbringt. Nach einigen

[126] Arnott 1970 zeigt die Feinheit der Charakterisierung durch die Sprache.

[127] Es bedeutet einen Anstoß, dass Demipho in 314 in sein Haus geht, in 348 aber vom Markt kommt – wie war er dort hingekommen? Die Ursache dieses Anstoßes klärt Lowe 1998, 471.

[128] Zur Wiederholung der Wörter in veränderter Stellung vgl. W. G. Arnott 1970, 39, Anm. 1.

[129] In 356 kennt Phormio also den Namen des angeblichen Vaters der Phanium, des vorgetäuschten Verwandten Demiphos. In 389 hat er, so der Text, ihn vergessen; dazu gleich mehr.

[130] Dziatzko-Hauler (1913) 135 erklären das Schimpfwort richtig als Metonymie (s. Maurach 1995, 128, § 150): Ort für Bewohner.

weiteren vorgetäuschten Beschimpfungen seitens Getas kommt es zur Kenntnisnahme von Demiphos Gegenwart: „Wer ist denn der da? Holla …!", aber Geta kann nicht den fälligen Gruß aussprechen, mit „Schweig'!" unterbindet der ergrimmte Demipho alles Weitere (375).

§ 225 Er wendet sich sofort an und gegen Phormio, zunächst aber formvollendet und seinen Zorn zügelnd: „Junger Mann, wenn's dir recht ist, so sag doch mal, wer denn jener Freund von dir und mein Verwandter sein soll?" (378–381). „Du gehst auf Fischfang, als ob du ihn nicht kenntest", so versucht Phormio mit einer seltenen, wohl umgangssprachlichen Metapher (Cicero verwendet sie in der Pisoniana und einigen Briefen) abzuwiegeln; aber Demipho wehrt ab: „Müsste ich ihn kennen?" „Ja!" „Tue ich aber nicht: Hilf meiner Erinnerung auf!" „Hoppla, du kennst deinen Vetter nicht?" „Du bringst mich noch um!", Demipho meint Phormios Zögern und verlangt nun den Namen. „Den Namen? Klar …, äh …" „Na, warum schweigst du?" „Verdammt, ich habe ihn vergessen!" „Wie, bitte?!", so fährt Demipho auf. Aber ungerührt – entweder frech oder wirklich verwirrt – wendet Phormio sich jetzt an Geta: „Du erinnerst dich doch an den Namen, wie er vor Gericht genannt wurde: Sag ihn mir!" Inzwischen wehrt er noch einmal Demiphos Ansinnen ab: „Ich nenne ihn nicht, denn du kommst her und machst bloß so, als kenntest du ihn nicht, um mich auf die Probe zu stellen!" „Ich dich auf die Probe stellen?" Da flüstert Geta „Stilpo", Phormio wiederholt den Namen und tönt dann großspurig: „Im Übrigen interessiert er mich auch gar nicht!" (389).

§ 226 Diese kleine Zwischenszene hatte Karl Büchner 1974, 325, Anm. 18 als Kunstgriff des Dichters, den Namen „fest einzuprägen", verstanden; Arnott 1970, 40 und Gaiser 1972, 1053 f. stimmten zu, Arnott aber hat sie darüber hinaus auch als echte Vergesslichkeit gelesen, die der Dichter gestaltete, um zu zeigen, dass der dem Demipho rhetorisch so hoch überlegene Parasit „is human after all". Aber kurz zuvor, in 356, wusste er ihn doch noch? Darum tilgte Richard Bentley[131] v. 356 kurzerhand. Geschah das zu Recht?

B. Zwei Textproben (§ 227)

V. 351–356
PH(ORMIO) Pro deum immortalium,
negat Phanium esse hanc sibi cognatam Demipho?
hanc Demipho negat esse cognatam? GE(TA) Negat.
DE[MIPHO] neque eius patrem se scire qui fuerit? GE. Negat.
DE. Ipsum esse opinor, de quo agebam. (zu Dienern) sequimini!
PH. Nec Stilponem ipsum scire qui fuerit? GE. Negat.

V. 384–392
PH. Eho, tu sobrinum tuom non noras? DE. Enicas.
Dic nomen! PH. Nomen? maxume. DE. Quid nunc taces?

[131] So nach Ausweis der Ausgabe von J. Marouzeau, Térence, Band 2, Paris 1956, 142; vgl. Kruschwitz 2004, 104, Anm. 37. Zum Motiv des vergessenen Namens vgl. Plaut. Trin. 906 – weist diese Parallele darauf, dass Terenz an wirkliches (zeitweiliges) Vergessen dachte?

PH. Perii hercle: nomen perdidi. DE. Quid ais? PH. (zu Geta) Geta,
si meministi id quod olim dictum est, subice! (zu DE.) Hem, non dico:
quasi non nosses, temptatum advenis.
DE. Ego autem tempto? GE (zu PH.) Stilpo. PH. atque adeo: quid mea?
(zu DE. aufreizend undeutlich) Stilpo est. DE. Quem dixti? PH. Stilponem inquam noveras.
DE. Neque ego illum noram nec mihi cognatus fuit
quisquam istoc nomine.

C. Kurzkommentar und Textsicherung

§ 228 V. 351: Im *pro deum immortalium* ist, wie schon der spätantike Kommentar des Donat[132] vermerkt, *fidem* absichtlich fortgelassen: Der Mann redet aufgeregt und rasch. V. 352f.: Beachte die erregte Wiederholung mit Positionsvarianz des Verbs. Man nennt dies „Epanalepse" (Maurach 1995, 29, Anm. 39). V. 356: Der Name des angeblichen Verwandten Demiphos wird in den HSS mit *Stilpho* gegeben; die griechische Namensform aber ist Stilpon oder Stilbon, so dass man *Stilpho* für falsch und vielleicht an Demi-*pho* angeglichen ansehen wird.

V. 384: *Eho tu* ist eine gröbliche Art der Aufmerksamkeitserregung (Hofmann 1951, 16f.). *Sobrinus* ist ein Vetter zweiten Grades (vgl. die Ulpian-Stelle im OLD). V. 385: *Maxume* bedeutet ein „ganz gewiss" oder „klar doch" (OLD *maxime* 7; Hofmann 1951, 81; griechisch noch heute „malista"). V. 386: Die meisten HSS bieten in diesem Vers vor *quid ais* ein *hem*, also einen Laut des Erstaunens; die HS A des 4. oder 5. Jahrhunderts n. Chr.[133], unsere älteste HS, lässt ihn aus. Die modernen Herausgeber schwanken, und in der Tat könnte man sagen, das Wort sei aus 386 genommen. Aber Sicherheit können wir hier nicht gewinnen. V. 387: *Olim* meint die Gerichtsverhandlung über die Anerkenntnis Antiphos als nächsten Verwandten der Phanium. Das Wort muss keinen besonders lange zurückliegenden Zeitpunkt angeben. V. 388: A bietet *quasi non nosses, temptatum advenis*, die übrigen *quasi non noris*. In solchen *quasi*-Sätzen gilt an sich die Regel der Zeitenfolge (Consecutio Temporum), KS 2, 455, Anm. 4; nur, wenn die Irrealität hervorgehoben werden soll, kann auch nach einem präsentischen Hauptverb der Konjunktiv von Imperfekt oder Plusquamperfekt folgen. Es scheint, als hätten die HSS außer dem Bembinus normalisiert. V. 389: *Adeo* meint (OLD *adeo* 6 a) „übrigens".

D. Übersetzung

§ 229 Zunächst v. 351ff.: „PH. Mein Gott – er leugnet, dass die Phanium mit ihm verwandt sei, der Demipho? Dass *die* seine Verwandte sei, das leugnet Demipho? Und auch, dass er deren Vater gekannt hat? GE. So ist es. (DE. Genau der da ist der Kerl, von dem die Rede war.)" PH. „Den Stilpo will er nicht gekannt haben?" DE. So ist es.

Nun v. 384ff.: „Hoppla, du kanntest deinen eigenen Vetter nicht? DE. Du bringst mich

[132] M. von Albrecht 1992, 1168; Kruschwitz 2004, 9, Anm. 2.

[133] Genannt Bembinus, da einst im Besitz des Bembo; heute im Vatikan unter Vaticanus Latinus 3226.

noch um! Nenn' mir den Namen! PH. Den Namen? Aber klar doch ... DE. Warum schweigst du jetzt auf einmal? PH. Verdammt, ich hab' den Namen vergessen! DE. Was sagst du da?! PH. (*beiseite zu Geta*) Geta, wenn du dich an das erinnerst, was damals gesagt wurde, spick' ihn vor!) Ha, ich sag' ihn nicht! Als ob du ihn nicht kenntest, so kommst du daher, um mich auf die Probe zu stellen. DE. Ich soll dich auf die Probe stellen? GE. (*leise zu PH.*) Stilpo. PH. Und übrigens, das interessiert mich auch gar nicht! Also gut: STILPO (*was Phormio wegwerfend undeutlich ausspricht*). DE. *Wie* soll er geheißen haben?! PH. Stilpo – und Du kanntest ihn! DE. Weder kannte ich ihn noch hatte ich je einen Verwandten dieses Namens."

E. Interpretation

Die Vergesslichkeitsszene v. 348–392

§ 230 Dies ist einer der Fälle, in denen das Interpretieren an seine Grenze stößt. Denn das kleine Zwischenszenchen kann man als echte Vergesslichkeit lesen, kann es aber auch als ein vorgetäuschtes Vergessen spielen, das Phormio vorspiegelt, um anzudeuten, wie beschäftigt er sei, wie vieles er zu bedenken habe, wie unwichtig ihm der Name sei. Komik oder Bühnenernst – ein Dilemma wie die Wächterszene in Sophokles' „Antigone" es aufgibt, die ich vor ein paar Jahren die „Comédie Française" ernsthaft, bald darauf eine Londoner Truppe komisch inszenierend erlebte. Die Interpretation des Textes kann hier nur den Boden bereiten, wofür? Für die Arbeit des Regisseurs.[134] Auf die Methode gesehen, ist dies ein gutes Beispiel für das in § 202, 6 über die Grenzen des Interpretierens Gesagte.

Das Ende der Szene II 3, v. 393–440

§ 231 Phormio hatte, so könnte man sagen, den Namen in v. 390 so desinteressiert undeutlich ausgesprochen, dass Demipho ihn nicht verstand. Phormio wiederholt ihn, Demipho streitet ab, den Mann je gekannt zu haben, Phormio verweist auf die anwesenden Rechtshelfer: „Schämst du dich nicht vor denen da?" (392) und fährt frech fort: „Aber wenn er viel Geld hinterlassen hätte, sofort hättest du dich deines Stammbaums bis zum Urgroßvater erinnert!" Noch vermag Demipho zu parieren: „Ich für meine Person, wenn ich vor Gericht hätte erscheinen müssen, ich hätte den Namen gesagt; tue du nun ein Gleiches! Also: Wie ist die Frau mit uns verwandt?" (397f.). Aber Phormio ist nicht zu fangen: „Ich habe vor Gericht alles aufs Klarste vorgebracht. Wäre daran etwas Falsches gewesen, dein Sohn hätte es berichtigt. Gehe du nur noch einmal zum Gericht: Willst du etwa eine abgehandelte Sache nochmals verhandeln? Bist du hier etwa der Gesetzgeber und kannst die Gesetze ändern?", so kontert er mit Hilfe des athenischen Rechtes, das ver-

[134] Vielleicht ist für Sie die folgende Bemerkung lehrreich: Meine Übersetzung folgte einer festen Ansicht vom Verlauf dieses Szenenteils, der nämlich, dass Phormio den Namen Stilpos keineswegs vergessen hat, die Namensfrage aber aufreizend uninteressiert abhandelt. Ich hoffe, Sie haben diese Färbung der Übersetzung erkannt – sie versündigt sich eigentlich gegen die Grundsätze des Interpretierens. Aber wie ein Regisseur muss man sich zuweilen entscheiden; nur – man muss sich darüber im Klaren sein.

bot, ein und dieselbe Sache zweimal zu verhandeln (dazu Arnott a. O. 40, Anm. 1). Dagegen kann Demipho nichts mehr einwenden, also versucht er schlau („shrewd“ nennt Arnott 41 das) einen anderen Weg: Phormio soll gesetzeskonform fünf Minen als Mitgift bekommen und das Mädchen mitnehmen (409f.). Aber Phormio lacht bloß: „Haha, ein süßes Männlein![135] Auf diese Weise willst du sie einfach aus dem Haus kippen wie ein Lustmädchen nach Gebrauch? Nein, sie steht als freie Bürgerin unter dem Gesetz, das ihr als mittelloser Waise erlaubt, mit dem nächsten Verwandten als ihrem einzigen Ehemann verheiratet zu sein“, und meint natürlich Antipho. „Richtig, mit dem nächsten Verwandten – aber wieso soll Antipho der sein?“ Und wieder wehrt Phormio mit dem Grundsatz ab, Verhandeltes – Phanium war ja vom Gericht dem Antipho zuerkannt worden – könne nicht noch einmal vor Gericht gebracht werden (419), und im Übrigen: Was habe man denn überhaupt mit ihm, Demipho, zu tun? Um den Sohn gehe es! Der Alte, der sei ja übers Heiraten längst hinaus – eine bodenlose Frechheit, die Demipho nun losplatzen lässt: „Ich spreche jetzt auch im Namen meines Sohnes, sperrt ihr euch, werfe ich ihn samt seiner Frau aus dem Haus!“ Geta schrickt zusammen: „Ist der aber wütend!“ (426).

§ 232 Doch Phormio ist nicht eingeschüchtert: „Mache dich lieber selber aus dem Haus und davon!“ Demipho dagegen ist am Ende mit Geduld und Höflichkeit, er explodiert: „Willst du widerlicher Kerl denn alles gegen mich aufbringen?“ (427). Da hat der redegewandte Parasit gewonnen: „Ertrage lieber gelassen, was du ertragen musst. Wir könnten ja doch gute Freunde sein!“ Das ist zu viel: „Wir Freunde? Um dich ständig zu sehen und zu hören?“ Da höhnt Phormio: „Stelle dich gut mit ihr, sie wird gut zu dir sein: Denke an dein Alter!“ „Die mag zu *dir* gut sein, nimm du sie mit!“ Und dann beschließt Demipho den Streit: „Wenn du sie nicht mitnimmst, werfe ich sie hinaus. Das ist mein letztes Wort, Phormio!“ (437). Und Phormio äfft ihn nach: „Wenn du sie anders behandelst, als es sich für eine freie Bürgerin gehört, verklage ich dich auf eine gewaltige Strafe. Das ist *mein* letztes Wort, Demipho!“ (439).

F. Zusammenschau

§ 233 Diese Meisterszene, die auch Arnott 43 ein „little masterpiece“ nannte, ist an Lebendigkeit und psychischem Realismus kaum zu überbieten; sie wird aus Apollodor ohne viel Veränderungen übersetzt sein, denn es sprechen, wie in der Nea üblich, nur drei Personen. (Die Rechtsberater bleiben stumm.) Sie endet mit einem Knalleffekt, dem Nachäffen, und zeigt vor allem einen emotional sehr „echten“ Streit mit Angriffen und Paraden, mit Tricks, die den Gegner in die Enge treiben sollen, und mit einem grandiosen Endsieg: Demipho „platzt der Kragen“, und das erlaubt dem Frechen, spöttisch und herablassend den Triumph auszukosten.

§ 234 Der Frage nach Terenzens Eigenart bei der Umsetzung der apollodorischen Komödien hat, wie oben angedeutet, E. Lefèvre zwei sehr scharfsinnige Monographien gewidmet.[136]

[135] Das Lachen lässt den Plan zusammenbrechen, notiert Donat hierzu (vgl. Arnott 1970, 41, wo auch das athenische Erbtochtergesetz zitiert ist).

[136] Der Phormio des Terenz und der Epidikazomenos des Apollodor von Karystos (Zetemata 74, 1978) und Terenz' und Apollodors Hecyra (Zetemata 101, 1999).

Doch besitzen wir kein einziges längeres Stück des Apollodor, und so beruhen seine Ergebnisse stets nur auf der Analyse des Terenz-Stückes, weshalb dann ein Kenner wie W. G. Arnott schreiben musste (Cl. Rev. 50, 2000, 40), Lefèvres Grundlagen seien zuweilen unsicher, und L. Braun (Hermes 127, 1999, 33ff.) die ganze Diskussion auf wenige Fakten reduzierte: Terenz strich die Prologe, setzte ans Ende ein Furioso und ließ mehr Personen auf der Bühne erscheinen als der Grieche (43). Nach Braun müsse man bei Terenz mit „handfesten Absichten" rechnen, nämlich mit der Einarbeitung vordergründiger Spannung und lebhafter Bühnenaktion. Auch Lefèvre 120 sprach dem Römer die „Deutung tieferer Zusammenhänge" ab.[137] Dass wir mit dieser einseitigen Beurteilung seitens der genannten Gelehrten nicht zur Gänze einverstanden sind, wird jedem einleuchten, der das Kapitel über die „Meisterszene" aus dem „Phormio" gelesen hat.

G. Schlussbemerkung

§ 235 Sie werden sich vielleicht gefragt haben, warum dieser Szene so viel Platz eingeräumt wurde. Aber zum einen führt das Vergesslichkeitsmotiv den Interpreten an die Grenze des ihm Erreichbaren und Beweisbaren, an die Grenze, wo der Bereich des Regisseurs beginnt.

Zum anderen spielt zwar die Szene wie das ganze Stück im Reich der Phantasie, im Irreal-Lebensfernen; aber wie da der (in seinen Verheiratungsplänen frustrierte) Demipho zunächst die bessere Position hat (den Verwandten auf dem Lande hat es ja nie gegeben), wie er dann aber wütend wird und so dem schlauen Parasiten den (rhetorischen) Sieg überlassen muss, das ist dem wirklichen Leben abgeschaut: Wie oben gesagt, *nostra res agitur* (s. § 217).

§ 236 Bei Terenz findet man also, wie bei Plautus, ebenfalls kleine Szenenteile, die menschliche Wahrheit enthalten. Man denke an die „Adelphoe": Demeas *curae est mihi* (v. 129) und *aegre est* in 137 rühren zu wirklichem Mitleid, und, so köstlich komisch III 3 auch ist, wie da der alte Mann sich vor dem Diener Blößen gibt (v. 384ff.) und sich dann schnoddrig behandeln lassen muss (z.B. in 419f.), das lässt nicht unberührt; das ist vor allem ein Geschehen, das zeitlos und dazu angetan ist, über sein eigenes Verhalten genauer nachzudenken. Interpretieren heißt ja nicht nacherzählen, und so galt es in dem Stück aus dem „Phormio", die Motive bloßzulegen und das psychische Geschehen in Demipho zu erkennen, das der schlaue Phormio auslöst: Wir können Gleiches fast täglich beobachten, Terenz führt es uns exemplarisch vor Augen.

Zur Methode

§ 237 Die Terenz-Szene wurde zwar nicht mit der Hilfe einer genau angebbaren Methode erklärt (gäbe es denn eine solche?); das Einzige, das zu lernen wäre, ist etwas schon oft Gesagtes: Der Interpret guter Texte muss sich stets dafür offen halten, dass in Nebensätzen oder Nebenmotiven über das

[137] Nicht unähnlich Ludwig 1973, 403; K. Büchner 1973, 311, bes. 435, versuchte, eine Vorliebe Apollodors fürs Argumentieren im Unterschied zu Menanders Einfühlen glaubhaft zu machen, was im Hinblick auf die „Hecyra" und auch deswegen nicht befriedigt, weil wir keine eindeutigen Apollodor-Fragmente besitzen.

Zeit- und Gattungsgebundene hinaus auf einmal immer gültige Beobachtungen einstellen (s. § 202, 7; 235). Denen nachzugehen, wäre dann kein Subjektivismus oder eine Gefühlsduselei, denn man spräche ja nur aus, was der Autor in den Text getan hat (§ 202, 7). Interpretieren ist, so sei am Schluss angemerkt, nicht Nacherzählen, daher galt es hier, über die bloße Inhaltsangabe hinaus, die Motive und Charakteristika der Figuren herauszuarbeiten, und wahrscheinlich waren sie auch das, was dem ursprünglichen Dichter vor allem anderen interessant gewesen ist.

Der neunzehnte Text: (Vergil?) Catalepton 8

(Nach: Catalepton and Hellenistic Poetry, Acta Classica 12, 1969, 29ff.)[138]

Vorbemerkung

§ 238 In der Gedicht-Sammlung, die in den HSS „Catalepton" genannt ist,[139] findet sich eine Perle, das Gedicht Nr. 8. Es wurde um das Wichtigste zu nennen von R. E. H. Westendorp Boerma in: Publi Vergili Maronis Libellus Qui Inscribitur Catalepton, Band 1 (Assen 1949) 153ff. ausführlich kommentiert, von K. Büchner 1955, 1077 kurz, in Acta Classica 12, 1969, 29ff. genau besprochen. Erwähnt sei noch die Arbeit von C. J. Carlsson und E. A. Schmidt in: American Journal of Philology 92, 1971, 252ff.

A. Der Text

§ 239 Der Text richtet sich nach R. Ellis, Appendix Vergiliana, Oxford 1907 (die von O. Skutsch verbesserte Neuauflage bringt in Bezug auf Catal. 8 nichts Erhebliches). Ich ändere nur im zweiten Vers die Interpunktion.

Villula, quae Sironis eras, et pauper agelle,
verum illi, domino, tu quoque divitiae,
me tibi et hos una mecum, quos semper amavi,
si quid de patria tristius audiero,
commendo, inprimisque patrem. Tu nunc eris illi
Mantua quod fuerat quodque Cremona prius.

B. Kurzkommentar

§ 240 V. 1f.: Die Deminutiva *villula* und *agelle* rahmen den Vers und bilden zusammen mit ihren (ungleichen) Attributen einen leichten, nicht ganz reinen „Chiasmus".[140] Das Gütchen hatte Siro gehört, einem epikureisch gesinnten Dichter aus Vergils Frühzeit, den Cicero mit hohem Lob bedenkt (fam. 6, 11, 2); zum Siro-Kreis, s. K. Büchner 1055, 1043, 49ff. Das Gütchen war also „ärmlich", was immer damit gemeint sein mochte: Auch

[138] Ich hatte den Text ursprünglich englisch geschrieben, er ist als Vortrag in Kapstadt und Tübingen gehalten worden. Er wird hier als „Acta Classica" zitiert.

[139] Gemeint ist griechisch „katà leptón" („entsprechend dem [Ideal des] feinen Stils"), s. Cic. Att. 2, 8, 2 [Hinweis von A. Bal].

[140] Zu diesem (nichtantiken) Ausdruck vgl. HSz 696.

Horaz nannte seine doch recht ansehnliche Villeggiatur *agellus* (epist. 1, 14, 1). Die *villula* hatte also dem bedeutenden Siro gehört (erstes Lob), war ärmlich (Anteil nehmend gesagt) und war doch des Siro „Reichtum", weil er dort Herr war wie Horaz in der seinen (epist. 1, 10, 8: *regno*). Und zwar galt sie dem Siro ebenso viel wie seine übrigen Besitztümer (angleichendes *quoque* in v. 2: nach *regno* das dritte Lob).

§ 241 Das Gedicht begrüßt mit dieser dreifachen Anrede das personifizierte Haus, was eine uralte Form war, vgl. Aesch. Ag. 518ff. und die Belege in Acta Classica 31.

V. 3: Stellt der Dichter dieser Zeilen sich vor, er – bzw. Vergil – stehe mit den Seinen vor dem Hause und spreche es an; ja, dass die Verse den Augenblick des Eintretens widerspiegeln (vgl. dazu Acta Classica 34 und 36)? Darüber wird unten zu sprechen sein. V. 4ff.: Sehr zurückhaltend erwähnt der Dichter, dass die (oberitalische) Heimat gefährdet sei: „Sollte ich etwas Schlimmes von zuhause hören", usw. Zunächst muss man festhalten, dass es sehr selten war, in diesem Zusammenhange das Wort *tristius* zu verwenden, *durius* und *acerbius* zum Beispiel kommen ungleich häufiger vor. Seltsam auch das *nunc*; aber da kommt man mit der gut bezeugten[141] Nuance „unter diesen (neuen) Umständen" durch.

§ 242 Nun zu v. 5f.: Der Dichter imaginiert jetzt, dass Vergil sich und die Seinen, insbesondere den Vater, dem Häuschen „empfiehlt". Dieses Wort ist stark betont – bitte, überlegen Sie, wodurch und durch welches stilistische Mittel! Mit *commendo* kommt ein neuer Ton in das Gedicht, der Ton des Geschäftslebens, den wir aus dem zweiten Text bereits kennen. Zur Erinnerung einige wenige Hinweise: Man musste, wollte man mit seiner Empfehlung Erfolg haben, mit demjenigen, für den man sich verwandte und mit dem, welchem man die Empfehlung vortrug, gut oder gar sehr gut bekannt sein (Cic. fam. 13, 2, 1; 29, 2, usw.), denn man musste klarstellen, dass man für einen Verlässlichen um Unterstützung bat; eine enge Verbindung wie *consuetudo* oder gar ein *diligere* (Cic. fam. 13, 15, 1) half gewiss ungemein – sehen Sie in unserem Gedicht einen solchen Verweis auf enge Bekanntschaft? Zudem sprach der Bittende oft gleich zu Beginn ein Lob dessen aus, an den er eine Empfehlung richtete (Acta Classica 40, Anm. 69) – finden Sie auch dies in catal. 8 bestätigt?

§ 243 Weiter zu v. 5f.: Aufschlussreich ist das *fuerat*: K. Büchner 1055, 1077, 24ff. meinte, wohl im Unterschied zu Westendorp Boerma 157, zu Recht, in dem Plusquamperfekt liege ein Hinweis darauf, dass die Heimat, dass Mantua und Cremona bereits für Vergil verloren seien. Bei Mantua soll Vergil geboren sein,[142] in Cremona verbrachte er seine Jugend- und wohl auch Schulzeit (Vita Donati § 6).

[141] Acta Classica 35, Anm. 33.

[142] Vitae Vergilianae Antiquae, hrsg. C. Hardie, Oxford 1954; der Geburtsort ist in der Vita Donati § 2 Ende genannt. Zur Donat- bzw. Berner Vita s. Büchner 1955, 1022, 49ff.

C. Übersetzung (§ **244**)

„Häuschen, das Du dem Siro gehörtest, und Du, ärmliches Land,
doch ihm als dem Herrn auch Du ein Reichtum –
mich und hier die Meinen mit mir, die ich immer geliebt,
für den Fall, dass ich von zuhause Schlimmes höre,
empfehle ich, insbesondere den Vater. Du wirst ihm jetzt sein,
was vordem Mantua gewesen und was früher Cremona."

D. Interpretation

Fragen

§ 245 Es sind einige Fragen gestellt worden und weitere ergeben sich von selbst. Beginnen wir mit den oben bereits gestellten.

1. Wenn es jemandem einfällt, sich vorzustellen, die Verse seien vor der Tür stehend oder gar beim Hineingehen gesprochen, so vergeht er sich gegen den oft betonten Grundsatz (§ 154; 202 [9] z.B.), dass man zum Wortlaut nichts hinzuerfinden solle. Lassen wir es bei den Worten des Gedichts; es geht ja nicht um das Wie und das Wo, sondern um ein inneres Verhältnis von Gut, Dichter und Vater.

2. Das Wort *commendo* ist dadurch stark hervorgehoben, dass es, zu V. 3 gehörend (*me … commendo*), erst in v. 5 auftritt, also stark gesperrt und zudem durch „Enjambement" (Kopfstellung in dem Vers, der einen früheren fortführt[143]) zusätzlich betont ist.

3. Die innige Verbindung des Bittenden mit denen, für die er bittet, zeigt sich in v. 3 *quos semper amavi.* Also auch hierin befolgt catal. 8 die Regeln der *commendatio.*

4. Die Regeln der Empfehlungsschreiben sind auch dadurch gewahrt, dass gleich zu Beginn derjenige, an den die Bitte gerichtet ist, gelobt wird: Der bedeutende Name Siro fällt, er war der Vorbesitzer, und das Gütchen war ihm so lieb, dass er es als einen Reichtum ansah.

§ 246 Kommen wir nun zu dem, was darüber hinaus zu fragen wäre. a. Die Hauptfrage scheint die nach dem Verfasser zu sein: Kann Vergil das catal. 8 geschrieben haben? Weiter: b. Was ist catal. 8 – ist es ein Epigramm, worauf das Versmaß (Hexameter plus „Pentameter") hinweisen könnte? Ist es eine Empfehlung, verspielt in Verse gebracht und an ein Gütchen gerichtet?

Antworten

§ 247 Zu 1: Vieles kommt zusammen, um Vergil als Verfasser wahrscheinlich zu machen. Mantua und Cremona – die beiden Namen bezeichnen die beiden Schritte des jungen Vergil (Kindheit und Jugend), bevor er gen Süden, nach Neapel zog. Wir hören ja von diesen Orten in der sog. Donat-Vita. Aber wenn man in der Antike hierüber gut Bescheid

[143] F. Crusius-H. Rubenbauer, Römische Metrik, 2. Auflage, München 1955, 35, Anm. 4: „Übergreifen des Satzgefüges über Versschluss bezeichnet man als Enjambement." Vgl. vor allem die in Acta Classica 36, Anm. 37 genannten Arbeiten Ed. Fraenkels.

wusste, konnte ein Imitator ja sehr leicht biographisch genau dichten. Auf diese Gedanken an die Lebensstationen des *Sohnes* kann man verfallen, nur: Was haben sie mit dem Vater zu tun? Soll man annehmen, er sei den Stationen des Sohnes gefolgt, diese auch lieb gewonnen? Weiter: Der Ausdruck „insbesondere den Vater“ könnte darauf hinweisen, dass der Vater allmählich erblindete (Donat-Vita § 14). Also auch hierüber scheint der Verfasser informiert gewesen, aber Vergil selbst *muss* es deswegen nicht gewesen sein, der diese wohlinformierten Verse schrieb. Übrigens könnte das „insbesondere den Vater“ ja auch auf die Dankbarkeit des Sohnes deuten, der wohl auch in Wirklichkeit sehr genau wusste, dass es dem in kleinen Verhältnissen lebenden Vater[144] wohl nicht leicht gefallen war, dem Sohn eine gute Erziehung zu ermöglichen. Es kommt etwas anderes hinzu: In Vergils Jugendzeit dichteten zumindest mehrere sehr schwülstig, so Cinna und Furius Bibaculus.[145] Vergils Erstlingswerk „Bucolica“ verfolgt dagegen das Ziel großer Einfach- und Schlichtheit. Genau diese Schlichtheit bestimmt das Gedicht catal. 8, das zwar zu Beginn einen leichten Chiasmus zeigt, mit *tristius* eine geläufige Phrase variiert, und, so will es wenigstens scheinen, sehr gekonnt und sehr verborgen den bereits eingetretenen Verlust der Heimat im *fuerat* andeutet, doch das sind keine aufdringlichen Stilmittel: Das Gedicht ist genauso unaufdringlich wie die „Bucolica“. Auch diese Überlegung schließt nicht aus, dass Vergil der Verfasser war.

§ 248 Zu 2: Worum geht es in catal. 8 nun aber? Zunächst kurz zur Gattung. Carlsson-Schmidt 257 weisen auf den „Du-Stil“ hin, den E. Norden als Hymnenstil im Sinne der Götteranrede herausgehoben hat; sie sprechen das Gedicht also als Anruf-Hymnus an, achten dabei aber nicht auf das *commendo*. Ihre Auffassung des Gedichtes als eines „herzbewegenden“ ist völlig richtig, aber zur Form des kletischen Hymnus muss nun wegen des Empfehlens auch die Anredeform des *commendare* hinzukommen, das heißt, man darf mit einer Gattungsmischung rechnen. Metrisch gesehen, ist cat. 8 ein Epigramm.

§ 249 So weit, so gut. Nun aber die Frage, worum es in dem Epigramm eigentlich geht. Sagen wir es so: Man wundere sich, um auf das „Herzbewegende“ zurückzukommen, nicht darüber, dass da ein Häuschen und ein Äckerchen angesprochen und um schützende Aufnahme gebeten wird. Horaz hat von seinem Sabinum nicht viel anders gesprochen (epist. 1, 10 und 14) und hat einer Quelle gedankt und geopfert (c. 3, 13 *O fons Bandusiae*). Es herrscht nicht immer ein rein sachliches Verhältnis zwischen dem Eigner und seinem Grund und Boden. Man bedenke auch, dass für den Römer Haus und Land von Gottheiten bewohnt und beschützt waren, von den Laren.[146] Da lag es nicht fern, ein eher innerliches Verhältnis zu Haus und Boden zu entwickeln, ein Verhältnis, das auch heute in Europa überall noch zu finden ist. Diese Form einer Beseelung des Landes entspricht nun ebenfalls den „Bucolica“ Vergils. Genießen wir diesen bescheidenen Ausdruck der Achtung und Ehrung italischen Bodens. Auf die *Sache* gesehen, geht es also um die hübsche

[144] *Parentibus modicis*, Donat-Vita § 1; Vita Focae (ebenfalls in C. Hardies Ausgabe) v. 6. Die Ähnlichkeit mit Horazens Vater (Maurach 2001, 2 ff.) ist erstaunlich.

[145] Belege in Acta Classica 44, Anm. 80; E. Courtney, The Fragmentary Latin Poets, Oxford 1999, 192 ff., bes. 195, frg. 8.

[146] Wissowa 1912, 170 ff.

Fiktion einer Anrede an das Häuschen; auf die *Kunst* geschaut, erblicken wir ein fein zurückhaltendes Mischen der Gattungen „Lobpreis" und *commendatio* (über das Schöne dieser Verse wird in § 250 gesprochen).

Zur Methode

In § 200 wurde fleißiges Nachschlagen gefordert. Auf die Geschichte der vielen Erklärungen zu catal. 8 gesehen, wird deutlich, dass man bis 1969 das Wort *commendare* nicht ernst genommen hatte. Hier ließ sich dann von einem einzigen Wort her der literarische Sinn des Gedichtes erschließen: Die Gattungen der *commendatio* und der Ansprache an einen Ort sind verbunden worden zu einem reizvollen und zugleich menschlich gehaltvollen Gedicht.

Nachtrag

Verwiesen sei auf die neue Ausgabe: Appendix Vergiliana, hrsg. von A. Salvatore und anderen, Rom 1997; ferner auf N. Holzberg „Virgil. The Author of the Catalepton", in: „Re-presenting Virgil", hrsg. von G. Most und S. Spero, Rom 2004, 29–40.

§ 250 Zum Schluss möchte ich die Worte meines Lehrers Ulrich Knoche zitieren, die er in seinem letzten Brief an mich schrieb: „Ob's von Vergil ist, weiß ich nicht, aber ich finde, es ist ein außergewöhnlich schönes Gedicht. Die *villula* wird sozusagen zum *Patronus.* (Untersuchen: *commendare.*) Da kommt unter diesem gefühlsbeladenen Patronat die Familie wieder zusammen, die Herzensbindung war immer da: Südländer. Hervorgehoben wird der Vater. Er braucht zum dritten Male eine Heimstätte, und er soll ja fast blind gewesen sein, er kommt mit dem Vertrauen auf die Vertrautesten, das eben ein Mann hat, dessen Augenlicht allmählich erlischt (ich bin ja selber auf diesem Weg)." Seinem Auftrag bin ich, damals (räumlich) schon weit fort von ihm, in Acta Classica nachgekommen.

Der zwanzigste Text: Caesar, Bellum Gallicum V 43, 5–44, 14

Erkenne die Zusammenhänge!

Vorbemerkung

§ 251 Hermann Fränkel hatte (s. Rasmussen 1980, 187; vgl. oben § 197) gefordert, die „Geschlossenheit der Zusammenhänge" bei Caesar zu beachten – üben wir uns' darin!

Ich hatte diesen Text einmal im Gymnasium 89, 1982, 468ff. behandelt und dort auf S. 468, Anm. 1f. Literatur beigebracht (dieser Aufsatz wird im Folgenden als „MZ" zitiert, nach „Maurach, Zenturionenwettstreit"); eine Kurzfassung in Maurach 2003, 130ff. Ausführlich bespricht die Zenturionen-Szene S. Koster im Gymnasium 85, 19078, 160–178.

A. Der Text

§ 252 Es wird der Text bis auf eine Abweichung nach A. Klotz, Gai Juli Caesaris Commentarii, Vol. I, Commentarii Belli Gallici, Leipzig 1952, 124–6 gegeben. Das Lager des Q. Cicero wird berannt und ist in Brand gesetzt, doch die Römer weichen nicht vom Wall.

(Kap. 43, 5) Hic dies nostris longe gravissimus fuit. sed tamen hunc habuit eventum, ut eo die maximus numerus hostium vulneraretur atque interficeretur, ut se sub ipso vallo constipaverant recessumque primis ultimi non dabant. (§ 6) Paulum quidem intermissa flamma et quodam loco turri adacta et contingente vallum, tertiae cohortis centuriones ex eo, quo stabant, loco recesserunt suosque omnes removerunt, nutu vocibusque hostes, si introire vellent, vocare coeperunt, quorum progredi ausus est nemo. (§ 7) tum ex omni parte lapidibus coniectis deturbati turrisque succensa est.

(Kap. 44, § 1) Erant in ea legione fortissimi viri centuriones, qui iam primis ordinibus adpropinquarent, Titus Pullo et Lucius Vorenus. (§ 2) hi perpetuas inter se controversias habebant, uter alteri anteferretur omnibusque annis de loco summis simultatibus contendebant. (§ 3) ex his Pullo, cum acerrime ad munitiones pugnaretur „quid dubitas" inquit „Vorene? aut quem locum probandae virtutis tuae exspectas? hic dies de nostris controversias iudicabit!" (§ 4) haec cum dixisset, procedit extra munitiones quaeque hostium pars confertissima est visa, eam inrumpit. (§ 5) ne Vorenus quidem sese tum vallo continet, sed omnium veritus existimationem subsequitur.

(§ 6) Mediocri spatio relicto Pullo pilum in hostes immittit atque unum ex multitudine procurrentem traicit. quo percusso exanimatoque hunc scutis protegunt hostes, in illum universi tela coniciunt neque dant progrediendi facultatem. (§ 7) transfigitur scutum Pulloni et verutum in balteo defigitur. (§ 8) avertit hic casus vaginam et gladium educere conanti dextram moratur manum, impeditumque hostes circumsistunt. (§ 9) Succurrit inimicus illi Vorenus et laboranti subvenit. (§ 10) ad hunc se confestim a Pullone omnis multitudo convertit, illum veruto transfixum arbitrantur. (§ 11) gladio comminus rem gerit Vorenus atque uno interfecto reliquos paullum propellit; (§ 12) dum cupidius instat, in locum deiectus inferiorem concidit.

(§ 13) Huic rursus circumvento subsidium fert Pullo, atque ambo incolumes compluribus interfectis summa cum laude sese intra munitiones recipiunt.

(§ 14) Sic fortuna in contentione et certamine utrumque versavit, ut alter alteri inimicus auxilio salutique esset neque diiudicari posset, uter utri virtute anteferendus videretur.

B. Kurzkommentar

§ 253 Kap. 43: Die Gallier hatten unter Ambiorix' Führung die Truppeneinheit, welche Caesar bei den Eburonen (zu ihnen BG 2, 4, 10) unter dem Befehl zweier Legaten ins Winterlager geschickt hatte (5, 24, 5), mit der Hilfe einer List und der Uneinigkeit der Legaten trotz heldenhafter Gegenwehr der römischen Legionäre bis auf den letzten Mann vernichtet (5, 35). Danach griffen sie in mehrtägigem Ansturm das Winterlager des Q. Cicero, des Bruders des Redners, an (5, 38 ff.). Am siebenten Tage gelang es ihnen, das Lager in Brand zu setzen, doch die Legionäre wichen nicht vom Wall.

§ 5: *Ut se*: Das *ut* hat trotz des Indikativs kausalen Sinn (KS 2, 451, 4; HSz 635, Zusatz alpha).

§ 6: Die Gallier versuchten, römische Belagerungstechnik und -maschinen nachzuahmen (42, 5). *Si introire vellent, vocare coeperunt*: Diese Syntax ist sonst im überlieferten Latein unbelegt; sie scheint ein *si introire vellent exspectantes vocare coeperunt* zu verkürzen

(KS 2, 246; HSz 666 b; MZ 471). A. Bal rechnet allerdings (brieflich) mit einer Textverderbnis (*evocare* oder *rogare*?). *Quorum* ist adversativ gefärbt: „von denen jedoch", usw. (KS 2, 319 unten).

§ 7: *Ex omni parte*: Ein Belagerungsturm war hinten offen (man bedenke das Gewicht!), s. MZ 478 im Korrekturzusatz. Dahinein konnte man daher (wie hier mit Steinen [!] oder Geschossen) werfen; das Umstehen des ganzen Turms geschah in der Absicht, fliehende Gallier abzufangen.

§ 254 Kap. 44, § 2: *De loco*, „über ihren Rang". *Simultatibus*, „Wett-Streit"; die Etymologie führt auf die Grundbedeutung „zugleich an etwas interessiert sein" (Walde-Hofmann 1972, Band 2, 341). § 3: *Locum exspectas*: „Auf was für eine Chance willst du *noch* warten?"

§ 4: *Inrumpit*: den „Angriff richten auf", so Meusel 1960, 101, allerdings ohne Belegstelle für ein *inrumpere*, das nicht ein „Hinein", sondern nur ein „Gegen ... an" meint; OLD *irrumpo* 2 a nennt immerhin eine Stelle aus Fronto (1. Jahrh. n. C.), an der *inrumpo* mit *ad* verbunden ist. § 7 *Verutum*: kurzer Wurfspeer, s. Meusel 1968, 75; er stak also im Ledergürtel, an dem die Scheide mit dem Schwert hing.

§ 9: *Inimicus*: Der Rangstreit hatte also zu echter Feindschaft geführt, vgl. § 14. § 11: *Rem gerit* bedeutet, wie oft, einfach „kämpfen", d. h. die „seine Sache, nämlich die eines Kämpfers tun". § 12: *In locum deiectus inferiorem*: Er geriet unversehens[147] in eine Bodensenke, stolperte und fiel hin. § 14 *Fortuna ... versavit*: Caesar wunderte sich oft, und dies in zunehmendem Maße, über die Spiele des Zufalls, vgl. BG 6, 30, 2 und 35, 2; 6, 42, 1 (s. MZ 473; Maurach 2003, 141). Interessant ist in diesem Paragraphen die Zeitengebung: Nach dem einleitenden *erant* in § 1 werden alle Verben ins erzählende und spannende Präsens gestellt; am Ende aber, als Caesar abschließend das Wirken der Fortuna erwähnt, da sagt er: So hat Fortuna die beiden umgetrieben, im Perfekt (*versavit*). Auf diese subtile Weise werden die Erzählebenen auch formal geschieden: erst die spannende Erzählung im Präsens, das Fazit aber, das alles Erzählte distanziert, dann im Perfekt.

C. Übersetzung

§ 255 Dieses Mal soll eine Übersetzung vor der Textsicherung gegeben werden, weil die textkritischen Bemerkungen ohne eine Übersicht über den Inhalt nicht leicht verständlich wären.

(Kap. 43, 5) „Dieser Tag war für die Römer der schwerste. Doch brachte er den Erfolg, dass an diesem Tage die (bisher) größte Anzahl von Feinden verwundet oder getötet wurde, als sie nämlich sich am Fuße des Walls geballt hatten und die hintersten den vordersten keinen Platz zum Rückzug ließen. (§ 6) Doch ließ zumindest die Feuersbrunst ein wenig nach; irgendwo hatte man einen Turm herangeschoben, und als der den Wall berührte, traten Zenturionen der dritten Kohorte von ihrem Standort zurück, beorderten auch ihre Untergebenen sämtlich zurück und begannen, durch Gesten und Zurufe die Feinde zu ermuntern, ob sie nicht vielleicht (in die Befestigung) hereinkommen wollten, doch von denen wagte sich kein Einziger hinaus. (§ 7) Daraufhin wurden sie von allen Seiten her mit Steinen aus dem Turm herabgetrieben, den man dann anzündete.

[147] Daher die Konjektur von Paul: *delatus*.

(Kap. 44, § 1) Es gab in dieser Legion zwei besonders tapfere Männer, und zwar Zenturionen, die sich bereits den ersten Rängen näherten, Titus Pullo und Lucius Vorenus. (§ 2) Sie lagen miteinander in ständigem Streit darüber, wer wohl dem anderen vorzuziehen sei, und all die Jahre wetteiferten sie in erbitterter Streitigkeit um den Rang. (§ 3) Als einmal besonders heftig an der Befestigungslinie gekämpft wurde, rief der eine der beiden, Pullo: ‚Los! Was wartest du denn *noch* auf eine Chance zu zeigen, was du kannst? Heute wird über unseren Streit entschieden!' (§ 4) So rief er und trat vor die Befestigung, und wo der Feind am dichtesten stand, dorthin richtete er seinen Angriff. (§ 5) Auch Vorenus hielt es da nicht mehr auf dem Wall, er scheute das Urteil aller Zuschauer und folgte auf dem Fuße. (§ 6) Aus geringem Abstand warf Pullo sein Pilum gegen die Feinde und durchbohrte einen, der auf ihn zukam. Als der angeschossen und schwer verwundet war, schützten die Feinde *ihn* mit ihren Schilden, auf *Pullo* aber schossen sie alle zusamt und nahmen ihm so die Chance, weiter vorzulaufen. (§ 7) Sie durchschossen denn auch[148] seinen Schild, und der Wurfspeer bohrte sich in seinen Gürtel. (§ 8) So verschob dieser Zufallstreffer die Scheide und behinderte, als Pullo das Schwert ziehen wollte, seine Rechte. Die Feinde umzingelten den so Behinderten. (§ 9) Da kam ihm sein Feind Vorenus zu Hilfe und half Pullo, der sich da abmühte. (§ 10) Auf den konzentrierten sich sogleich alle Feinde und ließen Pullo stehen, (§ 11) denn sie meinten, er sei vom Speer durchbohrt. In dem Handgemenge musste Vorenus nun mit dem Schwert kämpfen, tötete einen der Feinde und trieb die Übrigen eine Strecke weit fort. (§ 12) Als er dabei allzu forsch vorging, geriet er in eine Vertiefung und fiel hin. (§ 13) Als der nun seinerseits umzingelt wurde, half Pullo aus, und so konnten sie sich unversehrt, nachdem sie etliche Feinde getötet, unter lautem Beifall wieder in die Befestigung zurückziehen.

(§ 14) So hat Fortuna, trotz allen Streits und Konkurrierens, beide so umgetrieben, dass der eine dem anderen, obwohl verfeindet, doch Hilfe und Rettung brachte, und man offenbar nicht entscheiden konnte, wer von beiden dem anderen in Bezug auf Tapferkeit vorzuziehen wäre."

D. Textsicherung

§ 256 In Kap. 44, 2 bietet die Beta-Klasse der HSS (vgl. im 10. Text) *uter alteri*, die Alpha-Klasse *quinam* (vgl. im 4. Text, § 36), also „wer wohl", was aber ungut, da es sich nicht um beliebig viele, sondern nur um zwei Zenturionen handelt. Diese Ansicht findet dann auch in § 14 ihre Bestätigung (*alter alteri, uter utri*).

In § 3 sind *locum pro laude virtutis tuae* (Beta) bzw. *locum tuae pro laude virtutis* (Alpha) korrupt überliefert. Schon die Ausgabe des Aldus Manutius (1449–1515) las aus *pro laude* mit bewundernswertem Spürsinn ein *probandae* heraus. Meusel 1960, 493 zog mit gutem Grund die betonte Stellung des Pronomens als die im Caesar bei weitem am besten belegte vor.

In § 4 ist man wegen des sonstigen Gebrauchs von *inrumpere* (zum Beispiel 6, 37, 1; 7, 70, 6) versucht, *in eam* zu schreiben. Doch Meusel 1960, 494 verteidigt das bloße *eam*: „Er

[148] Diese Zufügung soll der Vorziehung des Verbs an die Kopfstellung Rechnung tragen.

dringt ja nicht wirklich in den dichtesten Haufen ein, ... sondern er stürmt nur gegen den dichtesten Haufen vor." Ich halte den Fall für noch nicht bereinigt, drucke aber, da ich sonst eine längere Erörterung schreiben müsste, das Überlieferte. Denn das Zusetzen der Präposition könnte bedeuten, dass man den Autor korrigiert.

§ 257 In § 6 bietet Alpha *hunc scutis protegunt in hostem tela universi coniciunt*, Beta dagegen *hunc scutis protegunt hostes in illum universi tela coniciunt.* Beide Lesarten sind gut verständlich, die Beta-Version hat aber den Vorzug, dass sie dem Verb ein Subjekt gibt und dass sie die Pronomina deutlicher in Kontrast stellt.

In § 10 steht in Alpha *illum obscurantur occisum*, in Beta *illum transfixum arbitrantur.* Das verderbte *obscurantur* kann man zwar leicht durch *arbitrantur* ersetzen, doch Meusel 1960, 495 gibt zu bedenken, dass der ganze Satz sinnwidrig scheint: Pullo zerrt ja nur am Speer in seinem Gürtel (§ 7), woraus die Gallier unmöglich ableiten konnten, dass er schwer, oder gar tödlich getroffen sei. Die Frage ist aber, ob man die Teile einer Sensationserzählung (und das ist dieser Zenturionen-Wettstreit ja ohne Zweifel) einer so genauen Prüfung unterziehen sollte. Ich lasse also die Beta-Fassung stehen.

E. Interpretation

Fragen

§ 258 Wir wollen uns hier nicht nach Technischem erkundigen, etwa danach, wie ein römischer Belagerungsturm aussah, sondern 1. danach, ob diese Episode[149] des „Zenturionen-Wettstreits" ein Exkurs ist, also ein Hinaustreten aus der Bahn des Berichtes vom Gallier-Krieg, mithin eine Art Fremdkörper; und dann weiter danach, wie man sich widrigenfalls die Einbindung ins Gesamt des fünften Buches vorstellen könnte. Überlegen Sie also und suchen Sie, ob es noch andere derartige oder vergleichbare „Extras" im Bellum Gallicum gibt. Fragen Sie sich, warum ich den Textauszug im Unterschied zu anderen Arbeiten zum Zenturionen-Wettstreit bereits in Kap. 43 beginnen ließ! Man muss sich 2. die Frage stellen, welchen Zweck die Erzählung von Pullo und Vorenus wohl verfolge.

Antworten

§ 259 Erstens: Einen Exkurs, das heißt ein Textstück, das kontextfremd den Zusammenhang zerrisse und aus der Erzählung ausbräche,[150] gibt es in guter Literatur nicht, in manierierter allerdings sehr wohl. Auch unser Zenturionen-Kapitel ist eng mit der Umgebung verknüpft: Bereits in Kap. 43, 5 wird ein Bravourstück erzählt.[151] Die „Geschlossenheit der Zusammenhänge", von denen Hermann Fränkel sprach, wird durch das Zenturionen-Kapitel also nicht zersprengt. Nur bleibt die Frage, welchem Ziel wohl der Bericht von der Zenturionen-Heldentat diene?

[149] Zu diesem Begriff Einiges in MZ 468, Anm. 1.

[150] Man erinnert sich an einen modernen Film, in dem Kochrezepte die Erzählung unterbrechen.

[151] Man kann das Heldenstück einiger Gallier aus BG 7, 25, 2ff. vergleichen, oder aber an die Beschreibung der „Heiligen Schar" in BG 3, 22 oder das Kapitel über römische Brückenbautechnik in 4, 17 oder über gallischen Mauerbau in 7, 23 denken.

Wollte Caesar anhand der Wettkampf-Episode vor allem das Spiel des Zufalls (5, 44, 14) zeigen? So ungefähr hatte S. Koster (bei MZ 473, Anm. 19f.) geschlossen. Wenn wir nun aber richtig handelten, indem wir die Episode um den Turm am Ende von Kap. 43 herbeizogen, dürfen wir darauf hinweisen, dass dort die Fortuna keinerlei Rolle spielt. Dann dürften wir weiter schließen, dass sie auch in Kap. 44 nur einen untergeordneten Part habe. Was spielt dann aber die Hauptrolle? Prahlerei, wie Napoleon III. gemeint hatte (MZ 470)? Listigkeit, Bravour, oder Spott über die Gallier, die zu Punchingbällen degradiert werden, oder gar Spott über die Zenturionen, die da mit ihrem Leben herumspielen? Man sollte nicht in den Fehler verfallen, einen einzigen Beweggrund isolieren zu wollen. Ganz gewiss ist in Kap. 44 wie in den Paragraphen zuvor ein gewisser Hohn über die Gallier unüberhörbar: Sie bauen da einen Turm, wissen aber nicht mit ihm umzugehen, ja sie werden mit erniedrigenden[152] Steinwürfen verscheucht; dann lassen sie sich von zwei verrückten Römern zu Sparringspartnern herabwürdigen. Aber daneben steht zweifellos ein gewisser Stolz auf die Bravour der Offiziere, in Kap. 44 wie in 43, 5ff.: souveräne Kompetenz und Routine, unglaubliche Selbstsicherheit, dazu Kameradschaftlichkeit trotz aller Konkurrenz. Wenn wir zu Recht Kap. 43, 5 zum Kap. 44 gezogen haben, überwiegt dies doch wohl, wiegt schwerer als das Spiel des Zufalls.

§ 260 Warum – das war die zweite Frage – schrieb Caesar also in dieser Weise? Ich meine, man darf das Ganze des 5. Buches nicht außer Acht lassen. Da wird in BG 5,26ff. sehr kritisch der Zwist der Legaten geschildert, der zum Verlust wertvoller Truppen führte. Caesar berichtet davon wie von einer Farce, einer Kommandeurs-Farce (Maurach 2003, 127–9). In Kap. 43, 4–44,14 wird dieser Eindruck wettgemacht, die Ehre des Heeres wird wiederhergestellt; und auch diese Szenen – der gallische Belagerungsturm, die Vertreibung der Gallier daraus und der Spott, den die Offiziere über die Gallier ausgießen, dazu dann der Zenturionen-Kampf, der die Gallier zu bloßen Sparringspartnern herabwürdigt – sind nicht frei von Farcenhaftem oder, wenn man so will, von romanhaft Übertreibendem, wodurch die Ehre von Heer und Offizierskorps gerettet werden soll.

Eine andere Ansicht

§ 261 Severin Koster hat den Zenturionen-Wettstreit einer ebenso gründlichen wie gedankenreichen Prüfung unterzogen (die bibliographische Angabe oben § 251). Sie führte zu dem Ergebnis, Caesar habe missbilligend über die Szene geurteilt (bes. S. 173–5), habe die Offiziere der „Kopflosigkeit“ (166) geziehen und den „karrierebesessenen“ Ehrgeiz als „kleinlichen Beweggrund“ abgetan (175). Q. Cicero habe Caesar das Material für dieses Kapitel so geliefert, dass die Aufmerksamkeit des Feldherrn „von der schlimmen Gesamtlage abgelenkt“ würde. Die Episode des Wettstreits sei zudem kein „unabdingbarer Bestandteil“ des Gesamtberichtes (163).

§ 262 Gewiss, so kann man nicht ohne Berechtigung urteilen, denn der plötzliche Entschluss der beiden Streithähne hätte sie das Leben, das Heer zwei hochbefähigte Anführer kosten können (so Koster 175 vollkommen zu Recht). Auch das trifft zu, dass nämlich die

[152] Caesar urteilt keineswegs immer so spöttisch über die Gallier, vgl. die Dissertation von D. E. Koutroubas, s. oben Anm. 21.

Gesamterzählung dieser Episode allenfalls hätte entraten können. Aber hier setzt nun doch das Bedenken ein: Wenn ein exkursartiges Stück dem Verdikt unterliegt, nicht unabdingbar nötig zu sein, dann könnte auch gefragt werden, ob der Maßstab der Beurteilung der bestmögliche sei oder ob es einen etwas anderen gebe, der es ermöglichen würde, auch das in Frage stehende Textstück fest einzubinden. Vielleicht also könnte eine andere Betrachtungsweise den Zusammenhang zutage fördern. Und hier rächt sich, so vermute ich, dass nicht auch der doch ganz ähnlich gebaute Bericht über den gallischen Belagerungsturm berücksichtigt wurde (Kap. 5, 43, 5 ff.).

§ 263 Und dann weiter eine kritische Bemerkung zur Annahme, Cicero habe den Feldherrn „ablenken" wollen. Meint man wirklich, der oberste Befehlshaber hätte allein Cicero gehört und ihm wäre die ungeschminkte Wahrheit verborgen geblieben? Sollte der Feldherr die „schlimme Lage" nicht auch selber haben erkennen können? Aber dass dem Feldherrn die Willkür der beiden Offiziere, die so viel aufs Spiel setzten, kaum gefallen hat, das darf man mit Koster als sicher annehmen. Doch gab er dem Bericht vom Wettkampf der Zenturionen wie auch dem von der Abfertigung des kuriosen Gallier-Turmes, mit dem die Feinde, nachdem sie ihn gebaut, nichts Rechtes anfangen konten, eine Wendung, welche dazu angetan war, die Ehre des Heeres, welche durch den Verlust von fünfzehn Kohorten durch eine simple List des Ambiorix angetastet worden war, wiederherzustellen. Wenn also jemand abgelenkt werden sollte, dann war es der römische Leser.

Zur Methode

Wenn Sie meine eigene Erklärung des Wettstreit-Kapitels aufmerksam gelesen haben, werden Sie festgestellt haben, dass ich mich gegen meine eigenen § 197 und 199 vergangen habe: Ich habe nämlich von Ehrenrettung des Heeres als dem Ziel und Zweck von Caesars Bericht gesprochen, bin also von einer persönlichen Ansicht ausgegangen und habe dadurch das Kapitel stark eingeengt, denn es könnte ja sein, dass Caesar noch andere Absichten verfolgte, sie aber nicht eindeutig festlegte, um dem Leser Raum für Phantasie zu lassen. Wiederholen wir also das in § 197 Gesagte und betonen: Wenn der Text keine eindeutigen Hinweise auf seine Absicht enthält, sollen auch wir uns eindeutiger Stellungnahmen enthalten.

Der einundzwanzigste Text: Plinius Minor, epist. I 3

Finde die Logik der Übergänge!

A. Historische Einleitung

§ 264 Caius Caecilius Plinius Secundus der Jüngere wurde 61/62 n. Chr. geboren, als seine Heimat ist durch eine Inschrift Como bezeichnet.[153] Er studiert das Recht, wird Anwalt – eine Tätigkeit, die ihn sein Leben lang begleitete – und hört auch interessante Philoso-

[153] Albrecht 1992, S. 909, Anm. 1 nennt die Fundstellen von Inschriften, die sich auf Plinius beziehen; besonders hervorzuheben ist CIL 5, 5262 (Bd. 2, S. 568) mit Notizen zu seiner Ämterlaufbahn, ferner eine, welche an die Schenkung eines hohen Betrages zur Errichtung einer öffentlichen Bibliothek in Como erinnert (ep. 1, 8, 2).

phen (ep. 1, 10 zum Beispiel), wird Offizier im Verwaltungsdienst, dann nimmt er eine hohe Stellung in der Politik ein, wird kaiserlicher Legat in Bithynien und hat als hoher Verwaltungsbeamter unter Kaiser Trajan mit den Christen zu tun, die human zu behandeln dem Kaiser wichtig war.[154] Er hatte viele Freundschaften, z. T. mit hervorragenden Gestalten, so mit dem Historiker Tacitus (eine köstliche Anekdote in ep. 9, 23, 2 ff.). Sein Leben lang hatte Plinius Reden zu halten, über deren Anlässe und Stileigenheiten er gern Auskunft gibt, und immer wieder schreibt er über seine „Studien", die vornehmlich dem Entwerfen und Ausfeilen von Reden galten, die er gern publizierte.[155] Er empfiehlt immer wieder Abwechslung[156] und reines Latein (er nennt das gern „altes" Latein, zum Beispiel ep. 1, 16, 2). Besonders die liebevollen Schilderungen von Naturschönheiten und schön gelegenen Villen machen das Lesen seiner Briefe zu einer Freude des inneren Auges.[157] So vorbereitet, können wir an den Text von ep. 1, 3 herangehen.

Der erste Brief der Sammlung ist ein Vorwort-Brief, in dem Plinius dem Freunde schreibt, er habe dessen Wunsch, Plinius möge seine Briefe edieren, entsprochen und Briefe für die Publikation zusammengestellt, „wie ein jeder ihm in die Hände kam". Der nächste Brief spricht von einer literarischen Arbeit, die er dem Adressaten zukommen lässt mit der gleich zweimal geäußerten Bitte, sie zu verbessern, wo es nötig scheint. Und nun der dritte Brief an Caninius Rufus, einen literarisch interessierten Freund, dem Plinius mehrere Briefe hat zukommen lassen.

B. Der Text

§ 265 Abgedruckt wird ep. 1, 3 nach der Ausgabe von M. Schuster, 3. Auflage besorgt von R. Hanslik, Leipzig 1958, 6 f. Er ist von A. N. Sherwin-White, The Letters of Pliny, Oxford 1966, 91 f. leider nur sehr kurz kommentiert worden.

C. Plinius Caninio Rufo suo s(alutem)

(§ 1) Quid agit Comum, tuae meaeque deliciae? quid suburbanum amoenissimum? quid illa porticus verna semper? quid platanon opacissimum? quid euripus viridis et gemmeus? quid subiectus et serviens lacus? quid illa mollis et tamen solida gestatio? quid balineum illud, quod plurimus sol implet et circumit? quid triclinia illa popularia, illa paucorum? quid cubicula diurna, nocturna? (§ 2) Possident te et per vices partiuntur? an, ut solebas, intentione rei familiaris obeundae crebris excursionibus avocaris? si possident, felix beatusque es; si minus, „unus ex multis".

(§ 3) Quin tu – tempus enim – humiles et sordidas curas aliis mandas et ipse te in alto

[154] Literatur hierzu bei M. von Albrecht 1992, 909, Anm. 3.

[155] Vgl. ep. 7, 9, worin Plinius das Hinüber- und Herüberübersetzen zwischen Latein und Griechisch anempfiehlt, so wie wir ja auch noch gern in unseren „Stilübungen" während des Studiums aus dem Lateinischen ins Griechische übertragen.

[156] Insbesondere fordert er wie Seneca ein Auf und Ab an Spannung und Entspannung, vgl. Maurach 2000, 190, Anm. 189 f.; die Plinius-Stellen in Maurach, Der Bau von Senecas Epistulae Morales, Heidelberg 1970, 19 oben.

[157] Man lese ep. 2, 17 und 5, 6.

isto pinguique secessu studiis adseris? hoc sit negotium tuum, hoc otium, hic labor, haec quies, in his vigilia, in his etiam somnus reponatur. (§ 4) Effinge aliquid et excude, quod sit perpetuo tuum! nam reliqua rerum tuarum post te alium atque alium dominum sortientur, hoc numquam tuum desinet esse, si semel occeperit.

(§ 5) Scio quem animum, quod horter ingenium; tu modo enitere, ut tibi ipse sis tanti, quanti videberis aliis, si tibi fueris. Vale!

C. Kurzkommentar

§ 266 (§ 1) Der Adressat wohnt anscheinend in oder nahe bei Como, der „gemeinsamen Liebe"; Caninius hat dort ein Landgut vor der Stadt (*suburbanum*) mit einer Portikus, einem Wandelgang, dessen Überdachung von Säulen getragen ist. Dort ist es „immer Frühling", also wohltemperiert. Eine große, dichte, also guten Schatten spendende Platane wächst dort und ein Wasserkanal[158] schenkt Kühle und ist mit seinen begrünten Rändern und dem glitzernden Wasser erfreulich. *Gemmeus*, eigentlich „beperlt", ist hier zuerst bezeugt. Drunten dann der Comer See (*subiectus*); er „dient" wohl der Bewässerung.[159] Eine *gestatio* war, wie das Wort sagt, ursprünglich ein Weg, über den man sich in einer Sänfte tragen lassen konnte; später wurde das Wort dann entnuanciert zu Spazierweg.[160] In diesem Falle war der Weg, trotz solider Unterfangung, angenehm weich zu begehen. Ein Badebassin war da, von der Sonne erhellt zu jeder Tageszeit, und Triklinien, also Speise- oder einfach Liegeräume, die einen größer für Gesellschaften, die anderen kleiner, intimer, für die engere Familie. Ebenso die Zimmer oder Räume, in denen man tags liegen oder speisen konnte, nachts schlafen (*cubicularia*).[161] Bis hierher wurden die Sätze immer kürzer, das asyndetische Dikolon (Satzteil aus zwei Wörtern ohne verbindende Kopula) *nocturna diurna* scheint als die höchstmögliche Verkürzung den Schlusspunkt zu setzen.

§ 267 Nun die entscheidende Frage in § 2: Halten alle diese Annehmlichkeiten den Briefadressaten gefangen, seine Aufmerksamkeit untereinander gleichsam im Wechsel teilend oder wird er oft fortgerufen aufgrund der Anstrengungen, welche die Sorge um sein Vermögen mit sich bringt? Wenn sie ihn zuhause festhalten, hat er es gut; wenn nicht, geht es ihm leider nur wie den meisten.[162]

§ 268 Zu diesen „meisten" sollte der Freund aber nicht gehören. *Quin tu* entspricht im Ton etwa unserem „Los, mein Freund!", wie Sherwin-White richtig bemerkt. Es ist (längst) Zeit, derlei niedere Beschäftigungen und Sorgen zu delegieren, selbst in ertragreicher[163] Muße fern von den Menschen sich den Studien hinzugeben. „Studien", das dürften literarische, enger: rednerische Studien sein. In § 3 traut Plinius dem Freunde zu, „etwas zu bil-

[158] Zu derlei Wasserkanälen in Gärten s. L. Farrar 2000, 73ff.

[159] Zu Wasserschrauben oder -pumpen, die Wasser in höher gelegene Gärten schafften, s. Farrar 2000, 66ff.

[160] Vgl. ep. 2, 17, 14; Farrar 32. Zum Material der Unterfangung Farrar 32, Abs. 2.

[161] Vgl. hierzu H. Blümner 1911, 44.

[162] *Unus ex multis* findet sich so auch bei Cicero (off. 1, 109; Brut. 274): „Normalmensch".

[163] *Pinguis* (eigentlich „fett") wird im OLD (unter *pinguis* 3 c) mit „full of goodness" wiedergegeben, also beglückend und ertragreich.

den und zu meißeln",[164] was dauernd sein Eigen bleiben wird, denn alles andere, aller materieller Besitz, der wird durch Erbgänge von Hand zu Hand gehen; ein literarisches Meisterwerk wird immer mit dem Namen seines Schöpfers verbunden bleiben.

Im letzten Abschnitt (§ 5) mahnt Plinius (vgl. 8, 10, 3 zum *hortari*), aber er weiß auch, dass der Freund genügend Antrieb und Begabung besitzt, um die Mahnung nicht unbefolgt verhallen zu lassen. Es folgt ein verzwickter Satz: „Bemühe Dich (etwas aus Deiner Begabung zu machen), so dass Du so wertvoll (offenbar als Schriftsteller) wirst, wie die Mitwelt Dich einschätzt, wenn Du Dir selber wertvoll geworden bist." Plinius wird damit wohl gemeint haben, dass ein Mann von sich selber Leistung verlangen muss, diese Leistung dann auch zum Maßstab seiner Selbsteinschätzung macht, welche die Mitwelt ihm dann durch ihr Lob bestätigt. Das ist letztlich der Einschätzungsmechanismus, welcher dem römischen Ruhmesgedanken seit eh und je zugrunde lag (s. oben Anm. 12, ferner unten im Nachtrag).

D. Übersetzung

§ 269 (§ 1) „Wie geht es Como, Deiner und meiner ganzen Freude? Wie dem herrlichen Landgut? Was macht die Säulenhalle, wo immer Frühling ist? Was die Platane mit ihrem wunderbaren Schatten? Was das Wasserbecken, grün und glitzernd? Was der See drunten und dienstbar? Was der Spazierweg dort, weich und doch fest? Was das Badebassin, das die Sonne so wunderbar erfüllt und umwandelt? Was die Speiseräume, die für Gesellschaften und die für die wenigen? Was die Liegezimmer für tags, für nachts?

(§ 2) Halten sie Dich fest und teilen sie Dich im Wechsel untereinander? Oder wirst Du, wie es bei Dir ja so ist, vor lauter Mühe um Dein Vermögen zu mancherlei Reisen fortgerufen?[165] Wenn sie Dich festhalten, bist Du ein rundum glücklicher Mensch, wenn nicht, bloß einer unter Tausenden.

(§ 3) Aber hör' mal, Du solltest – noch ist ja Zeit – die niedrigen und schmutzigen Sorgen anderen überlassen und Dich selbst in tiefer und ertragreicher Zurückgezogenheit, die Du ja hast, den Studien widmen! Dies sollte Dein Geschäft sein, dies Deine Muße, dies Deine Mühe, dies Deine Erholung! In diesen Dienst sollten die späten Stunden, sollte gar Dein Schlaf gestellt sein! (§ 4) Bilde und forme etwas, das für immer Dein ist, denn alles andere von Deinem Besitztum geht nach Dir von einem Besitzer zum anderen: Nur dies – ein geistiges Werk – hört nie auf, ganz zu Dir zu gehören, hat es erst einmal damit angefangen.

(§ 5) Aber ich weiß, welche Energie, welche Begabung ich antreibe. Du aber sieh zu, dass Du Dir so viel Wert gibst, wie die anderen Dir beimessen, wenn Du erst einmal[166] selber Dir Wert beigelegt hast!"

[164] *Excudere* wird schon von Cicero übertragen von literarischen Arbeiten gesagt (Att. 15, 27, 2). Eigentlich aber bezeichnet auch dieses Verb das Tun des bildenden Künstlers: Verg. Aen. 6, 847 (hierzu Maurach 1995, § 51).

[165] Es mag sein, dass Plinius die Mühe vermittels des schweren Ausdrucks *intentione rei familiaris obeundae* spürbar machen wollte.

[166] Diese Gedankenstruktur hat Plinius hier und in § 4 am Ende verwendet, nämlich das „wenn erst einmal". So gibt er dem Ganzen Einheit, wie er ja auch den Anfang des Briefs mit seiner Schilderung der Kunstlandschaft einheitlich gestaltet hat.

E. Interpretation

§ 270 Dieses Mal wollen wir nicht Fragen stellen und beantworten, sondern gemeinsam einen Interpretationsweg einschlagen. Bisher ist diesem Briefchen nicht viel Aufmerksamkeit geschenkt worden, doch ist das nicht recht: Es ist interessant genug, um bei ihm etwas länger zu verweilen.

Zunächst sei die Epistel auf ihre Motive untersucht und nach Motiven auseinandergenommen, um dann wieder zusammengefügt zu werden, nachdem wir gelernt haben, das Einzelne klarer zu sehen.

Zu Beginn der schöne Landbesitz, ein Motiv, das Plinius liebte (2, 17; 5,6), dann das Motiv der Muße, das Plinius, dem vielbeschäftigten Mann, stets am Herzen lag (vgl. 2, 8; 3, 7, 14; 9, 36 und 9, 40, bes. 1, 9, 6f.). Ein Sondermotiv ist dann das Wortspiel mit dem „Besitzen“: Plinius liebt derlei Spielereien, vgl. 1, 4, 2 (*mea* und *tua*); 1, 15, 4 (*excusare*) und in 4, 6 ist der ganze Brief ein einziges Wortspiel (es ließen sich leicht weitere Belege finden).

Dann das Motiv des Mahnens (vgl. 1, 11; 3, 7, 14f.) und des Studierens im Sinne des Erarbeitens oder Ausfeilens von Reden (1, 6, 2; 3, 10, 5, usw.).[167]

§ 271 Diese Motive sind nun so geordnet, dass Plinius gleichsam von außen beginnt, vom Landgut, seinen angenehmen Einrichtungen, so wie Seneca in seinen Episteln mehrfach von außen her beginnt (ep. 18; ep. 80 [s. oben § 65], bes. ep. 23). Von dort ausgehend kommt Plinius dann zu dem Gedanken, dass Bemühungen um Familienbesitz und Vermögen „schmutziges“ und niedriges Tun ist im Vergleich mit literarischen Leistungen, die gar zur Unsterblichkeit führen (ep. 5, 8, 2; 9, 3, 1). Das ist dann des Verfassers ganz eigenes Gut (*tuum*). Das klingt wie Senecas Lobpreis des Stilbon, s. oben § 128: *omnia mea mecum.* Von solchem Eigentum spricht Seneca oft, vgl. ep. 8, 9; 13, 1; 20, 8, usw. Plinius bedient sich also einer philosophischen Terminologie, ohne Philosophisches zu meinen: Er überträgt Philosophisches auf die oratorische Literatur. Dazu gehört auch, dass er wie ein Philosoph zur Tugend mahnt, so den Freund zu schriftstellerischer Leistung antreibt (Sen. ep. 5, 1; 20, 1).

§ 272 Von all dem ist bei Sherwin-White nichts zu lesen; insbesondere hätte man gern etwas über die Leserführung gelesen, zum Beispiel eine Bemerkung darüber, wie Plinius von einem Motiv zum nächsten logisch fortschreitet: Zunächst die Schönheit des Gutes; sie verführt zu Gutem, nämlich fort von den niederen Sorgen zur genießenden Muße. Die Muße soll nun aber nicht im rein rezeptiven Genießen bleiben, sondern sie ist nur Voraussetzung für ein Schaffen, doch nicht von materiellen Werten, sondern von literarischen Werten. Sie sollen den Freund zum eigentlichen Eigentum führen, dem geistigen, und auch hier nicht rezeptiv, sondern kreativ: Er soll etwas Wertvolles schreiben, das unverlierbar ist. Und nun die echt römische Auswertung solcher Leistung: Sie bringt Ansehen und lobende Einschätzung.

§ 273 Hier ist alles in sich logisch und klar, das heißt, Plinius hat sich mit der Komposition dieses Briefes viel Mühe gegeben. Warum wohl? Natürlich auch um des Freundes

[167] Dankbar wird verwiesen auf die kommentierte Übersetzung von H. Philips und M. Giebel, C. Caecilius Plinius Secundus, Sämtliche Briefe, Reclam 2005, S. 857, Anm. 27.

willen; aber ich frage mich, ob es unerlaubt wäre zu sagen: Hier ganz am Anfang des Buches könnte dieser Brief über den unverlierbaren Wert eines literarischen Werkes auch das eigene des Plinius Secundus meinen. Aber das sollte man nicht zu laut und zu selbstsicher vortragen, denn es steht kein Sterbenswörtlein davon im Text, der ja ganz auf den Freund bezogen ist. Aber so ein klein wenig könnte in dieser Epistel auch auf den Verfasser selbst bezogen sein. Könnte – also Vorsicht und Zurückhaltung!

Zur Methode

Bisher wurde in unserer Erklärung des Briefes der Stil vernachlässigt. Holen wir es in geringem Umfange wenigstens nach: zu Beginn ein rhetorisches Feuerwerk (vermittels der Anapher von *quid*), dann ein leises Mahnen, das in § 3 zu lautem Antreiben wird, welches Plinius mit einem zuversichtlichen Lob abschließt. Die Epistel verbindet somit in interessanter Abwechslung verschiedene Sprechweisen (Albrecht 1992, 912, Abs. 2): Preisen, Mahnen, Bestärken, scherzhaft verklausuliertes Verheißen: Beweis rhetorischer Fertigkeit.

Nachtrag

Bei der Ausdeutung sollten wir, wie angeraten, Zurückhaltung üben (s. oben § 197 und 199). Das aber darf man sicherlich behaupten, dass diese Epistel ein hohes Maß an Sorgfalt zeigt, was die Einheitlichkeit, den sicheren Gang des Gedankens und was die stilistische Ausfeilung anlangt. Um auf den Gedanken zurückzukommen: Wir wissen, dass Plinius gern und viel bei Philosophen gehört und mit ihnen auch persönlichen Umgang gepflogen hat (vgl. allein ep. 1, 10). Daher darf man sich nicht wundern, dass er in diesem Brief einen philosophischen Mahnbrief bzw. eine Mahnrede zur Philosophie („Protreptikos" genannt, wörtlich „Hinwender") umgewendet hat zu einem Protrepticus in Sachen Redekunst und Rednerleistung, auch wenn es sich um geschriebene Oratorik handelt. Nicht uninteressant ist die Beobachtung einer Cicero-Nachahmung in § 5 des Plinius-Briefs. Dort heißt es nämlich, man werde den Freund Caninius nach Maßgabe von dessen eigener Selbstbewertung einschätzen. Das erinnert an Ciceros „Laelius" (§ 56 Ende und 59), wo eine dritte Art, einen Freund zu bewerten, aufgeführt wird: Die dritte Bemessungsweise von Freundschaftsintensität richte sich nach der Selbsteinschätzung des Partners. Plinius, der Bewunderer Ciceros (epi. 1, 2, 4 *Marci nostri*), zitiert hier also den Bewunderten, vgl. A. Weische, Plinius d. J. und Cicero, ANRW 2, 33, 1; 1989, 375ff.

Der zweiundzwanzigste Text: Properz, c. II 11

Der schwankende Boden des Interpretierens. Beachte Kreisbildungen!

A. Historische Einleitung

§ 274 Sextus Propertius, Mitte des 1. Jahrhunderts v. Chr. zu Assisi geboren, erlitt Schweres während des Perusinischen Krieges;[168] durch die Landenteignungen von 41/40 v. Chr. ging er auch eines Teils seines Landbesitzes verlustig. Durch eine Sammlung von Gedichten, die den Eros priesen und beklagten und die er vor 28 v. Chr. veröffentlichte, die

[168] Zum Krieg um Perugia Kienast 1999, 44ff., 280ff.; zu Properzens Leben M. von Albrecht 1992, 609; W. Hübner, in: Properzio alle soglie 2000, Assisi 2002, 389ff.

„Monobiblos", berühmt geworden, ward er in den Kreis des Maecenas aufgenommen und wurde so zum „Kollegen" eines Horaz, eines Vergil. Es folgten noch drei Bücher bis zum Jahre 16 v. Chr., zwei wieder erotischen Inhalts, das letzte eroto-mythischer Art. Viele, bis dahin eher heroisch-mythisch verwendete Motive verwandelte er zu erotischen Gegenständen, z. B. das Dichtwerk als Denkmal für die Geliebte (c. 3, 2 17 f.), nicht für die Dichtung wie bei Hor. c. 3, 30, dazu römische und griechische Sagen. Die meisten seiner Carmina umkreisen die Gestalt der „Cynthia",[169] also der apollinischen Frau, denn er preist sie als kundig des Sanges und des Tanzes, voller Verständnis auch für geistreich-elegante Dichtung, kurz als *docta* (c. 1, 7, 11; 2, 11, 6; 13, 11, usw.).

B. Der Text

§ 275 Es gibt mehrere neuere Properz-Ausgaben. Sie weichen allerdings so stark voneinander ab, dass ein englischer Editor einst das Wort prägte: *Quot editores, tot Propertii.* Auch in unserem Gedicht 2, 11 gibt es mehrere Überlieferungsunsicherheiten, die wir gleich besprechen werden. Ich verweise zunächst auf zwei Ausgaben und zwei Kommentare:

Ausgaben neuerer Zeit: Sexti Propertii Elegiarum Libri IV, ed. M. Schuster, Leipzig 1954; ferner Sexti Properti Elegiarum Libri IV, ed. P. Fedeli, Stuttgart 1984; zwei Kommentare: Sexti Propertii Elegiarum Liber Secundus, ed. P. J. Enk, Leiden 1962; Propertius, Elegies Book II, ed. W. A. Camps, Cambridge 1967.

Eine erste Grob-Fassung:

Scribant de te alii vel sis ignota licebit.
   Laudet qui sterili semina ponit humo.
Omnia, crede mihi, tecum uno munera lecto
   auferet extremi funeris atra dies
et tua transibit contemnens ossa viator
   nec dicet: „Cinis hic docta puella fuit."

C. Kurzkommentar

§ 276 Allein die Abtrennung der einzelnen Gedichte des zweiten Buches bereitet zuweilen noch nicht überwundene Schwierigkeiten. Auch unser Gedicht ist in zwei HSS, in einem Laurentianus (Florenz) von 1380 und einem Parisinus von 1423 an das c. 2, 10 angefügt, doch darf man sicher sein, dass dies falsch ist, denn c. 2, 10 ist an Augustus gerichtet (2, 10, 16 zielt das *te* auf den Kaiser), c. 2, 11 an die *puella docta.* Zwei HSS geben dem Gedicht eine eigene Überschrift (*Ad Cynthiam*), und die beste HS, der Neapolitanus, der heute in Wolfenbüttel ruht,[170] trennt durch Leerzeile ab. Doch hat immerhin einer der

[169] Kynthos, ein Berg auf der Insel Delos, wo Leto den Apoll und die Artemis gebar, nähert die Geliebte dem Umkreis des Dichter- und Sehergottes.

[170] M. Gude erwarb die HS um 1660 für seine Sammlung und Leibniz als Leiter der heutigen Herzog-August-Bibliothek kaufte sie für die herzogliche Handschriftensammlung. W. Milde hat die HS im Wolfenbütteler Handschriftenkatalog S. 145 aufs genaueste beschrieben.

bedeutendsten Kommentatoren, Max Rothstein,[171] c. 2, 10 und 11 im Kommentar und in einem Aufsatz (Hermes 24, 1889, 19) als zusammengehörig bezeichnet.

V. 1: *Licebit* mit Konjunktiv des Hauptverbs bedeutet in Properzens Zeit so viel wie „mag es so sein, meinetwegen", wobei das Futur seltener ist als das Präsens *licet*, das später zur bloßen Konjunktion absank (KS 2, 443, Anm. 2; HSz 605). Wir merken gleich an, dass *vel* fast einhellig überliefert ist, dass aber der Laurentianus *ve* bietet, ein Korrektor des Laurentianus und einer des Parisinus *ne* schrieben, was kein Geringerer als der große Philologe und Dichter A. E. Housman für richtig hielt.

V. 2: Drei HSS des 15. Jahrhunderts bieten das zweifelsfrei richtige *laudet*, während sogar der Neapolitanus *ludet* schrieb. *Sterili humo* sät, wer umsonst sät (vgl. Enks Kommentar 167).

V. 4: *Extremi funeris*: „des Todes, welches das Letzte ist"; diese füllig-drohende Wortverbindung kannte auch Seneca in den Tragödien (Med. 997f.): poetische Ballung. *Auferet funeris atra dies*: Von früh verstorbenen Kindern sagte Vergil in der Aeneis (6, 429): *(quos) abstulit atra dies et funere mersit acerbo*. Properz ballte also Vergils zweiteiligen Satz zu einem einzigen, gedrungenen Vers zusammen, kannte demnach Vergils Verse, als er das 2. Buch schrieb (vgl. zum Beweis 2, 34, 65f.).

V. 5: *Transibit ... ossa*: Natürlich lagen da keine Knochen herum, *ossa* ist ein Kurzausdruck für „Grabstätte mit Deinen Knochen" (die bei der Verbrennung übrig blieben und gesammelt bestattet wurden). V. 6: *Cinis* wird hier als Masculinum verwendet, sonst ist es weiblich wie zweimal bei Catull und auch bei Caesar. *Docta puella* ist eine recht nüchtern klingende Bezeichnung für etwas sehr Schönes, nämlich dafür, dass die junge Frau musikalisch und dichterisch begabt war (lesen Sie c. 2, 13, 12ff.). Aber *doctus* meint so Hohes wie Dichter-Sein (Cat. 35, 16f.; Hor. sat. 1, 9, 7 [so A. Bal]).

D. Hinleitung zum Verständnis

§ 277 Eine Übersetzung sowie ein besserer Text sind erst dann möglich, wenn wir das Gedicht verstanden haben, und das ist keine leichte Aufgabe, zumal die Kommentatoren in ihren Auslegungen voneinander stark abweichen. Mir scheint, es wäre nicht ganz schlecht, wenn wir uns zunächst sozusagen an das „Aroma" properzischer Dichtung gewöhnen, indem wir das nächste, allerliebste Gedicht c. 2, 12 lesen. Hier der Text:

Quicumque ille fuit, puerum qui pinxit Amorem,
  nonne putas miras hunc habuisse manus?
Is primum vidit sine sensu vivere amantis
  et levibus curis magna perire bona.
(5) idem non frustra ventosas addidit alas,
  fecit et humano corde volare deum:
scilicet alterna quoniam iactamur in unda
  nostraque non ullis permanet aura locis.

[171] Die Elegien des Sextius Propertius Band 1, 2. Auflage Berlin 1920, 285.

et merito hamatis manus est armata sagittis
et pharetra ex umero Cnosia utroque iacet:
ante ferit quoniam tuti quam cernimus hostem,
nec quisquam ex illo vulnere sanus abit.
In me tela manent, manet et puerilis imago:
sed certe pennas perdidit ille suas:
evolat – heu! – nostro quoniam de pectore nusquam
assiduusque meo sanguine bella gerit.
Quid tibi iucundum est siccis habitare medullis?
si pudor est, alio traice tela tua!
intactos isto satius temptare veneno:
non ego sed tenuis vapulat umbra mea.
quam si perdideris, quis erit, qui talia cantet,
(haec mea Musa levis gloria magna tua est!)
qui caput et digitos et lumina nigra puellae
et canat ut soleant molliter ire pedes?

§ 278 Eine rasche, paraphrasierende Übersetzung in Prosa: (v. 1) „Wer immer der Künstler war, welcher den Gott Amor als Knaben malte, hat er nicht eine wunderbar wahre Hand gehabt? Er hat ja doch als Erster gesehen, dass die Liebenden ohne Verstand leben und das in leichtfertigen Erregungen großes Gut zugrunde geht. Und derselbe Künstler hat auch nicht ohne guten Grund dem Gott windschnelle Flügel gegeben und ihn in den Herzen der Menschen umher flattern lassen. Klar, denn wir schweben ja selbst auf und ab in den Wogen der Liebe und günstiger Wind weht nirgendwo lange.[172] (9) Und sehr zu Recht ist seine Hand bewaffnet mit Pfeilen voller Widerhaken und von den Schultern hängt der Köcher, der in Kreta gefertigt sein könnte,[173] denn er trifft den sich sicher Wähnenden, noch bevor er den Feind erblickt hat, und keiner geht, wenn getroffen, gesund davon. (13) In meinem Falle hat er noch immer die Pfeile, hat auch das knabengleiche Aussehen, doch seine Flügel, die hat er fraglos verloren, denn er fliegt nicht davon, ach!, aus meinem Herzen, niemals[174] und unablässig führt er seine Kriege auf Kosten meines Bluts. (17) Wieso macht es Dir Spaß, in meinem nun schon ausgetrockneten Gebein zu hausen? Schäm' Dich, schieß' doch auf andere! Es ist doch besser angebracht, an noch Un-

[172] *Nostra aura* in v. 8 ist eine auffallende Verbindung, sie entspricht dem sonst üblichen Ausdruck *vento suo* oder *secundo*, s. Enk zur Stelle. A. Bal (brieflich) dachte an einen Gräzismus (Soph. OT 448).

[173] Die Kreter galten als besonders bogenkundige Schützen, vgl. Pind. Pyth. 5, 41, weiteres bei Enk und Nisbet-Hubbard 1970 zu Hor. c. 1, 15, 17. Gemälde mit kindlichem Amor, geflügelt und mit Pfeil und Köcher angetan, finden sich zum Beispiel in Pompei, vgl. Pompeianische Wandmalerei, hrsg. von G. Cerulli-Irelli u. a., Stuttgart-Zürich 1990, Tafel 89: Mars und Venus, und von links oben her macht sich Amor daran, einen Pfeil aus dem Köcher zu nehmen und abzuschießen.

[174] Zu *nusquam* vgl. Enks Stützstellen; vielleicht liegt eine umgangssprachliche Wendung vor, deren Properz eine ganze Reihe hat, s. E. Neumann, De cottidiani sermonis proprietatibus apud Propertium, Diss. Königsberg 1925.

berührten Dein Gift zu versuchen; hier dagegen leide nicht ich mehr, sondern nur noch mein Schatten.

(21) Wenn Du aber den vernichtest, wer wird dann von all diesem singen (diese meine leichte Muse ist ja doch Dein Ruhm!), wer wird das Haupt, die (schönen länglichen) Finger[175] und die schwarzen Augen meines Mädchens besingen und wie elegant ihre Füße stets einherschreiten?"

§ 279 Properz gibt sich als Liebender, als Leidender und als einziger Dichter, der zutreffend Cynthias Reize zu besingen vermag. Wenn wir jetzt zu c. 2, 11 zurückgehen, wird der Interpretationsweg etwas leichter sein.

V. 1: „Sollen andere das Mädchen besingen oder mag sie auch – was schlimmer ist – ganz unbekannt bleiben[176] (preisen mag sie, wer umsonst dichtet [weil er schwach dichtet])" – was sagt das? Es scheint zu sagen, dass Properz den Fall annimmt, dass aus irgendwelchen Gründen er aufhören könnte, das zu tun, worauf er in c. 2, 12 21 ff. stolz ist, nämlich von Cynthia zu dichten. Wenn andere als Properz, das heißt schwache Poeten, von ihr singen oder – so könnte man interpolieren – was dasselbe ist: Wenn sie überhaupt unbekannt, weil unbesungen bleibt, dann (v. 3 ff.) „wird mit Dir zusammen all Deine Reize und Vorzüge auf der einen Bahre davontragen der dunkle, letzte Tag des Todes und ein Wanderer wird an Deinem Grabe vorübergehen ohne die Worte: ‚Diese Asche hier, das war einst ein kunstbegabtes Mädchen.'"

§ 280 Was heißt das alles? Lassen Sie das nicht an Ihnen vorübergehen, denken Sie nach über die Bewegung der Zeilen und über ihren Gedanken! Lassen Sie sich viel Zeit, denn es lohnt sich: Sie werden gut hineingeleitet in properzisches Dichten.

E. Interpretation

§ 281 Die erste Zeile bedeutet ein Fortstoßen: Sollen doch andere über Cynthia (oder welche *docta puella* auch immer) dichten – ob das wirklich eintreten wird, ob es eingetreten ist oder ob Properz nur mit diesem Gedanken spielt, bleibt unentschieden: Die Situation wird nicht pedantisch deutlich gemacht;[177] genug, der Dichter weist ab, nicht das Mädchen, sondern die anderen, schwachen Dichter. *Vel*: Mag sie meinetwegen unbekannt bleiben, weil sie nur von „anderen", das heißt schlechten Poeten besungen wird, deren Gedichte rasch vergehen – mag sie also auf diese Weise unbekannt bleiben. Jetzt wechselt Properz vom Plural „andere" zum Singular: „Soll ruhig einer, der Samen auf fruchtlosen Boden streut, das heißt Gedichte verfertigt, die wirkungslos bleiben, (Dich) preisen" –, dann wird dies geschehen: Alles, was sie auszeichnet, wird vergessen werden, wo doch

[175] Vgl. (mit Enk) c. 2, 1, 9 und Catull 43, 3 *longis digitis*.

[176] Ich nehme an, dass dieses *vel* berichtigend-steigernd gemeint ist, was KS 2, 109, 4 zu ermöglichen scheint.

[177] Viel zu dezidiert schreibt Camps 1967, 112: „A breach has occurred"; methodisch nicht unbedenklich auch Enks Erklärung, warum er das *vel* in v. 1 der schwächeren Überlieferung vorziehe, weil das Wort nämlich die „Empörung" besser ausdrücke: Vor der Endinterpretation sollte man sie vielleicht nicht schon für eine Einzelentscheidung voraussetzen. Man gerät dann in die Nähe des Zirkelschlusses.

eigentlich der Nachruhm bleiben sollte, nämlich in einer erinnernden Grabinschrift wie dieser: „Sie war eine begabte junge Frau."

Mir scheint das Gedicht mit drei Gedanken zu beginnen, die alle letztlich vor demselben warnen, vor dem Unbekanntbleiben. Dieser Hauptgedanke wird gerahmt von dem, was solches Unbekanntbleiben verursacht. Man wird einen leise drohenden Ton heraushören:

> „Sollen ruhig andere (als ich) über Dich schreiben, [Minder-Könner]
> oder bleibe meinetwegen auch unbekannt; [weil niemand Dich besingt]
> soll Dich ruhig einer preisen, der Samen auf Sand streut, [Nicht-Könner]
> (wenn es so weit kommt, dann:)
> Deine Vorzüge, glaube mir, wird dann samt Dir der schwarze Tag
> des endlichen Todes alle auf der einen Bahre davontragen,
> und der Wanderer wird an Deinem Gebein achtlos vorübergehen
> ohne die Worte: ‚Die Asche hier, die war einst ein kunstbegabtes Mädchen.'"

§ 282 Ein Todesgedanke also: Was wird sein, wenn *ich* nicht von Dir schöne und dauernde Verse singe? Und auf diese Weise verbindet sich nun c. 2, 11 mit den folgenden Liedern c. 12 und 13. Das dreizehnte Lied endet mit dem Gedanken an den Tod des Properz; mit c. 2, 14 beginnt ein Paar, das von herrlichen Liebesfreuden singt, also aus einer ganz anderen Quelle gespeist ist als die Lieder elf bis dreizehn. Obschon c. 2, 10 von den folgenden drei Liedern als Augustus-Carmen deutlich thematisch abgesetzt ist, hat Properz dennoch den Übergang gemildert, indem er in den letzten Versen von c. 2, 10 sich als Dichter des Amor vorstellt, als Vertreter einer Dichtgattung, die nur aus kleinem Flusse gespeist ist, nicht von der Quelle Hippokrene auf dem Berge Helikon.

Properz definiert in c. 2, 11 nicht die Ausgangssituation genau und detailliert; er schiebt auch kein fades „dann" zwischen v. 2 und 3, kein „in diesem Falle wird geschehen", usw. Er sieht den dunklen Tag vor sich, sieht den Wanderer vorübergehen und hört, was eigentlich in aller Ohren sein müsste. Und am Ende schließt sich der Kreis zum ersten Vers, vor dem man sich eine Zeile vorstellen darf von etwa dieser Art: „Niemand kann Dich gebührend besingen, niemand außer mir (denn wenn andere Dich besingen, dann"), usw.[178]

Zur Methode

Der Boden, über den der Interpret hier gehen musste, schwankte; die Zwischenbemerkung, mit *vel* eingeleitet, bereitete arge Schwierigkeiten. Auch gebe ich gern zu, dass der Sprung vom Plural (*scribant*) zum Singular (*laudet*) mir unklar geblieben ist, es sei denn, ein ganz bestimmter Dichterling wäre gemeint. Der Philologe stößt hier wieder an seine Grenze. Doch das Ganze war deutlich, und deutlich war auch, dass hier erneut auf die Einbettung zu achten war (s. § 201), denn klärlich bildet

[178] Die hier versuchte Interpretation kommt zu einem Ergebnis, die dem von M. Ites, De Properti elegiis inter se conexis, Diss. Göttingen 1908, 25 ähnelt. Properz verwendet *licet, licebit* mit Konjunktiv fast noch wie einen parataktischen Einschub (so wie HSz 605 [vor Mitte] es beschreiben); zu einem anderen, nicht minder neuartigem Gebrauch des *licet* s. H. Tränkle, Die Sprachkunst des Properz, Wiesbaden 1960, 72.

c. 2, 11 mit 2, 12 und 2, 13 eine Gruppe, in welcher der Gedanke an den Tod eine Rolle spielt, was in der näheren Umgebung vorher und nachher nicht mehr der Fall ist.

Nachtrag

In § 276 wurde die Lesart *ve* erwähnt, die neuere Gelehrte zu *ne* änderten; sie ist zu platt, denn sie gibt in recht überflüssiger Weise das Motiv des *scribere* an. Die hier versuchte Erklärung des Gedichtes weicht nicht unerheblich von der ab, welche K. Neumeister, Die Überwindung der elegischen Liebe bei Properz (Studien zur Klassischen Philologie 7, 1983, 57) andeutet: Properz erteile hier seiner Muse als Dichter eine Absage. Wenn irgend Wahres in meiner Interpretation ist, trifft die Absage die Dichter-Konkurrenten, denen er Schwächlichkeit bescheinigt, sie ist nicht etwa an seine Muse gerichtet.

Der dreiundzwanzigste Text: Horaz, c. I 14

Schiffbrüche

Wir haben schon lange nicht mehr die Auseinandersetzung mit der sog. „Sekundärliteratur“ betrieben. Darum sei das nun in einiger Ausführlichkeit nachgeholt. Zu einem Horaz-Text alles, was je hierüber geschrieben wurde, zusammenzusuchen und dann auch noch durchzusprechen, das ist bei der heutigen Massenproduktion zwar möglich, wäre aber ermüdend, darum wenig lehrreich. Ich werde also die wichtigsten Kommentare und vier Aufsätze aus neuerer Zeit zu Worte kommen lassen, um mit Ihnen nicht nur die Bearbeitung alter Texte, sondern auch die Beurteilung von Literatur *über* alte Texte zu üben.

A. Der Text mit Übersetzung (§ **283**)

O navis, referent in mare te novi
fluctus! O quid agis? Fortiter occupa
portum! nonne vides, ut
nudum remigio latus

(5) et malus celeri saucius Africo
antemnaeque gemant ac sine funibus
vix durare carinae
possint imperiosius

aequor? non tibi sunt integra lintea
(10) non di, quos iterum pressa voces malo.
quamvis Pontica pinus,
silvae filia nobilis,

iactes et genus et nomen inutile,
nil pictis timidus navita puppibus
(15) fidit. tu nisi ventis
debes ludibrium, cave!

Nuper sollicitum quae mihi taedium,
nunc desiderium curaque non levis,
interfusa nitentis
(20) vites aequora Cycladas!

„O Schiff! Sollen denn aufs Neue dich die Wogen ins Meer hinaustragen?
O was hast du nur vor? Eilends nimm einen Ankerplatz im Hafen ein! Siehst du denn nicht, wie dein Bord ohne Riemen, (5) der Mast vom sausenden Süd verletzt ist, die Rahen stöhnen und ohne Leibtau der Kiel kaum noch aushält
Die übermächtige Flut?
Nicht mehr heil sind dir die Segel, (10) nicht die Galionsgötter, die du in neuerlicher Seenot anrufen müsstest. Magst eine Kiefer vom Schwarzmeer,
Tochter also edlen Waldes sein, magst, was nichts nützt, Abstammung und Adelsnamen ins Spiel bringen – nicht traut schön bemalten Hecks der Seemann
In der Not. (15) Du, wenn du nicht Spielball der Winde sein musst, wahre dich!
Noch kürzlich mir Ärgernis und Verdruss, jetzt Sehnsucht und Sorge keiner leichten Art,
du solltest die Fluten zwischen den gleißenden Kykladen vermeiden!"

B. Kurzkommentar

§ 284 V. 1–3: *Novi fluctus*: *Novus* kann auch die Nuance „erneut" tragen, s. OLD *novus* 7; Liv. 24, 16, 2 (*novum de integro proelium*). *O quid agis?* Der starke, laute Anruf durch *O* zeigt die Anteilnahme („anxiety", Nisbet-Hubbard 1970 z. St.) des Sprechenden, die auch H. P. Syndikus 1990, Band 1, 163, Anm. 15 hervorhebt. Mit dieser Anrede beginnt die Personifizierung des Schiffes, die dadurch erleichtert ist, dass sowohl in Griechenland als auch in Rom wie auch heutzutage Schiffe feminin aufgefasst werden („Wann sticht *die* Bremen in See?"). Wir können mit „Was machst du bloß?" übersetzen. Jetzt wird der gute Rat entgegengesetzt: „Nimm energisch (oder: eilig) einen Liegeplatz im Hafen ein!" Zu *occupo* als „belegen, bevor jemand anders kommt" s. Heinze 1957 zu Hor. epist. 1, 6, 32. *Occupo portum* ist eine dichterische Verkürzung von *occupo locum in portu* (s. Cic. Brut. 290).

V. 3–6: *Nonne vides, ut*: vgl. c. 1, 9, 1 und die Kommentare dazu. Der Ton etwa: „Siehst du denn nicht, wie …?" *Nudum remigio latus*: *nudus* mit abl. separ. wie *urbs nuda praesidio* bei Cic. Att. 7, 13, 1. Das Schiff ist also „entblößt von Rudern"; Segelschiffe wurden, wenn nötig (z. B. beim Manövrieren) auch gerudert, vgl. Verg. Aen. 10, 218 (Segeln) mit 290 (ans Land Heranrudern). *Nudum* führt deutlicher, als das gewöhnlichere *nudatum* es täte, die Personifizierung weiter; sie setzt sich in *saucius* fort (OLD *saucius* 3). Die Anordnung der Adjektive (Außenstellung) und Substantive (Binnenposition) erinnern an Chiasmen; in dieser Weise werden die Fortbewegungsmittel, Ruder und Mast, zusammengespannt. Wie das „Sehen" des Stöhnens (*gemant*; v. 6) des Mastbaums zu verstehen ist, klärt schon Heinze 1957 z. St.: Es sei der „allgemeine Begriff ‚wahrnehmen'" herauszuhören. Nisbet-Hubbard 1970, 183 zeigen, wie gängig eine solche Verbindung von verschiedenen Sinneswahrnehmungen in der Dichtung war.

V. 6–9: Auch die Stabilisierungstaue, die um antike Schiffskörper gezogen waren, sind hier zerfetzt (die Kommentare besprechen diese Vorrichtung). Der Kiel allein kann also die Seiten kaum mehr halten (er war das, was die Spanten zusammenhält und ist darum immer das Erste, was ein Schiffsbaumeister fertig stellte). *Imperiosius* ist die See, denn sie „befiehlt", beherrscht die Szene (OLD *imperiosus* 2 a, Ende erweckt den Eindruck, als sei *imperiosus*, von Dingen gesagt, unbelegt; der Thes. Ling. Lat. 7, 1; 564, 59 belehrt eines Besseren). Neuartig dagegen ist *duro* mit Akkusativ (vgl. Verg. Aen. 8, 577, eine Stelle, die wohl zeitlich nach Hor. c. 1, 14 geschrieben wurde).

V. 9f.: Die Segel zerrissen, die Galionsfigur zerschmettert; sie würde das Schiff nicht noch einmal, wenn „bedrückt" durch ein „Übel" (abstrakt für vernichtenden Sturm), anrufen können – an ein erneutes Auslaufen dieses Wracks ist gar nicht mehr zu denken. *Pressa* ist wohl das Simplex, gesetzt statt des gewöhnlichen Kompositums *op-pressa. Non tibi ... non di*: Die Anapher bewirkt den Ton energischer Mahnung.

V. 11–13: Die Ausgaben, die nach *inutile* einen Doppelpunkt drucken (Klingner), scheinen nahe legen zu wollen, dass zu *quamvis Pontica pinus* ein *sis* zu ergänzen sei, so wie nach *nudum remigio* am besten ein *sit* hinzuzudenken ist, und dass mit *iactes* der Hauptsatz beginnt. Andere Ausgaben (Heinze) drucken ein Komma nach *inutile* und lassen so den konzessiven Nebensatz von *quamvis* bis *inutile* reichen. Die zweite Druckweise hat den Vorteil, dass man nun verstehen kann: „Auch wenn du, die du ja doch eine Fichte vom Pontos (Schwarzmeer) bist, also Tochter eines berühmten Waldes, sowohl deinen Stammbaum als auch diesen deinen Namen (*Pontica pinus*) ins Spiel bringst", das heißt Nutzloses. Wenn Horaz fortfährt: „Das Vertrauen der Schiffer stützt sich nicht auf bemaltes Holz", liegt hier nur scheinbar eine Inkohärenz vor, denn solche Sprünge bei Aufreihungen sind bei Horaz nicht selten: Nisbet-Hubbard 1970 zu c. 1, 7, 10). Horaz wollte, dass man versteht: Sichbrüsten mit wenig Hilfreichem oder Eindruckmachen mit schöner Bemalung flößt bei Seenot kein Vertrauen ein (zur Schiffsbemalung zum Beispiel Sen. Ep. 76, 13). *Filia* setzt die Personifizierung fort, doch auch Catull konnte in 64, 1 von Schiffen als „geborenen" (*prognatae*) sprechen.

V. 15f.: *Tu* verstärkt den Imperativ *cave*, das, nackt gesetzt, an sich schon stark genug ist; von „peremptory" sprachen Nisbet-Hubbard.

V. 17–20: Kürzlich noch bedrängender Verdruss, ist das Schiff jetzt Gegenstand liebender Sehnsucht. Die drei Substantive gehören der Liebessprache an. Die Haltung des Sprechenden hat sich also verändert, aus Über- oder Verdruss ist der besorgte Wunsch nach Wohlergehen geworden; daher die mahnenden Worte der Allegorie. Denn dass es sich um eine solche handelt, wird spätestens durch diese Liebesworte deutlich, wenn schon nicht die Irrealität – ein Wrack will noch einmal hinaus! – über allen Zweifel erhoben hat, dass seit v. 2 von einer realen Schiffahrtssituation nicht die Rede sein kann. Am Ende kommt der Gedanke ans Segeln, das Gedicht zu v. 1 zurückführend, erstaunlicherweise (das Schiff war doch schon ein Wrack?) wieder zu seinem Recht: Das Schiff soll die gefährliche Route mitten durch die marmor-gleißenden Kykladen (von Keos bis Melos) meiden. *Interfusa ... Cycladas* statt *fusa (aequora) inter Cycladas* ist ein poetisch-syntaktisches Wagnis (vgl. Verg. Georg. 4, 480). Man fragt sich wohl nicht ohne Berechtigung, wieso dem Schiff zunächst schleuniges Ankern im Hafen angeraten werde, dann aber ein sichrerer Kurs als der durch die Kykladen (von Andros nach Paros), das heißt nach Süden, auf Ägypten zu. Die Antwort dürfte darin liegen, dass wir es evident mit einer Allegorie zu tun haben und der Kurs auf Ägypten den auf Antonius zu bedeutet (so wohl richtig Syndikus 1990, Bd. 1, 163ff.).

C. Wege der Forschung

§ 285 Wir werden in diesem Kapitel das tun, was ein sorgsamer Interpret immer tun wird: Wir werden verschiedene Ansichten zu dem von uns gewählten Text zu Wort kommen lassen und dabei sogleich auf starke und schwache Stellen der Argumentation aufmerksam machen. In dieser Weise werden Wege des Erforschens in all ihren Stärken und Fehlern deutlich werden, was nun aber nicht bedeutet, dass wir hier selber ein Allheilmittel und eine für immer gültige Meinung äußern werden: Wir wollen lediglich Wege und Irrwege erkennbar werden lassen, damit der Leser die Gefahren der Meinungsbildung erkennt.

Vor uns liegt ein Gedicht, das von sehr vielen Gelehrten besprochen worden ist. Sie alle zu hören, wird nicht möglich sein, beginnen wir also bei einem Höhepunkt des 20. Jahrhunderts, dem Kommentar von Adolf Kiessling in der Bearbeitung von Richard Heinze.

§ 286 Heinze 1955, 71 f. wies auf eine mögliche Anregung durch Alkaios (frg. 326 Lobel-Page[179]): „Ich durchschaue nicht der Stürme Aufruhr: Eine Woge rollt von dort, eine von da, wir aber mitten inne werden mit dem dunklen Schiff dahingetragen, uns abmühend gegen den harten Sturm; das Bilgenwasser steht schon um den Mastblock, das Segel zeigt Löcher, große Risse sind in ihm, es lockern sich“ (das letzte Wort ist unklar: Anker oder, wie vermutet worden ist, Taue). Hierher zog D. Page in „Sappho and Alcaeus“, Oxford 1955, 186ff. ein Fragment eines Alkaios-Kommentars, der einen Fetzen eines Liedes enthält: „Meine beiden Füße bleiben in den Tauen(?), was allein mich rettet, die Ware ist hinaus …“, ein Fragment, das allerdings nur vermutungsweise zu frg. 326 gehört. In dem Kommentar wird deutlich gesagt, Alkaios habe in diesem Gedicht von den Kämpfen auf Lesbos gesprochen (Page 188). Dann wäre das Gedicht eine Allegorie.

Aber davon wusste Heinze noch nichts, er bespricht nur das erste Fragment und stellt zu Recht fest, mit dem Alkaios-Gedicht (fr. 326) habe das Carmen des Horaz bis auf die zerfetzten Segel keine Gemeinsamkeiten. Nur dies können wir zusätzlich aus dem antiken Kommentar ablesen, dass Alkaios überhaupt die Allegorie des „Staatsschiffes“ verwendete, doch wie und wo, das bleibt ungewiss.

§ 287 Eduard Fraenkel (1957), 154–158 zitiert mit Nachdruck die Stelle 8, 6, 44 aus Quintilian, der die Ansicht äußert, Horaz habe in c. 1, 14 *navem pro re publica* gesetzt. Fraenkel stimmt zu, denn die Verse kurz vor dem Ende mit ihrer Liebessprache könnten nur allegorisch gedeutet werden: Horaz habe Alkaios in „a free manner“ verwendet (155 unten), und zwar für eine Allegorie, die nicht zu genau in möglicherweise kompromittierende Details geht. Das Gedicht sei kein Meisterwerk, doch die Personifizierung des Schiffs als weibliches, lebendiges Wesen sei ein „felicitous touch“ aus der Zeit vor der Seeschlacht um Aktium (158). Es sei ein frühes Zeugnis für Horazens „Experimentieren“ mit alkäischer Dichtung (158 unten). Was bei Fraenkel fehlt, ist die Beobachtung der Strukturierung des Gedichts, also das Eingehen auf das Gedicht selbst in Absehung von Datum und Quellenfrage. H. P. Syndikus wird das nachholen.

[179] Poetarum Lesbiorum Fragmenta, hrsg. von E. Lobel-D. Page, Oxford, verbesserte Auflage von 1963, 265.

§ 288 Nisbet-Hubbard (1970) 178–188 sprechen wie Fraenkel von einer Staatsschiff-Allegorie und tadeln andersartige Erklärungsversuche: „But commentators, after the fashion of their kind, looked for hidden meanings on every side“ (180); wir werden einige davon noch erleben. Anregung habe Horaz nicht allein von Alc. frg. 326 erfahren, sondern auch durch frg. 6 bei Lobel-Page, das von D. Page a. O. 182 ff. besprochen wird: „Diese Welle kommt wie die erste [nicht ganz sicher], sie wird uns beim Ausschöpfen viel Mühe machen, wenn sie hereinkommt … lasst uns stärken …, so rasch wie möglich in einen sicheren Hafen einlaufen, lasst uns nicht unmännlich zaudern … Ein jeder soll sich seiner Vorfahrn würdig erweisen.“ Das könnte, so Page 184, auf eine Allegorie hinweisen. Darauf gehen Nisbet-Hubbard nicht ein, stellen nur fest, dass „Diese Welle … wie die erste“ dem horazischen *novi fluctus* ähnele, also eine Anregung gegeben haben *könne* („may“). Darauf ist also kein Verlass. Wichtig aber ist, dass Nisbet-Hubbard die erotischen Ausdrücke am Gedichtende sehr wohl mit der Ansetzung einer politischen Allegorie auszugleichen wussten: Schon Thukydides habe den Bürger als „Liebhaber der Stadt“ bezeichnet (2, 43, 1). Zu datieren sei das Lied nach 36 v. Chr., dem Sieg über Sextus Pompeius (180 f.); der Anlass aber sei – damit wenden Nisbet-Hubbard sich dem Wortlaut des Gedichtes selber zu – „a perverse determination to write allegory“ (181, Abs. 3), also ein künstlerischer, wenn auch kein geglückter Versuch einer Allegorie (181).

§ 289 Die Forschung ist hier in eine Ruhelage gekommen: Politische Allegorie, die erotischen Vokabeln am Ende lassen sich mit der Rede des Thukydides vergleichen, die Datierung nach dem Seesieg über Sextus Pompeius und vor der Auseinandersetzung mit Antonius scheint überzeugend. Es fehlt aber immer noch eine Untersuchung des Baues dieser Ode. Sie findet sich bei H. P. Syndikus.

Syndikus 1990, Band 1, 160–168 sieht in Alc. frg. 6 die Anregung zur Situation im Ganzen und zu dem „beschwörenden Ton“ des Horaz-Gedichts, in frg. 326 die zur Schilderung eines schwer angeschlagenen Schiffes (160), doch sei diese Metaphorik nur die „äußere Umhüllung“ (162), wichtiger war dem Dichter die Beschwörung des „römischen Volkes“, wie Horaz sie in der 7. Epode begonnen habe (162 f.). In der Irrealität der Situation – ein Wrack will noch einmal hinaus, wird zum Ankern im Hafen aufgefordert, dann aber am Ende doch wieder auf einen sichereren Kurs nach Süden gewiesen – erkennt Syndikus den Beweis dafür, dass eine (politische) Allegorie vorliegt, eine verborgene Warnung vor erneutem Kampf, diesmal gegen Antonius (S. 166 oben). Die „sprachliche Eigenart des Gedichtes“ (166) erblickt Syndikus nun in seinem Bau aus verschiedenen Materialien, das heißt darin, dass Horaz anders als im „viel lockerer gefügten Alkaiosgedicht“ (167) durch Ausruf, Frage, Befehl, durch Anapher und Antithese den „Eindruck rhetorisch erhöhten Sprechens“ und innere Geschlossenheit bewirke.

§ 290 Mit den Seiten von H. P. Syndikus schien endlich Übereinstimmung erreicht: Alle großen Kommentare verstehen die 14. Ode als politische Allegorie; alle leiten diese Dichtart von Alkaios her (auch wenn das Ausmaß der Anregung umstritten ist, es reicht von der Leugnung einer Übernahme irgendwelcher Details bis zu Termini wie „Vorlage“); die Verlebendigung des Schiffes ist lange vor Horaz reich belegt, ebenso, dass dieses Schiff ein weibliches Wesen ist, das einen Willen (wenn auch einen wahnwitzigen) besitzt, und die erotischen Vokabeln des Schlusses sind hergeleitet von griechischer Ausdrucksweise. Endlich hat dann Syndikus auch die sprachlich-strukturelle Eigenart von der des Alkaios abgehoben.[180] Aber, wie Nisbet-Hubbard schon vorausgesagt hatten, „schauten sich die Kommentatoren, wie es nun einmal ihre Art ist, nach verborgenen Bedeutungen" nun doch wieder weiter um.

§ 291 A. J. Woodman in: The Craft of Horace in Odes 1. 14 (Class. Philol. 75, 1980, 60–67) glaubte nun weder Quintilian noch gab er sich mit der politischen Ausdeutung überhaupt zufrieden. Er ging von den erotischen Termini der letzten Strophe aus: „Lovers' words" könne man mit dem Ziel, die *res publica* anzusprechen, nicht vereinen, also: „The ship allegorizes a woman, Horace's mistress." (so schon W. S. Anderson in Class. Philol. 61, 1966, 84ff.). Nun hat Woodman darin gewiss Recht, dass Frauen in der Antike zuweilen allegorisch oder metaphorisch mit Schiffen verglichen würden (61/3); mit der „ship-of-state"-Allegorie des Alkaios habe Horazens Ode außerdem nur die zerrissenen Segel gemein (64; so ähnlich schon Heinze), die immer wieder zitierten Alkaios-Fragmente brauchen also nicht „Vorbilder" des Horaz zu sein, verpflichten somit nicht dazu, c. 1, 14 politisch zu deuten, erlauben vielmehr die erotische Deutung, welche durch die letzte Strophe nahe gelegt werde. Die Götter aus v. 10, bisher als Galionsfiguren verstanden, sind für Woodman die Liebesgötter, welche Liebende so oft anrufen, und die „bemalte Popp" ist nichts als Damenschminke, der ein neuer Liebhaber nicht vertrauen wird (Schminke sei immer Anzeichen von körperlichen Defizienzen im Gesicht: 65 unten), der neue Liebhaber (*navita*, 14) wird also auf der Hut sein, daher: „Stay where you are, you're in no condition to set off on another affair"; der Dichter war bisher mit der Frau, die da detrimentale Abenteuer erlebt hat, unzufrieden, nun aber ist er anderen Sinnes geworden, sie ist ihm erneut *desiderium*. Die Schilderung all der Schäden sollte nur der Abschreckung dienen, auf eine neue Liebesfahrt auszulaufen (66).

So weit, so gut; doch bleiben Fragen: Wird „Stay where you are" dem *occupa* in v. 2 gerecht, das doch klärlich „nimm einen Platz ein, bevor ein anderer ihn besetzt" bedeutet? Die Schäden als abschreckende Begleitworte für eine Reise („schetliastic propemptikon") zu verstehen, empfiehlt sich nicht, denn die Dame *wird* nicht Schaden nehmen, sie *ist* bereits schwer beschädigt. Und haben Anderson und Woodman die Konsequenz ihrer Idee bedacht? Horaz sagt zu seiner „mistress": „Du bist schwer ramponiert, kannst auf keine neue Liebesfahrt gehen (Du bist gealtert, fügte Anderson 96 hinzu); bleib, wo du bist (wo ist sie denn?): Ich liebe Dich ja wieder." Hat *er* sie so schwer mitgenommen, will er ein Wrack wiederhaben? Für gewöhnlich spricht Horaz zu Frauen, die ihm etwas bedeuteten, taktvoll. Wären Sie bereit, Woodman zu glauben? Scheint Ihnen Woodmans Trick, die Ahnenreihe und den großen Namen aus v. 13 so zu begreifen, dass viele Mätressen damals aus gutem Hause stammten (66, Anm. 35), wirklich glaubhaft? Und der Verweis auf einen besseren Kurs als den durch die Kykladen, also doch auf ein erneutes Auslaufen? Keine Antwort bei Woodman.

§ 292 Wie gesagt, die „commentators after the fashion of their kind" ruhten und rasteten nicht. Gregson Davis in: „Ingenii cumba?" (Rhein. Mus. 132, 1989, 331–345) setzt sich

[180] Dass es mit Ausdrücken wie „locker" in Bezug auf die Kompositionsweise des Alkaios nicht getan ist, habe ich im Hermes 96, 1968, 15–20 gezeigt.

nicht mit Woodman und seinen Vorgängern beim Interpretieren der Ode als „Ship-of-Love"-Gedicht auseinander, auch nicht mit der Auffassung des Gedichts als politischen Weckruf, sondern empfiehlt, nachdem N. K. Zumwalt (Class. World 71, 1977/8, 248–254) solches bereits versucht hatte, das Carmen als „an extended metaphor for the progress of the poem" zu lesen, nämlich als „a broader reference to the poet's *ingenium*" (335). Dass ein Dichten als Seefahrt betrachtet werden konnte, belegt Davis erfolgreich aus Pindar, Vergil und Properz (332–5), und setzt sich nun zur Aufgabe nachzuweisen, dass alle Einzelheiten des Gedichts als bezogen auf den Gang des Dichtens erklärbar sind: Die wilde See stehe für die Gefahren, die mit hoher, epischer Dichtung verbunden sind; die Beschädigungen seien als Ausdruck der „inadequacy of the ship's resources to undertake an extended voyage" (336) so genau beschrieben, nämlich als Folgen der schwierigen Fahrt auf dem gefährlich hohen Niveau der großen Dichtung. Wollen wir nicht gleich anmerken, dass von irgendeiner Länge der Reise, also von „extended voyage" bei Horaz keine Rede ist? *Imperiosius* als Bezeichnung der hohen See meine die Zweifel des Autors an seiner Fähigkeit, mit einer „elevated composition" fertig zu werden, sei er doch ein Dichter der leichteren Muse. Aber wie wird Davis mit der Ahnenreihe und dem großen Namen (v. 13) fertig? Er nimmt eine „divided *persona*" an (337): Das Ich des Dichters sei zweigeteilt in dasjenige, das hohe Dichtung anstrebe, und das andere, das sich seiner Grenzen bewusst sei. Auf der einen Seite also die „edlen Dichtgattungen", auf der anderen das „besonnene lyrische Ich" (337 unten). Der besonnene und bescheidene Dichter sei dann auch der *navita*, welcher der „stylistic ornamentation" misstraue (also der hohen Kunst: 339). Und *taedium* und *desiderium*? Nichts leichter als das: Ein literarisches Projekt, zuvor als *taedium sollicitudinis* verstanden (341, Anm. 21), „is *now* regarded with affectionate *Angst*"[181] (341, 3. Abs.). Was aber bedeutet *taedium*? „Boredom at the prospect of elevated matter", denn eine solche Langeweile, „the tediousness of epic themes", sei ja allbekannt, was in Anm. 22 mit „C. 1.6.5–12" belegt wird, wo allerdings von der „Langenweile epischer Themen" nicht im geringsten die Rede ist, Horaz spricht allein von diesem: „Varius wird von Deinen, Agrippa, Erfolgen zu Lande und zur See schreiben: Ich kann derlei nicht" (so nach Nisbet-Hubbard 1970, 80). Und was ersehnt der Dichter sich (*desiderium*)? Er hat sich eines anderen besonnen, wird nun doch hohe Dichtung schreiben, „resigns himself to the inevitable" (342), obschon er besorgt bleibt. Das alles will sagen: Zunächst distanziert Horaz sich von großer Dichtung und stellt sich vor, wie schweren Schaden er nehmen werde; dann ändert er seine Meinung und äußert ein vorsichtiges Sehnen nach Hohem, ja „he boldly reconstructs himself as a passionate convert (343)". Die rauhe See zwischen den Kykladen nehme dann noch einmal das Thema „Schwierigkeit hoher Stoffe" auf (344). Wenn nun aber *taedium* nur mittels eines üblen Taschenspielertricks auf die Langeweile epischer Stoffe bezogen werden kann, zu denen der Dichter dann doch hinfindet, und wenn die „extended voyage" schlicht interpoliert ist, so ist dieser „Interpretation" der

[181] „Angst" ist hier äußerst deplatziert; man sollte mit Wörtern aus einer Sprache, die man nicht beherrscht, zurückhaltend sein. Der Begriff der Angst als einer Grundbefindlichkeit stammt von Kierkegaard und Nietzsche her, vgl. Z. B. C.-A. Scheier, Nietzsches Labyrinth, Freiburg–München 1985, 57f., 182f.

Boden entzogen. Man lese allein den Versuch, das *ludibrium* in v. 14 als „the idea of exposing oneself to mockery“ im Falle des Scheiterns hoher Dichtvorhaben zu verstehen mit der Hilfe von c. 3, 4, 5 und dem dort verwendeten Wort *ludit*, mittels einer Stelle, die rein gar nichts mit dem Scheitern literarischer Pläne zu tun hat. Man wird sich gezwungen sehen, von Argumenterschleichung und Scheinphilologie zu sprechen.

Die vorletzte Arbeit, die wir besprechen wollen, ist die von G. Calboli: „O navis referent in mare te novi fluctus“. Zu Horazens c. I 14 (Maia 50, 1998, 37–70). Calboli sieht auf S. 39 das „Kernproblem“ der Ode „darin, dass die Lage des Schiffes unklar ist“. Er verspricht zu Beginn mehrfach, einen neuen, bisher übersehenen Text zu präsentieren, der Licht in das Dunkel um c. 1, 14 bringen soll (S. 38 und 40). Der Papyrus Würzburg 19 nennt da nämlich ein Sprichwort, allerdings ist der Text arg verstümmelt; es scheint gelautet zu haben: „Nicht mit (nur) ein ... sicher ... bezüglich der Stellung ... auf das Eintauchen ... Anker ... vor Anker liegen“, was Calboli S. 43 unter Hinzuziehung mehrerer Ähnliches erwähnender Stellen aus Dichtung und Rhetorikhandbüchern dahingehend erklärt, „dass es ratsam sei, sich in Liebesaffären ... auf zwei Stützen zu verlassen“. Der Dichter stellt sich also vor, am Ufer zu stehen und das lecke Schiff zu warnen (44): Es wird Doppelverankerung empfohlen, nur: Wo steht etwas davon im Horaz-Gedicht? Danach referiert Calboli, was inzwischen über die Alkaios-Fragmente erarbeitet worden ist (45–50) und erinnert an frg. 326, Zeile 9, wo vom Anker die Rede ist, was Calboli als „Anker auswerfen“ auffasst und aus der Situation eines Schiffes erklärt, das bei Sturm von Klippen bedroht ist (48, Anm. 15). Dies meinen, so Calboli, auch die Schlusszeilen des Horaz-Gedichtes, und auf diese Weise wäre ein weiteres Verbindungsglied zwischen dem Dichter von Lesbos und Horaz gewonnen. Doch dann ändert Calboli seine Ansicht: Das Schiff könne von Horaz „als ein im Hafen liegendes Schiff dargestellt worden sein“ (51), und deshalb „muss man die Vertäuung durch weitere Anker verstärken“. So wäre dann dem Würzburger Papyrus und der nautischen Gegebenheit, dass zwei Anker mehr halten als einer, Rechnung getragen. Nur: Wo steht bei Horaz irgendetwas von zwei Ankern?

Weiter fragt Calboli nun, was denn diese Ode eigentlich sei, und beruft sich auf eine Untersuchung durch R. C. Kukula (Wiener Studien 12, 1912, 237 ff.), der seinerzeit aufgrund von Stellen bei Dio Cassius und Sueton das Schiff als das Admiralsschiff des Augustus verstand, das auf der Heimfahrt von Aktium in Seenot geriet (53).[182] Er verwendet hierauf aber nicht zu viel Aufmerksamkeit, kommt vielmehr S. 56 zu dem Schluss, c. 1, 14 bezeuge, dass Horaz sich zum neuen Rom des Octavian bekenne (so auch nach Besprechung mehrerer anders lautender Ansichten S. 63 oben), allerdings spiele er auf die altrepublikanischen Institutionen an, wenn er „zwei Anker“ verlange, das heißt (so S. 66 oben) zwei Konsuln (und keine Monarchie). Und erneut sehen wir uns am Ende dieses unklaren Hin und Her gezwungen, die Frage zu stellen: Wo ist bei Horaz von all dem, wo von zwei Ankern die Rede?

[182] Calboli 67 zitiert S. Commager, The Odes of Horace, Yale UP, 2. Auflage 1963, 166 f., der einerseits die Anspielung auf Octavians Admiralsschiff ernst nimmt, andererseits von der Staatsschiff-Allegorie nicht lassen möchte und so die Frage stellt, warum solle nicht „both alike“ gemeint sein? Das ist ein überall zu findendes Fluchtmittel aus Aporien, die aus Alternativen entstehen – ein unerlaubtes, weil alles verwischendes Mittel, das scharfe Urteilskraft vermissen lässt.

Die neueste Verlautbarung besprechen wir zuletzt, es ist dies O. Knorr, „Horace's Ship Ode (Odes 1. 14) in Context: A Metaphorical Love-Triangle" in TAPhA 136, 2006, 149–169. Ich werde seine Hauptargumente als Thesen vorstellen, danach sollen *Sie* sich der Übung halber ein Urteil bilden, bevor ich *meine* Ansicht äußere.

Erste These: Die sonst in der frühen Antike auftretenden Staatsschiff-Allegorien stellten den Steuermann in den Vordergrund, ließen das Schiff unbeseelt sein und imaginierten den Sprecher, also das „lyrische Ich" an Bord – bei Horaz sei alles anders (150f.), also handele es sich nicht um eine Staatsschiff-Allegorie, sondern – vor allem wegen der Liebessprache gegen Ende des Gedichts – um eine Hetären-Allegorie, dabei „an experienced courtesan" (153) umspielend.

Zweite These: Anders als Anderson (s. § 291 Anfang), der von einer Kurtisane sprach, die „is about to embark on another affair" (153), meint Knorr, Horazens Schiff sei „not about to embark on a new voyage", sondern wolle im Hafen Zuflucht suchen (153).

Dritte These: Das Gedicht steht in der Strophenform des Dritten Asclepiadeus; alle anderen Gedichte dieser Form im ersten Odenbuch (c. 1, 5; 1, 21 und 23; ganz ähnlich 1, 13) seien erotisch, also auch 1, 14.

Vierte These: Wie im Titel des Aufsatzes angedeutet („in Context") sollte man die Gedichte des ersten Odenbuches eines nach dem anderen kontinuierlich lesen; dann werde man motivliche Gleichheiten erkennen, vornehmlich die „Sea-of Love"-Motivik (1, 5, 7–13; 1, 14, 2ff.), dann aber auch das Motiv der rasch vergehenden Rose: C. 1, 5, 1 (Rosen-Bett) und 1, 13, 2 (rosenfarbiger Nacken). C. 1, 13 füge dann das Motiv der Gewalt zu all dem hinzu (*furens*, v. 11), das dann im Seesturm von c. 1, 14 wiederkehre. Ferner trete in all diesen Gedichten ein Dreiecksverhältnis auf: Ein Erfahrener berate oder warne Jüngere, meist ein Liebespaar (in c. 1, 14 verberge sich der Liebhaber im Wort *imperiosius*, das darauf deute, dass der Ratende weniger „herrisch" sei: also auch hier, wenn denn die Schäden von allzu stürmischen Liebhabern herrühren, erneut das Dreieck). Diese Übereinstimmungen „zwängen" (zweimaliges „must" auf S. 158) das dazugehörige c. 1, 14 ebenfalls erotisch aufzufassen. Denn die Biss- und Schlagmale aus c. 1, 13 entsprächen den Sturmschäden in 1, 14 als „typical signs of a lovers' quarrel" (158, wegen *rixa* in 1, 13, 11); ebenso glichen *nudum latus* (v. 4) und *saucius* (v. 5) den Schäden aus c. 1, 13, und das „zerfetzte Leinen" (*lintea*, v. 9) entspreche dem zerrissenen Kleide in dem ebenfalls erotischen Gedicht 1, 17, 24ff. (165). So ergebe sich ein enges Motivgeflecht, in das auch c. 1, 14 fest eingewoben sei.

Jetzt sind Sie an der Reihe: Prüfen Sie diese Argumente, von denen ich trotz der sehr kurzen Form hoffe, dass sie Knorrs Meinung richtig referiert haben, sorgfältig und bilden Sie sich ein Urteil.

Meine eigene Meinung deute ich so an:

Zur ersten These: Es ist wohl richtig, dass sich antike Staatsschiff-Allegorien von Horazens Gedicht 1, 14 unterscheiden, aber muss man nicht zugeben, dass einem so höchst originellen Dichter daran lag, die alte Form seinen, das heißt den Gegebenheiten seiner Absicht und Zeitsituation anzupassen? Misstrauisch gegenüber den Angleichungen Knorrs wird man, wenn man sieht, wie er das seiner Konstruktion Widerstrebende einfach unerwähnt lässt, ich meine *nomen et genus* in c. 1, 14, 13 (Knorrs Anm. 21 auf S. 153, die hier helfen soll, kommt über ein „presumably" nicht hinaus).

Zur zweiten These: Misstrauisch muss man weiterhin werden, wenn man liest (153), „Horace's ship is not about to embark on a new voyage". Eine Kleinigkeit? Gewiss, aber derlei Aussagen zeigen, dass hier wieder etwas fortgelassen wird, nämlich das *O, quid agis?*, das auf den Willen des Schiffs schließen lässt, doch wieder hinauszusegeln. Es offenbart sich Leichtfertigkeit.

Zur dritten These: Dass alle Gedichte des ersten Buches, die in der dritten asklepiadeischen Strophenform stehen, erotisch seien, ist schlicht falsch, denn c. 21 hat wahrhaftig keine „erotic undertones" (154), ebenso wenig übrigens c. 3, 13, die Bandusia-Ode. Was Knorr als erotisch anführt, wird nur durch pure Willkür dazu: Die Anm. 27 auf S. 154 bemüht sich, *Latonam dilectam penitus Jovi* (c. 1, 21, 3f.) so zu deuten, dass hierdurch das ganze Gedicht „erotisch" werde, was schlicht falsch. (Knorr ist dabei nicht aufgefallen, dass er seiner Methode entsprechend *penitus* mit *penitus* in 1, 13, 8 hätte verbinden können, seine Gewalttätigkeit wäre dadurch allerdings kaum gemildert worden.)

Zur vierten These: Hier wird dem Leser arg viel Sand in die Augen gestreut. In die Erwähnungen der Rose auf einem Bett (1, 5, 1) und der rosigen Hautfarbe (1, 13, 1) eine Andeutung nur kurz währender Liebe hineinzulesen, ist schiere Willkür. Dass die Gewalttätigkeit des Burschen in c. 1, 13 mit den Sturmschäden in c. 1, 14 gleichzusetzen sei, wird kaum jemand glauben wollen. Ebenso wenig die Anähnelung der linnenen Segel aus c. 1, 14 an das zerrissene Kleid in 1, 17, 24ff.: Woher weiß Knorr, dass die aus Leinen waren, einem sehr selten getragenen Stoff (Blümner 1911, 241)?

Wichtig allerdings war die Herausarbeitung jenes Dreiecksverhältnisses, auch wenn Knorr sich zuweilen auf ein „only implied" (zu c. 1, 13, 13f.) verlassen muss und in c. 1, 14 keines so recht aufzufinden vermag. Nur dass es sich hier um eine seit den Jamben bis zu den späten Briefen immer wieder bei Horaz auftretende Eigenart handelt, sehr viel häufiger als nur in Liebesgedichten: Man stößt hier eine horazische Grundeinstellung, aber das lag außerhalb von Knorrs Horizont.

Insgesamt wäre zu sagen, dass dieser Aufsatz auf Willlkür im Zusammenzwingen von kaum je Zusammenpassendem und auf Fortlassen von Widerstrebendem beruht, was keine Empfehlung darstellt.

Was wäre aus alledem zu lernen? Wenn man sich in das Gewoge der Literaturkritik begibt, kommt es darauf an, ein klares Urteil zu gewinnen; das gewinnt man, wenn man die Verfasser solcher Sekundärliteratur ständig fragt: Ist Deine Ansicht zwingend aus dem Text abgeleitet? Oder stammt sie aus Deinem persönlichen Glauben und Meinen, aus Deinen Dir lieben Wunschvorstellungen oder gar Deiner Originalitätssucht? Dann weiter: Wenn ein Interpret etwas an den zu erklärenden Text heranträgt, muss man scharf urteilend die Frage klären: Gehört Deine neue Zutat zwingend in den Text? Beide Fragen wären in Davis' und Calbolis Fall zu verneinen.

D. Zusammenfassung

§ 293 Die vier von uns referierten Aufsätze kranken alle an einem: Statt sich zu fragen, ob nicht längst Gesagtes (hier das von Quintilian Vorgebrachte) zutrifft und wie man es vielleicht noch schärfer fassen könnte,[183] versuchten sie sich darin, dem Gedicht – das alle als allegorisch auffassen – eine neuartige, unerhörte Wendung zu geben: Es meine beileibe nicht den Staat, sondern die Liebe, das Dichten, ja das Leben des Horaz selber.[184] Dabei wurden drei Kardinalfehler begangen: Erstens mussten Teile des Horaz-Gedichtes gewaltsam in die passende Richtung verbogen werden, und zweitens wurde versäumt, nach den Konsequenzen zu fragen. Wenn das Gedicht auf das literarische Schaffen des *ingenium* anspielt, wäre die Konsequenz aus dem wrackartigen Zustand des *ingenium*-Schiffes, dass Horaz schon einmal mit dem Versuch hoher Dichtung gescheitert sei, womit das schöne Gedicht c. 1, 37 vergessen wäre. Wenn das Carmen auf Horazens Mätresse anspielt, wer hat sie dann wohl so arg zugerichtet? Soll Horaz eine zuschanden geliebte Frau sehnsüchtig zurückverlangen?, usw. Und drittens fanden wir immer wieder zweifelhafte Deutungen einzelner Wörter, wenn diese in die favorisierte nicht recht passen wollten.[185]

Interessant ist nun, die Zweiteilung der Sekundärliteratur zu betrachten: Die großen Kommentare von Heinze, Fraenkel (wenn man sein wundervolles Buch für einen Augenblick hier einordnen darf), Nisbet-Hubbard und Syndikus hatten Schritt nach Schritt eine Ruhelage erreicht: Horaz schrieb eine (nicht zum Jubeln hinreißende) Allegorie des Staatsschiffs und bezeugt durch sie, aus einem dem Unterfangen Octavians skeptisch gegenüber Stehenden (Epoden 7 und 16) zu einem „Liebhaber des Staates" geworden zu sein, der nun voller Befürchtungen die Vorbereitungen zu einem neuen Krieg beobachtet und vor ihm warnt. Die Kommentarpublikationen zeigen mehr Verantwortung und methodisch begründete Zurückhaltung als die Aufsätze, in denen man anscheinend sich erlaubt, seinen Vorlieben etc. die Zügel schießen zu lassen. Auch diese Beobachtung könnte zur Warnung dienen.

Zur Methode

Wenn wir Philologen bleiben wollen, dürfen wir Philologie nicht dazu degradieren, einem aus Originalitätssucht geborenen Einfall so nachzugeben, dass wir den Text so lange verbiegen, bis er dem Einfall entspricht (vgl. § 200 und 202, 8), dann werden wir aus Philologen zu Fälschern.

Man sollte am Ende noch erwähnen, dass R. W. Carrubba in Latomus 63, 2003, 606 ff. der Struktur des Gedichtes nachspürt; so seien (S. 614) die gleißenden Marmorfelsen der Kykladen komposi-

[183] Das hat H. D. Jocelyn in: Boats, Women and Horace „Odes" 1. 14 (Class. Philol. 77, 1982, 330 ff.) getan, indem er Quintilians Äußerung auf Remmius Palaemons Interessen zurückführte.

[184] C. W. Mendell, Horace I 14, in: Class. Philol. 33, 1938, 145 ff.

[185] Dass man allzu rasch mit literarischen „Abhängigkeiten" operiert, zeigt Calbolis Vokabular auf S. 55: Mendell 148 hatte Catulls c. 4 (*Phasellus ille*) herbeigezogen, und Calboli attestiert ihm, er habe die „Abhängigkeit des Horaz von Catull" nachgewiesen. Wenn von Schiffen die Rede ist, so wird der kritische Kopf einwenden, ist es ja wohl klar, dass bestimmte nautische Begriffe fallen. Daraus zu schließen, dass „Horaz dem großen Lyriker Catull folgen wollte" (Calboli 55 Mitte), ist zumindest verwunderlich.

torisch zu verstehen als Aufwägung zum düsteren Gedichtbeginn; doch da steht nichts von Dunklem, immerhin ist diese Ausbalancierung ein schöner Gedanke.

Nachtrag

§ 294 Weil so viele Unsicherheiten aufgetreten sind, da unser Gedicht so vielen seltsamen (dies ein Ausdruck von Nisbet-Hubbard) Auslegungen Vorschub leistet, darf man da vielleicht wagen, mit dem Hut in der Hand oder nach Goethe „auf den Knien" (§ 198), einen kleinen Schuldanteil auch dem Dichter selber zuzuschieben? Gewiss bezeugt Sueton am Ende seiner Horaz-Vita,[186] Horaz habe an dem Fehler des „Obskuren" nicht gelitten. Aber in dem noch sehr frühen Gedicht 1, 14 hat die überraschende Hinwendung zu Termini der Liebessprache ein wenig doch auch Unklarheit geschaffen und den modernen Einfällen die Tür geöffnet. Aber ebenso gewiss hat H. P. Syndikus Recht, wenn er auf die Rundung des Gedichtes hinweist, nämlich auf das Wiederauftreten ganz persönlicher Empfindung: Nach den besorgten Warnungen am Anfang hört man dann gegen Ende eine erneute Warnung in den Schlussworten. Durch diese feinspürige Beobachtung verliert das Auftreten der Liebessprache, mit der so manche Erklärer ihre Mühe hatten, viel von ihrer Überraschung und Verunsicherung der Leser.

§ 295 Ganz zum Schluss muss aber doch noch eine Frage gestellt werden: Mit welcher Art von Dichtung haben wir es hier zu tun? Mit einer tiefen Empfindungsdichtung oder mit bloßer Versifikation oder womit? Nun, dem Carmen liegt – so die communis opinio – ein Gedanke zugrunde, nämlich dass gewarnt werden müsse vor erneuten Kriegen. Das ist in einen Aufruf an ein versehrtes Schiff gekleidet, und darum gibt es nach dem *O quid agis?* so viele anschauliche Details. Darum folgt dann aber auch die Schilderung dessen, was der Sprechende empfand und empfindet, und dies ohne jegliche Anschaulichkeit. Diese stellt sich dann jedoch wieder ein, und in besonders schöner Schauanregung am Ende, wenn von den Marmorklippen die Rede ist. Ein Gedankengedicht also, in dem das Anschauliche Umhüllung ist und die Empfindung Einbezug des Sprechenden herstellt, dessen Hauptgewicht aber auf der Warnung im Interesse der Gemeinschaft liegt.

Aber vergessen wir über dem Gedanken nicht die Mühewaltung des Dichters. Wir lesen da zunächst einen Anruf. *O navis!* Dann ein Voraussehen: „Erneut werden dich die Fluten hinaus auf die offene See bringen", und danach erst *O quid agis?* Das ist pure Dramatik: Das „Was machst du bloß?" deutet darauf, dass jenes Schiff wieder hinaus will, die vorausschauende Warnung also missachtet. Und das *O navis!* erscheint als zunächst unspezifiertes Erschrecken, auf das die Warnung folgt, welche das Schiff in den Wind zu schlagen gewillt scheint. Dann die gut gemeinte Aufforderung und ihre Begründung durch Evidenz: „Siehst du denn nicht selber, dass du ein Wrack bist?" Beschlossen wird sie durch das scharfe *cave!* Ganz am Ende endlich wird deutlich, warum der Rufende so erschrocken war: Er sorgt sich *jetzt* um das Schiff, das ihm *vordem* widerwärtig (Nisbet-Hubbard 1970, 181) gewesen. Hier muss man etwas einfügen, damit das Gedicht, besser: seine Paraphrase kohärent werde: „Und solltest Du doch wieder lossegeln, dann ..." Aus klingt das Ganze mit den „gleißenden Klippen", mit etwas Schönem also, das allerdings dem Schiffe eine tödliche Gefahr birgt. Am Ende löst sich die Spannung im schönen Bild, besser: mit der Anregung zu einem Bilde, welches das innere Auge des Rezipierenden, der die Kykladen kennt, sich ausmalen kann.

[186] Abgedruckt in Klingners Horaz-Ausgabe 1959, S. 3*.

Der vierundzwanzigste Text: Catull, c. 9

Schule des Einfühlens

Nach dem teilweise unerfreulichen Kapitel über Horazens c. 1, 14 soll nun wieder ein hübscher Text stehen, der dazu angetan ist, das Herz zu erwärmen. Wir wollen hier nicht noch einmal Kritik an der Sekundärliteratur üben, sondern uns lieber an das zu Hor. c. 3, 22 (s. § 156, Ende) Gesagte erinnern und uns in das Catull-Gedicht hineinversetzen.

A. Der Text mit Übersetzung

Textsicherung

§ 296 Die Überlieferung stellt nur in einem einzigen Vers vor eine Schwierigkeit: In v. 4 bietet eine um 1375 geschriebene HS, die heute in Paris aufbewahrt wird (G genannt), dies: *(venistine ad fratres) uno animo suamque matrem*, ein Oxforder Kodex, der dem Parisinus eng verwandt ist (O), *(venistine ad fratres) uno animo sanamque matrem*. G. Faerno (gest. 1561) trennte nach dem Zeugnis des Achilles Statius in dessen Ausgabe Venedig 1566 richtig ab und verbesserte glanzvoll zu *(venistine ad fratres) unanimos anumque matrem* nach Mart.11, 23, 14 [A. Bol]. Zur Catull-Überlieferung späterer Zeiten vgl. J. H. Gaisser, Catullus and his Renaissance Readers, Oxford 1993. Kommentare: W. Kroll (s. Literaturverzeichnis); D. F. S: Thomson, Catullus, Phoenix Supplementband 34, Toronto UP 1998 (kann Kroll nicht ersetzen). H. P. Syndikus, Catull, Darmstadt 1984. Mein eigenes Catull-Bild findet sich in: Die charmanten Spiele des Catull, Gymnasium 112, 2005, 211–228.

Verani, omnibus e meis amicis
antistans mihi milibus trecentis,
venistine domum ad tuos penates
fratresque unanimos anumque matrem?
(5) Venisti! O mihi nuntii beati!
Visam te incolumem audiamque Hiberum
narrantem loca facta nationes,
ut mos est tuus, applicansque collum
iucundum os oculosque suaviabor.
(10) O quantum est hominum beatiorum,
quid me laetius est beatiusque?

„Veranius, von allen meinen Freunden mir um tausend Meilen
Der liebste – so bist Du also heimgekommen in Dein Haus, zu
Den Brüdern, die alle dir lieb sind, und zur alten Mutter!
Du bist gekommen – oh welch' schöne Nachricht!
Ich werde Dich sehen, unversehrt, werde Dich erzählen hören
von Landschaften, Geschehnissen, Völkern der Spanier, wie Du's ja so
gerne tust, werde Deinen lieben Hals umfassen, Dir Mund und
Augen küssen! Oh, von allen glücklichen Menschen, was ist
froher und glücklicher als ich?"

B. Kurzkommentar

§ 297 Die Situation ist in groben Zügen rekonstruierbar: Veranius und sein Freund Fabullus waren in Spanien gewesen (c. 12, 14ff.), und Veranius hatte von dort dem Catull eines der berühmten spanischen Leinentüchlein geschickt. Veranius und Catull hatten beide die unliebsame Erfahrung knickeriger Vorgesetzter auf Auslandsreisen gemacht (c. 12), nun aber kehrt Veranius wohlbehalten aus Spanien zurück, vielleicht um das Jahr 60 v. Chr. (Kroll 1959, 18). Catull verfasst daraufhin dieses sein Begrüßungsgedicht,[187] jedoch ohne all die üblichen Topoi wie Dankopfer und Begrüßungsmahl zu berücksichtigen (Syndikus 1984, 112 oben).

V. 2: *Milibus*: „meilenweit" übertrifft Veranius, was Catulls Liebe zu den Freunden angeht, sie alle (Syndikus 1984, 113, Anm. 6), nicht – wie früher oft kommentiert wurde – übertrifft er „all die tausend Freunde". *Antistans*: OLD *antesto* 1 nennt Belege für dieses zunächst vorwiegend altlateinische Wort, das in Catulls und Ciceros Zeit noch nicht vergessen war, das dann veraltete und in nachklassischer Zeit wieder auftauchte.

V. 4: *Unanimos*: Kroll 1959, 19 glossiert das Wort mit *carus*, doch lässt Plaut. Truc. 435 *unanimantis, fidentis* es als möglich erscheinen, dass „treu" gemeint ist. Aber: Wer beweist, dass *unanimans* bei Plautus synonym sein muss mit *fidentis*? Am ehesten bedeutet das Wort „ein Herz und eine Seele", vgl. Plaut. Stich. 731, Cat. 30, 1. V. 5 *Nuntii* könnte ein griechischer Genetiv des Ausrufs sein (vgl. Eur. Bacch. 1248), wie Kroll erklärt; doch Syndikus 1984, 113, Anm. 9 plädiert für einen Plural, weil der Gräzismus überaus selten sei. A. Bal verweist brieflich auf G. Meiser, Historische Laut- und Formenlehre der lateinischen Sprache, Darmstadt 1998, 134: Der Genetiv müsste auf *-ii* endigen. Zum Nominativ des Ausrufs vgl. HSz 48; 421 (a, Epsilon), Hofmann 1951, § 53, Ende. Ob der Plural bedeutet, dass die gute Nachricht „von verschiedenen Seiten" kam, wie Syndikus meint, oder ob er Ausdruck der Fülle des Freuens ist, muss wohl unentschieden bleiben (derartige Sprachkapriolen wären Catull zuzutrauen, s. unten zu v. 11 und in c. 3, 1 *Veneres*).

V. 8: *Applicans*: „an sich schmiegen" (so R. Henke, vgl. Syndikus 1984, 114, Anm. 13). Den Kuss auf Mund und Auge belegt Kroll 1959, 19 mit Stellen seit Hom. Od. 16, 15: Telemachos erkennt den Vater und „küsste ihm das Haupt und beide schönen Augen". So schrieb noch Ciceros Bruder Quintus (Cic. fam. 16, 27, 2).

V. 10f.: „Catull fühlt sich als der glücklichste Mensch auf Erden", schreibt Syndikus 1984, 114, 2. Abs. Aber weder er noch Kroll kommentieren das seltsame *quid*: Er fragt eben nicht: „*Wer* ist glücklicher als ich?", sondern „*Was* ist glücklicher?" Diese seltene Sprachkapriole (vgl. oben zu v. 5 und Cic. Att. 2, 8, 1 [so A. Bal brieflich]) wird wenigstens versuchsweise zu erklären sein.

[187] Diese Form erläutert besonders Syndikus 1984, 111f.; sie ist zuerst bei Alkaios bezeugt (350 LP: „Vom Ende der Welt bist Du gekommen", usw., s. Page 1955, 223ff.)

C. Interpretation

Fragen

§ 298 In diesem Falle scheint es nicht unangebracht, wieder unser Fragespiel zu versuchen. Tun Sie also drei Dinge: Erstens: Lesen Sie den Aufsatz meiner damaligen Schülerin Sira Onetti (jetzt Dambe): The Technique of Counterbalancing in Catullus (Acta Classica 19, 1979, 59ff.) und gehen Sie dann zum *quid* in v. 11: Können Sie die Kapriole nun deuten? Zweitens: Syndikus 1984, 112–4 zeigt schön, wie das Gedicht „Ausdruck eines überquellenden persönlichen Gefühls" ist und wie Catull nach der Schilderung des Glücks des Freundes und der Familie über die Heimkehr sein eigenes Glück überschwänglich beschreibt; verfolgen Sie diesen Ablauf genauer! Und drittens: Um sicherer urteilen zu können, lesen Sie das c. 8 und vergleichen Sie die beiden nebeneinander stehenden Gebilde – hat dies Nebeneinander (c. 8 neben c. 9) vielleicht einen Grund? Hier der Text von c. 8 mit einer Übersetzung:

Miser Catulle, desinas ineptire
et quod vides perisse perditum ducas.
Fulsere quondam candidi tibi soles
cum ventitabas, quo puella ducebat
amata nobis quantum amabitur nulla.
Ibi illa multa tum iocosa fiebant,
quae tu volebas nec puella nolebat,
fulsere vere candidi tibi soles.
Nunc iam illa non vult, tu quoque, impotens, noli,
nec quae fugit sectare nec miser vive,
sed obstinata mente perfer, obdura!
Vale, puella, iam Catullus obdurat,
nec te requiret nec rogabit invitam.
At tu dolebis, cum rogaberis nulla:
Scelesta, vae te, quae tibi manet vita?
Quis nunc te adibit? Cui videberis bella ?
Quem nunc amabis? Cuius esse diceris?
Quem basiabis? Cui labella mordebis?
At tu, Catulle, destinatus obdura!

„Catull, Du Ärmster: Lass nun ab von Torheiten, und was
Du verloren siehst, das gib auch verloren! Einst strahlten
Hell Dir die Sonnen, als Du noch gingst, wohin Dich Dein Mädchen
Führte – die ich geliebt, wie keine je wieder geliebt
Werden wird! – Vieles geschah dort an den schönen Spielen,
Die Du wolltest und die sie nicht abwies. Da strahlten
Wirklich hell die Sonnen. – Jetzt will sie nicht mehr,
Gib auch Du auf, Du Unbeherrschter, zu verfolgen, die
Flieht, mach Dich nicht elend, sondern mit hartem Willen

Ertrage, festige Dich! – Leb wohl, Mädchen – Catull festigt
Sich jetzt, wird nicht nach Dir suchen, wird Dich nicht fragen,
Die ja nicht will. – Aber Du wirst leiden, wenn keiner
Nach Dir fragt. Du Schlimme, weh Dir! Was für ein Leben erwartet
Dich? Wer kommt nun zu Dir? Wem wirst Du schön erscheinen? Wen
Wirst Du jetzt lieben? Wer wird noch sagen, Du gehörst zu einem Mann?
Wen wirst Du küssen? Wem wirst Du die Lippen beißen ...?
Aber Du, Catull, bleib' hart und festige Dich!"

Antworten

§ 299 Zum Ersten: Sira Onetti-Dambe hat gezeigt, wie Catull gern seine kleinen Gedichte mit sprachlichen Pointen beschließt (z. B. c. 41; hierzu in Kürze der oben in § 297 zitierte Aufsatz, S. 218); man könnte das überraschende *quid* in c. 9, 11 auf diese Weise rein sprachlich erklären; man könnte aber auch daran denken, dass ein Was umfassender ist, weil es alles in der Welt, nicht nur die Menschen einschließt (man nennt eine solche Übertreibung „Hyperbel" (*hyperbolè*, ein „Wurf übers Ziel hinaus", s. Landfester 1997, 95 f.). Ich wenigstens spüre hier erneut und sehr deutlich die Grenze des philologisch Erreichbaren (vgl. § 202, 6; 230).

§ 300 Zum Zweiten: Catull beginnt mit dem Ausdruck der eigenen Freude am Heimkommen des Veranius, geht dann zur Familie des Freundes über, welche die Heimkehr beglückt (Hausgötter, Brüder und die alte Mutter [wir sollen nicht nach dem Vater fragen, wenn Catull nichts von ihm sagt]) und kommt dann zu der eigenen Freude: Er werde sehen, hören, umarmen und küssen – an dieser schönen Aussicht angelangt, bricht er mit einem Freudenschrei ab: „Wie viele glückliche[188] Menschen es auch geben mag (und überhaupt): Was auf dieser Welt ist froher und glücklicher als ich?" Das Gedicht zeigt also eine Bewegung von einer beinahe ungläubigen Freudenempfindung („Bist Du wirklich heimgekehrt?") zur Familie, dann aber, nach dieser Pause, in der er mit den anderen mitempfindet, folgt die Wendung zu sich selber mit einer umso gewaltigeren Entladung des Jubels.

§ 301 Und nun zu c. 8: Ist es Ihnen aufgefallen, dass auch c. 8 eine solche Bewegung zeigt? Ich schrieb seinerzeit in dem genannten Gymnasium-Aufsatz S. 219 etwa dies: „ ‚*Aber Du, Catull, bleib' hart und festige Dich!*' Ja, von wegen ...! Gewiss, es ist alles vorbei, die riesige sinnbetörende Liebe, sie ist vorbei. Da heißt es: Aufgeben, hart werden sich selber gegenüber, verzichten, nicht mehr an sie denken. Aber schon die erste Zeile mit ihrem ‚Du Ärmster' zeigt, dass er leidet; er leidet auch an der herrlichen Erinnerung, Erinnerung an ihr Wollen, ihre Spiele – aber gut, er will fest sein. Aber dann kommt es ihm vor, als sei auch für sie alles Lieben vorbei, sie tut ihm leid, wieder erinnert er sich: Wie er nach ihr fragte, wie er sie suchte, wie man sagte ‚Die Lesbia, die gehört dem Catull', wie sie küsste, biss – und hier, kurz vor der Erinnerung an die Erfüllung, da bricht er ab mit seinem ‚Festige Dich!' Kann man glauben, er werde sich festigen, vergessen, verzichten?"

188 W. Kroll 1959, 20 und 6 erklärt die Komparative in c. 9, 10 und 3, 2 jeweils mit metrischen Gründen: Catull wählt den Komparativ, um einen bequemen Versausgang zu gewinnen. Mag sein, doch könnte man darüber spekulieren, ob der Komparativ nicht auch zur Absetzbewegung dieses Freundeskreises von der Mitwelt gehört – aber wie gesagt: Das wäre nichts als Spekulation.

Wenn diese beiden Auslegungen von c. 8 und 9 zutreffen, dann hätten wir einen Fingerzeig dafür gefunden, dass hier zwei ähnlich strukturierte Gedichte aneinandergerückt sind. Das wäre dann aber eine sehr subtile Buchkomposition, doch sie wäre nicht ohne Parallele, vgl. Gymnasium 105, 1998, 417; etwas verfeinert in Gymnasium 112, 2005, 224.

Nachtrag

Was wäre dieses Carmen 9 denn nun für ein Gedicht? Ein Gedankengedicht wie das oben besprochene horazische c. 1, 14? Etwa gar eine bloße Versifikation, wie es sie anlässlich von Heimkehrern wohl nicht selten gegeben haben mag? Aber Sie werden mir gewiss zustimmen, wenn ich meine, es handele sich um ein reines Empfindungsgedicht. Man kann diese Zeilen nur ausschöpfen, wenn man sich in die gleiche Situation hineinversetzt.

Teil IV: Zwei Musterfälle zum Schluss

Vorbemerkung

§ 302 Im Folgenden werde ich zwei Aufsätze wiedergeben, die ich früher einmal geschrieben und die ich heute noch wegen ihrer Methode als interessant und förderlich betrachte. Ich werde sie nicht einfach abdrucken, sondern hier und da so verändern, dass sie besser in dieses Buch passen. Ob inzwischen zu dem behandelten Text und Thema Neues erschienen ist, soll uns weniger wichtig sein als der Weg, den die Interpretation einst nahm. Die Abänderungen werden nicht pedantisch angezeigt.

1. Caesar-Interpretationen[189]

Ein Text wird wegen des Umfangs des zu interpretierenden Stückes nicht beigegeben; ich schlage vor, den Text von A. Klotz, C. Juli Caesaris Commentarii, 3. erweiterte Auflage, Leipzig 1969 und den Kommentar von H. Meusel, Cai Julii Caesaris Commentarii De Bello Civili, 13. Auflage Berlin 1963 zu benutzen.

Dieser Text wird hier nicht in all seinen Facetten interpretiert, es wird lediglich das Thema „Psychologische Kriegsführung" herausgehoben, um einmal die Interpretationsweise der Isolierung eines Aspektes zu üben.

a. Übersicht

§ 303 Es wird um das Ende des Bürgerkrieges gehen. Im Louvre findet sich noch der Prunk-Harnisch König Heinrichs II. von Frankreich. Auf der rechten Brustseite ist die Szene abgebildet, die Caesar selbst nur streift (Bell. Civ. 3, 104, 3), die Spätere jedoch ausführlich berichten,[190] nämlich die Ermordung des Pompeius in der Form der Überbringung seines abgeschlagenen Hauptes an den Sieger, der mit Trauer reagierte (Gelzer 1960, 227). Auf der linken Brustseite sieht man Caesar thronen, vor ihm steht ein nackter junger Mann mit einer Krone auf dem Haupt, anscheinend betroffen und unsicher argumentierend; vor dem thronenden Caesar kniet eine schön bekleidete junge Frau. Man wird in diesem Bilde die Szene erkennen, in welcher Caesar als Samtherrscher Ägyptens Ptolemaios XIII. und Kleopatra einsetzte.[191] Also zwei große Szenen auf den Hauptflächen. Rings um diese Hauptbilder erkennt man Szenen des Kampfes, aber auch der Verwundetenpflege und der Mildtätigkeit: Der schlachtenerfahrene König wusste um die Entsetzlichkeit des Krieges, aber auch um die Barmherzigkeit.

§ 304 Am 17. Juli 48 war Pompeius durch Caesars Stellungen gebrochen, die ihn monatelang bei Durazzo umzingelt gehalten hatten. Entbehrungsreiche Stellungskämpfe der caesarischen Armee waren damit fruchtlos geworden. Am nächsten Morgen[192] spricht Caesar

[189] Nach dem gleichnamigen Aufsatz im Gymnasium 81, 1974, 49–63.

[190] Vgl. J. Carcopino, Caesar, Paris (1935), 5. Auflage 1968, 419.

[191] M. Gelzer 1960, 229; I. Cloulas, Henri II, Paris 1985, 348.

[192] Plutarch (Caes. 39, 9f.) weiß von einer schlaflosen Nacht voller Selbstbezichtigungen zu be-

zur Truppe. Milde und Härte besonnen mischend, richtet er den Widerstandswillen wieder auf, ja einige Offiziere fordern eine Erneuerung der Schlacht; doch Caesar winkt ab, er weiß, den verstörten Soldaten ist ein weiterer Kampf nicht gleich wieder zumutbar, es braucht Zeit, die Gemüter wieder zu festigen (3, 74, 3). Dem entsprechen seine Worte, als er davon berichtet, wie er sich Pompeius nach einiger Zeit wieder zu nähern begann (3, 84, 1), nämlich nach „Festigung der Soldaten und bei Ablauf einer genügend langen Zeit nach den Kämpfen bei Dyrrhachium". Nicht nur fasst die Reprise das Dazwischenliegende zu einer kompositionellen Einheit zusammen und setzt diesen Komplex zugleich von den vorhergehenden Kämpfen bei Durazzo und der folgenden Schlacht bei Pharsalus ab, sie lässt auch erkennen, wie sehr Caesar die psychische Seite des Kriegführens in seinem Werke berücksichtigte. Diese Beobachtung erlaubt uns, den Text 3, 41–93 erneut zu untersuchen, und zwar auf die Psychologie der Kriegsführung hin.

b. Die Schlacht um Durazzo

§ 305 Wie war es zur Schlacht um Dyrrhachium gekommen? Mitte April 48. v.Chr. nähert Caesar sich dem Gegner bei Asparagium (41, 1), bietet die Schlacht an, doch ohne Erfolg, täuscht dann Pompeius und schneidet ihn durch einen Gewaltmarsch von den Magazinen Dyrrhachiums ab, vor allem wohl, um ihn zum Kampf zu reizen, nachdem die Chancengleichheit wiederhergestellt war (Gelzer 1960, 211). Pompeius igelt sich ein, der Stellungskrieg beginnt. Caesar mangelt es an Korn, er fand wenig in der Umgebung,[193] weil Pompeius *haec providerat et superioribus diebus praedae loco Parthinos habuerat frumentumque omne conquisitum spoliatis effossisque eorum domibus ... comportaverat* (42, 5); hier ist die Kritik an Pompeius sehr viel härter, als es auf den ersten Blick scheinen mag. Nicht nur ist *praedae loco* eine scharfe Verurteilung von Pompeius' Härte gegen Neutrale, sondern *omne* deutet auf die Brutalität, *alles* Aufgefundene mitzunehmen und den Geplünderten nichts zum Überleben übrig zu lassen. Zudem spielt *effossis* auf die Art der Beschlagnahme an: Die Häuser wurden nicht nur durchsucht, sie wurden bis in die Fundamente aufgegraben (Thes. Ling. Lat. *effodere* 5, 2; 197, 73; wieso diese Stelle im Thesaurus isoliert und mit „sensu effodiendi evanido" glossiert wurde, ist unerfindlich). Diese Anklage entspricht dem, was Caesar in 1, 28, 1 geschrieben hatte: *Pompeianorum militum iniuriis atque ipsius Pompei contumeliis* seien die Bewohner von Brindisi bewogen worden, sich Caesar anzuschließen; Caesar kannte die psychologisch wirksame Milde (H. Dahlmann bei Rasmussen 1980, 32ff.). Caesar wirft Pompeius also Unklugheit im Umgang mit Neutralen vor, die er selber später vermied (3, 82 im Umgang mit Metropolis: 3, 81, 2).

§ 306 Nun belagert Caesar den viel stärkeren Gegner; das sollte dem Ansehen des Pompeius Abbruch tun, was es auch tat (Cic. fam. 9, 9, 2); auch dies ein deutlicher Hinweis darauf, wie sehr Caesar es sich angelegen sein ließ, den Leser auf seine psychologische

richten (vgl. die abfällige Bemerkung Gelzers 1960, 216 über Plutarchs Erzählung: Er hätte vielmehr berichten sollen, wie Caesar die Panik bemeisterte – eine ungerechte Anmerkung).

[193] Zur Textkritik von 42, 1 vgl. im Originaltext des Aufsatzes S. 50, Anm. 5 und Acta Classica 15, 1972, 60.

Kriegsführung aufmerksam zu machen, und wie stark er psychische Auswirkungen von Maßnahmen berechnete. Die Erbittertheit der entstehenden Stellungskämpfe zeigt Caesar jetzt an einem Beispiel, einer Art „Exkurs" (45, 2ff.)[194]: Der Bericht über die Kämpfe sollte gewiss die Hartnäckigkeit der Gefechte zeigen, er bedeutet aber noch mehr: Pompeius sprach, als eine caesarische Legion in eine schwierige Lage geraten war, große Worte (45, 6 *apud suos glorians* meint, er habe so im engeren Kreise gesprochen): *Quin nullius usus imperator existimaretur, si sine maximo detrimento legiones Caesaris sese recepissent inde, quo temere essent progressae* („er müsste als schlechter Feldherr gelten, wenn die Legionen Caesars sich ohne größte Verluste von da zurückziehen könnten, wohin sie kopflos vorgestürmt seien"), obschon es sich um nur eine einzige Legion handelte, das heißt, Pompeius verallgemeinert zu „all die Legionen da". Caesar nahm seine Einheit aber geordnet zurück *veritus, ne non reducti, sed deiecti viderentur* (46, 4), und zwar *sine detrimento* und *quietissime*, was möglich war, weil die Soldaten *subito conspirati* handelten. Sie handelten alle zugleich, so betont Caesar nicht ohne Stolz auf seine Männer durch Verwendung eines ungeläufigen Ausdrucks (bis Seneca nur Cicero, z.B. fam. 10, 12, 4). Nichts also von Kopflosigkeit und schwerem Verlust, Pompeius hatte den Mund zu voll genommen, Caesar weiß auch in der Bedrängnis Ruhe und Klarheit zu wahren. Dies ist also die „Tendenz" des Exkurses, in dem daher erneut das psychische Moment des Ansehens seine Rolle spielt: *ne videretur.*

§ 307 Die „neuartige und ungewöhnliche Kriegslage" (47, 1) verursachte für Caesar einen Getreidemangel schlimmster Art, so dass sogar eine Art Wurzelmehlbrot herhalten musste, doch der Geist der Truppe war vorbildlich, und dies macht Caesar durch eine erneute Digression deutlich, indem er berichtet, die Soldaten hätten, als die Gegner ihnen Hunger vorwarfen, solche Brote ins feindliche Lager geschleudert, um ihnen zu zeigen, sie würden noch lange aushalten: Wieder ein Beispiel psychischer Einwirkung auf den Feind, diesmal seitens der Soldaten. Dass Caesar diese von zweifachem Hinweis auf die Neuartigkeit der Lage (47, 1 und 50, 1) gerahmte Anekdote zum Besten gab, das hat gewiss seinen Grund darin, dass er das großartige Durchhalten seiner Truppe unter Beweis stellen wollte. Nicht übersehen sollte man aber einen weiteren Hinweis auf die Psychologie des Krieges: *ut eorum spem minuerent*, warfen die Soldaten die Wurzelmehlbrote zu den Feinden hinüber (48, 2 Ende).

§ 308 Bald darauf setzte Pompeius zu einem Befreiungsstoß an, den er auf ein strategisch wichtiges Kastell richtete, doch der Legat P. Cornelius Sulla entsetzte es, warf die Gegner zurück und hätte, so sagte man, den Krieg entschieden, hätte er sich entschlossen nachzusetzen. Doch Caesar verteidigt seinen Unterführer: Feldherr-Sein und Offizier-Sein unterscheide sich grundlegend; nur der Feldherr habe die Verfügungsgewalt, die einen Entsetzungsbefehl in einen Generalangriff umwandeln könne (51, 4). Das will sagen: Hätte Sulla, vom Erfolg verführt, wie der „Prinz von Homburg" auf eigene Faust gehandelt, würde er gegen die Disziplin verstoßen haben (vgl. Liv. 7, 10, 3 [Hinweis von R. Henke]).

[194] Die Erzählung einer *pugna* war eine beliebte Form der Digression (Cic. Or. 66; Theon, Progymn. 60, 21): Caesar nähert sich der hohen Historiographie (vgl. H. Haffter, Caesars Commentarii de Bello Gallico, Heidelberger Texte, Didaktische Reihe 4, 1971, 14).

Sulla hatte also verhindert, was in Bell. Gall. 7, 47, 3 geschehen war: *Elati spe celeris victoriae* waren die Legionen vorgeprescht und hatten sich dadurch selber in arge Bedrängnis gebracht, weil *nihil adeo arduum sibi existimabant.* Derlei Euphorien lassen sich leicht mit Szenen bei Thukydides vergleichen.[195] Im Unterschied zur Szene aus dem Bellum Gallicum, wo er seine Vorhaltungen in eine indirekte Rede kleidet, spricht Caesar im Bellum Civile, aus der Rolle des unparteiisch Berichtenden heraustretend, im eignen Namen (zu solchem Rollenwechsel s. Schmitz 2006, 73). Man spürt hier, wie gesagt, die Annäherung an die große Historiographie, zu der Reflexionen spätestens seit Thukydides dazugehören. Klarheit der Verhältnisse, straffe Führung und das Kennen seiner Grenzen im Fall des Unterführers – die Reflexion soll zeigen, dass verlässliche Ordnung herrschte.

§ 309 Pompeius war also abgeschlagen, doch tat er das nach Caesars Meinung einzig Richtige (51, 7), indem er sich auf einem gesicherten Hügel verschanzte. Caesar hielt eine Heeresversammlung ab, während welcher die Tapferen belobigt wurden, u. a. ein Scaeva *ut erat de se et de re publica meritus* (53, 5). Beachtenswert ist sowohl die Reihenfolge wie auch das *de se*: Caesar macht also kein Hehl daraus, dass er den Kampf um „sich“, das heißt um seine *dignitas* führte (3, 91, 2).

c. Ein Exkurs

§ 310 Es folgt nun (3, 59), exkursartig neu ansetzend (*Erant apud Caesarem*, etc.), die Geschichte zweier Gallier-Häuptlinge, lang ausgesponnen, lange wie ziellos scheinbar nur erzählend: Tapferste Leute, reich geworden, geehrt, aber der „Freundschaft“ Caesars allzu sicher und in dummer, barbarischer Arroganz über alles Maß hinausschießend (Gelzer 1960, 215, Anm. 199), begannen sie, Soldzahlungen für die Kameraden zu unterschlagen und auf die Ihren zudem verächtlich hinabzuschauen, kurz: Sie vertrugen ihre Erfolge nicht. Erneut tritt hier das Verb *elatus* auf (59, 3), das uns oben in § 308 an Thukydides erinnerte. Es kam zu Protesten bei Caesar, der aber vertuschte die Sache weitgehend, stellte die Herren nur privat zur Rede, aber auch das war schon zu viel: Aus Furcht vor den aufgebrachten, weil geprellten Untergebenen, aus bösem Gewissen und aus dem Gefühl verletzten Stolzes trauten sie dem Frieden nach dem Gespräch mit dem Feldherrn nicht mehr, gingen vielmehr zu Pompeius über, nicht ohne vorher noch rasch zu versuchen, den *praefectus equitum* umzubringen, *ut cum munere aliquo perfugisse … viderentur* (60, 4). Also Charakterlosigkeit bis zum Kameradendiebstahl und -mord. Diese Leute zeigten Pompeius dann, fürstlich aufgenommen, eine schwache Stelle in Caesars Linien (61, 3). Caesar fügt diese lange Erzählung gewiss vornehmlich deswegen ein, weil er zeigen wollte, dass die arge Schlappe, welche die Durchbrechung seiner Belagerungslinie bedeutete, nicht etwa durch eine Schuld von Römern zustande kam. Aber er hat noch aus einem anderen Grunde so erzählt: Er wollte zeigen, wie sehr Geschehen von psychischen Motiven, in diesem Falle von Affekten abhängt.

§ 311 Pompeius traute den Barbaren und brach durch die caesarische Belagerungslinie an der angezeigten Stelle durch und gewann so freien Zugang zum Hinterland (63, 3).

[195] Vgl. 3, 45, 6; J. de Romilly, Thucydides and Athenian Imperialism (französisch 1947) Oxford 1963, 327.

Caesars Soldaten luden dabei in der unerwarteten Auseinandersetzung, von Panik geschüttelt,[196] Schimpf und Schande auf sich, sie verloren ihre *fides* (64, 3). Caesar erhebt nun nicht in eigenem Namen solch schwere Anklage, sondern durch das Mittel einer Rede, eines Zurufs, den er einem Feldzeichenträger in den Mund legt. Er versetzt sich in die Rolle des treuen Mannes.

d. Spiel des Zufalls

§ 312 Es folgt ein Bericht, der zwei Male das Walten der Fortuna (3, 68, 1) verdeutlicht: Caesar wollte, auf sein Ansehen bedacht, den schlimmen Eindruck der Niederlage durch einen Überfall auf eine manövrierende feindliche Einheit wieder wettmachen (67, 2). Zunächst gelingt dies auch, ja die Caesarianer drangen bis in die Vorwerke des feindlichen Lagers vor (67, 6), dann aber begann der Zufall[197] sein Spiel: Kohorten des rechten Flügels sowie Kavallerie-Einheiten waren in einen allzu engen Raum zwischen den Vorwällen und dem Hauptwall geraten, wurden beim Ansturm der Pompeianer von Panik ergriffen, es begann ein grässliches Morden, und das alles nur, weil die caesarischen Einheiten ein paar Anlagen für einen Zugang ins Innere der feindlichen Stellungen hielten, also wegen eines bloßen Irrtums. Das gesamte Heer geriet in Gefahr (70, 1). Da aber half erneut ein Zufall (3, 70, 2): Pompeius zögerte mit dem Nachsetzen, fürchtete wohl hinter dem unerwarteten Erfolg eine List. Caesar spricht hier, die Rolle wechselnd, direkt, nämlich in der ersten Person.[198] Er berichtet, dass die feindliche Reiterei ihrerseits vom Platzmangel behindert wurde und sich nicht effektvoll entfalten konnte, so dass Caesars Heer gerettet war. Caesar macht also erneut darauf aufmerksam, wie ein Verdacht des Pompeius (*insidias timens*; 3, 70, 1) kriegsentscheidend war, das heißt wie Psychisches eine wirkungsreiche Rolle spielte.

e. Nach der Schlacht

§ 313 Die Schlacht ist geschlagen, und nun die Reaktionen: Caesar schildert sie so, wie *er* sie sah oder gesehen wissen wollte, und zwar in einer raffiniert angeordneten Kapitelgruppe (3, 71–74), welche zuerst die Verluste Caesars aufzählt und dabei betont, dass ein großer Teil davon durch Panik und nicht durch direkte Feindeinwirkung entstanden sei. Damit ist der Erfolg der Pompeianer eingeschränkt und zugleich wird die nachfolgende Darstellung der Siegesstimmung im feindlichen Lager von vornherein mit dem rechten Vorzeichen versehen. Interessant, dass Pompeius, der als Imperator begrüßt wurde, dies

[196] *Corruptum timore* (64, 2) sei das Heer gewesen; Thes. Ling. Lat. 4, 1055, 26f. zeigt, dass diese Wortverbindung nur hier belegt ist. Sie meint wohl, dass solche Panik einen Menschen minderwertig macht. Gleich darauf konstruiert Caesar (*aquilifer*) *a viribus deficeretur*, das ist außer bei Celsus ohne Parallele, das heißt, Caesar verwendet nach Maßgabe seiner analogistischen Vorliebe die Konstruktion von *deseri*.

[197] Zum „blinden Zufall" s. F. Bömer bei Rasmussen 1980, 100; Knoche, ebd. 239: Er scheint Caesar im Verlauf seines Berichtens immer bemerkenswerter geworden zu sein; weitere Literatur im Originaltext des Gymnasium-Aufsatzes 56, Anm. 29.

[198] Zum zunehmenden Gebrauch der 1. Per. Sing. Knoche bei Rasmussen 1980, 252f.; Th. Berres, Die geographischen Interpolationen in Caesars Bellum Gallicum, Hermes 93, 1970, 171.

– wie Caesar ausdrücklich sagt (71, 3) – „geschehen ließ“ (*passus*), dass aber Cassius Dio (41, 52, 1) „er nahm“ sagt (élaben), so als hätte Pompeius von sich aus nach dieser Ehrung gegriffen: Caesar exponiert den Gegner nicht unnütz.

§ 314 Labienus' Hass dagegen überschlug sich schier: Er ließ die Gefangenen vorführen und nach gehässigen Beschimpfungen hinrichten wie Sulla nach dem Gefecht an der Porta Collina; Labien tat dies *ostentationis, ut videbatur, causa quo maior perfugae fides haberetur* (3, 71, 4), also um mehr Glaubwürdigkeit zu erringen oder zu ergattern, da er ja Überläufer war: Erneut wird Caesars Interesse an den psychischen Motiven deutlich. Wie die Gallier-Häuptlinge sich mit einer zweifelhaften Mordtat Liebkind machen wollten, so hier Labien.

Man glaubte drüben, endgültig gesiegt zu haben (72, 1), und da bricht Caesars Unwille los: In einer sechsgliedrigen Anapher wirft er den Verblendeten vor, was sie alles nicht in Rechnung gestellt hätten,[199] vor allem dies, dass sie die *parvulae causae* des Geschehens (72, 4) missachteten, als hätten sie regulär gesiegt, nämlich *virtute.* Dass dies nicht der Fall war, betont Major-General J. F. C. Fuller, Julius Caesar, London 1965, 227. *Ac si virtute vicissent* (72, 4) schließt den Kreis zu *vicisse iam sibi viderentur* (72, 1): So sorgsam baut Caesar.

§ 315 Ganz anders als im Feindeslager spricht Caesar zu seinen Legionären nach der schlimmen Niederlage, die ihn auf die Ausgangsposition zurückgeworfen hat. Man erwartet nach 69, 5, nach der Panikschilderung, eine hart tadelnde Ansprache, liest dann aber *ne ea quae accidissent graviter ferrent* (73, 2), es bestehe kein Grund zur Verzweiflung. Trotz der schweren Schuld also keine Vorwürfe (die Besiegten fühlen sich ja schuldig genug), sondern Aufrichtendes. Bisher sei doch alles überaus glücklich verlaufen, und wenn nicht *alles* günstig verlaufe, so müsse man's halt reparieren: *fortunam esse industria sublevandam*,[200] das *incommodum* (so behutsam formuliert er) müsse *virtute* bereinigt werden, und wer diesmal feige war, werde das nächste Mal sich erst recht einsetzen.

§ 316 Kein Wunder, dass sich die Spannung und Verzweiflung zu einem Aufbrausen der Einsatzfreude löste und des Verlangens, die Scharte auszuwetzen. Caesar zieht ab, vereinigt sich mit dem Heer des Domitius Calvinus, erobert Gomphi im Sturm, nachdem sich diese früher Caesar gewogene Stadt ihm verschlossen hatte, und erlaubt die Plünderung, um ein Exempel zu statuieren und damit die Soldaten sich nach den Entbehrungen der letzten Zeit jetzt erholen könnten; doch die Städte, die sich ergeben, bewahrt er sorgfältig (3, 75–81). So erwartet er die Entscheidung.

§ 317 Auch Pompeius erhält Verstärkung unter der Führung des Metellus Scipio und hält darauf eine seltsame Rede: Er dankt den Seinen, ermahnt die Soldaten Scipios *parta iam victoria*, sie möchten doch (*velint*) an Beute und Belohnungen teilnehmen (82, 1). Danach

[199] In Kap. 72, 2 ist *causae fuisse* („was alles ursächlich wirksam war“) singulär und analogistisch nach *usui esse* konstruiert: erneut ein Hinweis darauf, dass Caesar nicht nur bekennender Analogist war, sondern sehr wohl auch praktizierender.

[200] Dieser Gedanke ist, so scheint es, zuerst bei Plato belegt, Staat 604 c; vgl. Ter. Ad. 740; Hor. sat. 2, 8 84 f.

teilt er seine Würden mit Scipio in übertriebener Bereitwilligkeit.[201] Man darf, ja muss Caesars Ironie spüren: Da dankt ein *imperator* und bittet, man möchte mithalten, der Sieg sei so gut wie gewonnen. Pompeius scheint nicht mehr Herr seiner Entschlüsse, er führt nicht klar und überlegen, er schürt die Überhebung.

§ 318 In der Tat antizipierte man den Sieg (83, 3f.), feilschte bereits um die Würden der Caesarianer, als lägen diese schon im Staube, und klagte sich gegenseitig ungehemmt an, zieh Pompeius der Verzögerung um der Erhaltung seines Titels willen,[202] jeder Tag, der ohne Schlacht verginge, verzögere nur die Rückkehr. Man begann sogar damit, Urteile über die einzelnen Notablen im Reiche nach Maßgabe ihrer Unterstützung der Pompeianer vorzubereiten.[203] Diese anwidernde Geschäftigkeit dient als Gegenstück zur klaren Energie im Lager Caesars: Die Legionäre sind wieder zuversichtlich, ihr Mut steigt, wenn sie sehen, wie Pompeius ausweicht, man übt eine neue Kampfweise ein (Mischung von Infanterie und Kavallerie, um des Pompeius kavalleristische Überlegenheit auszugleichen), ein glückliches Gefecht bestätigt die Richtigkeit dieser Neuerung, und bei dieser Gelegenheit wird auch jener Gallier-Häuptling getötet, der damals die Schwachstelle in Caesars Belagerungslinie verraten hatte (84, 5): Ein gutes Omen. Wieder also legt Caesar besonderen Wert auf seine psychische Behandlung der Legionäre.

§ 319 Das war nun kein Strohfeuer mehr; zwar wird Labienus gleich das Gegenteil behaupten (87) und sagen, die Caesarianer seien längst nicht mehr die alten, und zuvor hatte auch schon Pompeius mit der Überlegenheit seiner Reiterei geprotzt, aber beide Äußerungen sind schon im Vorwege widerlegt. Eine gewisse Ironisierung des Pompeius wird spürbar, auch wenn sie nie gehässig wird (Knoche bei Rasmussen 1980, 245f.; Bömer, ebd. 107). Wir vermerken eine feingesponnene Psychagogie des Lesers, insbesondere lässt Caesar ihn bemerken, wie sehr es Aufgabe des Feldherrn ist, den Geist der Truppe auf natürliche Weise, und nicht durch Bitten und Kondeszendenzen, zu stählen.

f. Pharsalos

§ 320 Endlich nimmt Pompeius am 9. August 48 die Schlacht an. Die Vorgeschichte dieses Entschlusses ist nun aber so interessant, dass ich sie über § 319 hinaus genauer besprechen möchte, zeigt sie doch erstaunlich viel von Caesars Interesse an Psychischem, und das war schließlich ja das Thema dieser Seiten.

[201] E. Badian vermutete gesprächsweise, dass die Sorgfalt, mit der Pompeius der Stellung Scipios Rechnung trägt, wohl ein Mittel sein sollte, nach all den Verfassungswidrigkeiten und Anmaßungen, welche ihm böse Nachrede eingetragen hatten, diesmal ganz korrekt zu wirken, nur wohl jetzt am falschen Ort. Denn anscheinend war es auch Caesars feste Überzeugung, dass im Felde nur einer den Befehl führen sollte, darum der Exkurs 3, 51, 4; der würde auf diese Weise erst richtig verständlich werden.

[202] In diesem Abschnitt 83, 2 steht *postulare* mit Genetiv. KS 1, 463 kommentieren: „klassisch nur hier"; offenbar hat man es erneut mit einer Analogie, diesmal mit der zu *accusare* zu tun.

[203] Zur Syntax von 83, 2f. vgl. in der Originalfassung S. 59, Anm. 43.

Zögernd zwar fasste Pompeius den Entschluss zu schlagen, und nicht ohne das Drängen seiner Umgebung; doch hatte er sogar[204] im offiziellen Rat getönt (s. § 319), die Caesarianer würden aus dem Felde geschlagen sein, noch bevor die Schlachtreihen in Berührung gekommen sein würden (86, 1). Man staunte, aber Pompeius begründete sein Prahlen damit, dass er die Kavallerie davon überzeugt hätte, und diese hätte ihm auch versprochen (!), noch vor der Feindberührung der Infanterie eine Flanken- und Umgehungsattacke zu reiten (86, 3). Ohne Gefährdung der Legionen und fast schon ohne Wunde würde man Caesar schlagen (§ 4). Labienus griff diese Worte auf und versicherte, er rede nicht grundlos, wenn er darlege, dass die Caesarianer nicht mehr die alten seien (87, 1–4). Darauf schwor er, nur als Sieger vom Felde zu gehen, und Pompeius schwor dann dasselbe, hinter Labien gleichsam herlaufend, woraufhin alle Welt sich freute, einen so „erfahrenen Feldherrn" zu haben (§ 7, Ende) – blanke Ironie herrscht nunmehr.

§ 321 Caesar dagegen sprach, als er sah, dass Pompeius bereit war zu schlagen, nüchtern und kurz zu seiner Umgebung; man müsse den Marsch „erst einmal" (*in praesentia*) unterbrechen und ans Kämpfen denken, wie man es ja seit langem gewünscht habe: „Lasst uns bereit sein, eine zweite Chance wird es nicht geben" (3, 85, 4). Dann sah er, während er die Feinde beobachtete, wie sich die Kavallerie drüben auf dem linken Flügel massierte, und griff zu dem Gegenmittel einer vierten Schlachtreihe hinter seinem rechten Flügel (89, 4): Ihr machte er klar, dass der Sieg allein von ihr abhinge.

§ 322 Ob das alles so gewesen ist, wie Caesar es hier berichtet, ist nicht ganz sicher; Cassius Dio (41, 53, 1) und Appian (2, 77) erzählen nämlich, Caesar habe Mühe gehabt, seine Legionen zum Angreifen zu bringen. Das mag so gewesen sein, es mag auch sein, dass er hier dem Ruhm des Heeres Abträgliches verschwieg. Doch worauf es ihm als Schriftsteller ankam, war, noch einmal dem Leser zu verdeutlichen, dass nicht er, Caesar, für das Blutvergießen verantwortlich war (3, 90, 1). Plutarch (Leben des Pompeius 68, 4) berichtet, Caesar habe in seiner Ansprache die Antithese gebraucht, dass man nun endlich gegen Menschen und nicht gegen Hunger und *penia* kämpfen dürfe. Penia ist für Plutarch der Geldmangel, aber von Geldmangel wird Caesar kaum gesprochen haben.

§ 323 Plutarch meinte wohl so etwas wie *inopia*, Mangel an Verpflegung und dergleichen, wovon Caesar in 3, 80, 6 spricht. Ist das richtig verstanden, dann hat Plutarch eine lateinische Quelle falsch übersetzt, in der etwas den Worten in Bell. Gall. 7, 20, 10 (*fames atque inopia*) Nahekommendes stand, am ehesten noch, wegen des ähnlichen Klanges, *penuria* (so B. Dunsch brieflich). Somit hätte man hier ein winziges Fragment aus einer der lateinischen Quellen Plutarchs; welche das war, darüber wollen wir keine Vermutungen anstellen. Es mag hier genügen, abschließend darauf hinzuweisen, dass Caesar – so berichtet er wenigstens – nicht etwa die Kampfkraft der Gegner herabsetzte, sondern vielmehr seinen Legionen in einer kurzen Heeresansprache klar machte, dass *er* sich, sehr im Unterschied zu den Pompeianern, stets um Frieden bemüht habe, dass also die Schuld daran, dass jetzt Bürger gegen Bürger kämpfen müssten, allein beim Feinde liege. Dann begann die

[204] So wird man das *etiam in consilio* verstehen: Zunächst fasste Pompeius bei sich den Entschluss, dann verkündete er ihn darüber hinaus auch im Rat.

Schlacht, und Caesar lässt auch hier den ganzen Stolz auf seine alten Haudegen, die *evocati*, deutlich werden: Pompeius hatte sich den Trick einfallen lassen (92, 2), das Gegeneinanderrennen über jeweils ca. 50 Meter (um Schwung und Impetus zu gewinnen) so zu befehlen, dass *seine* Schlachtreihe nach kurzem Antäuschen stehen bleiben sollte, um die Feinde die doppelte Strecke rennen zu lassen. Die aber sahen, wie die Pompeianer stehen blieben, einer der alterfahrenen Primipilen befahl sofort, ebenfalls den Lauf zu unterbrechen, langsam auf die Feinde loszugehen, um dann die letzte Strecke wieder laufend zurückzulegen – damit schlug die List der Pompeianer, die nun stehend den Anprall aushalten mussten, in einen Nachteil um. So viel zu dem Stolz des Feldherrn auf seine Elite. Ich berichte hierüber deswegen etwas ausführlicher, weil Caesar in 3, 92, 4f. einen psychologischen Exkurs einschiebt: Das Gegeneinanderrennen zu unterbinden, bedeute, die dem Menschen angeborene Energie, die er in solchen Lagen entfaltet, widernatürlich zu drosseln (vgl. Plut. Pomp. 69, 6f.; Caes. 44, 8).

Nachtrag

Wir wollen hier das Referat meines Aufsatzes beenden; es kommt mir hierbei nicht auf den Ausgang der Schlacht an, auch nicht auf den Ort,[205] obschon manch einer gern wüsste, ob er auf dem Schlachtfeld von Pharsalos steht, wenn er den heutigen Ort Fársala verlässt, sich nach Westen wendet und die Ebene dort vor den Hügeln betritt, das heißt ob dies das blutgetränkte Schlachtfeld des 9. August 48 ist, der so viel entschied. Mir kommt es hier darauf an, den Weg der Interpretation zu zeigen, den der Aufsatz damals nahm.[206] Dieser Weg lässt sich leicht beschreiben: Zum einen wurde so gut wie jedes Wort in den Lexika und den Grammatiken nachgeschlagen (s. § 200), wobei zutage trat, dass man doch an recht vielen Stellen Caesars Analogistik erkennen kann. Zum anderen hatte ich, wenn ich für einen Augenblick Persönliches erwähnen darf, damals lange Zeit Thukydides studiert; und so fiel mir in Caesars Bericht bald eine gewisse Ähnlichkeit auf, die bis dorthin noch nicht behandelt worden war, die Ähnlichkeit der psychologischen Erkundung. So stellte ich den Aufsatz unter dieses Thema. Interpretieren muss ja nicht immer eine „Rundum-Erklärung" von all und jedem im Texte sein, sie darf durchaus auch einmal zum Verfolgen eines Themas, also eines Ausschnittes werden. Nichts ist ja langweiliger als ein Referat, das möglichst alles herausklaubt und letztlich nichts Neues bringt; dann lieber Beschränkung auf ein einziges Thema, das neue Einsichten vermittelt. Zuweilen bedeutet, so zeigte dieses Kapitel, Interpretieren auch, dass man geduldig einem einzelnen Thema nachgeht, wie hier dem Interesse an Psychischem und dem an der Fortuna. Daher die Ausführlichkeit dieser Darlegungen.

2. Horaz, c. I 13

§ 324 In diesem Falle kann wieder ein Text beigegeben werden. Die einzige Textunsicherheit (in v. 6 ist bei weitem besser *manent* überliefert gegenüber *manet* in einigen wenigen HSS) wird weiter unten besprochen.

[205] Maurach 2003, 224ff. mit neuerer Literatur.

[206] Nicht ohne Dankbarkeit erinnere ich mich jener Wochen, als E. Badian bei uns an der UNISA in Pretoria weilte, wo er Vorträge und Seminare hielt und nachmittags mit mir Lukan las, dabei auch meinen Aufsatz begutachtete und an einer wichtigen Stelle auch korrigierte.

A. Der Text

Cum tu, Lydia, Telephi
cervicem roseam, cerea Telephi
laudas bracchia, vae meum
fervens difficili bile tumet iecur.

Tum nec mens mihi nec color
certa sede manet, umor et in genas
furtim labitur arguens
quam lentis penitus macerer ignibus.

Uror, seu tibi candidos
turparunt umeros immodicae mero
rixae, sive puer furens
impressit memorem dente labris notam.

Non, si me satis audias,
speres perpetuum dulcia barbare
laedentem oscula, quae Venus
quinta parte sui nectaris imbuit.

Felices ter et amplius
quos inrupta tenet copula nec malis
divolsus querimoniis
suprema citius solvet amor die.

B. Übersetzung

§ 325 Meine Übersetzung möge lediglich als eine Annäherung an den Text verstanden werden, denn die Metaphorik dieses Carmen ist im Deutschen kaum nachsprechbar.

> „Jedes Mal, wenn du, Lydia, vom rosigen Nacken
> des Telephus, von Telephus' wachshellen Armen schwärmst,
> schwillt mir die Leber heiß von unbeherrschbarer Galle.
> Dann bleibt weder der Sinn mir noch die Farbe fest,
> und Feuchte stiehlt sich auf die Wangen
> und zeigt damit, welches Feuer andauernd mich tief drinnen
> verbrennt. Ich flamme auf, wenn dir wildes Ringen, maßlos von Wein,
> die weißen Schultern hässlich befleckt, oder wenn der Mann
> tobend deinen Lippen mit seinem Zahn ein bleibendes Mal
> einpresst. Nicht, wenn du nur mir gut zuhörst, kannst du hoffen,
> einen immer dich Liebenden zu haben, wenn er dir barbarisch
> die süßen Lippen verletzt, welche Venus selbst mit dem fünften Teil
> ihres Nektars benetzte. Glücklich dreimal und mehr noch,
> die ein unzerreißbares Band beieinander hält und die nicht
> eine durch schlimmes Gezänk zerstörte Liebe
> vor ihrem letzten Tage trennt."

§ 326 Über dieses Gedicht habe ich vor nunmehr rund 15 Jahren einen methodisch orientierten Aufsatz „Hor. c. 1, 13: Einige Methodenprobleme" im Gymnasium 99, 1992, 501–517 veröffentlicht, den ich im Folgenden leicht verändert wiedergebe, weil er mir nach wie vor, was die Methodenkritik anbetrifft, nicht uninteressant scheint. Ich zitiere im Folgenden meinen Aufsatz als „Gym".

§ 327 Themastellung

Die Ergebnisse neuerer Arbeiten[207] zu c. 1, 13 wirken deswegen zuweilen sonderbar, weil ihre Verfasser gar nicht selten teils die Reichweite ihrer Kleinfunde nicht abzuschätzen wissen, teils sich vorschnell auf Wortbedeutungen festlegen, oft aber auch weil sie die Umgebung des Gedichtes außer Acht lassen, kurzum: weil sie sich über Methodisches im Unklaren sind.

C. Kurzkommentar

§ 328 V. 1–4: „Dann, wann du ...": Zum *cum – tunc* s. HSz 626, Zusatz. Im fingierten Namen *Lydia* kann ich noch immer (s. Acta Class. 27, 1984, 72) keinen Hinweis auf Luxus erblicken, wie zuweilen gesagt wird. Es kam also nicht nur einmal vor, dass Lydia von ihrem Telephus schwärmte,[208] von seinem rosigen Nacken (vgl. Verg. Aen. 1, 402), seinen wachsweichen (oder wachshellen, s. Nisbet-Hubbard 1970, z. St.) Armen.[209] Sie schwärmt dezent, doch genug, um den Zorn des lyrischen Ich zu erregen. Mit dem Aufschrei *vae* zerbirst die Stimmung begeisterten Schwärmens, es ist ein lauter Schmerzensruf, nicht ohne zornigen Unterton, der das Aufbrausen des Sprechenden spürbar werden lässt. Es ist nicht leicht einzusehen, warum im Unterschied zu Heinze 1955 z. St. so viele Kommentatoren des *difficili* sich auf „schwer verdaulich" festlegen (West 66; Radici Colace 58; Nisbet-Hubbard 1970 z. St., usw.), wo der Thes. Ling. Lat. doch viele Beispiele für „schwer zu bewältigen" bietet (5, 1; 1085, 71 ff.; 1097, 43 ff.).

V. 5–8: Regt sich der Zorn, bleiben weder Sinn noch Farbe fest, das heißt, die *mens* kommt und geht ebenso wie die Röte. Nahe der Besinnungslosigkeit ist das Ich, errötet

[207] Im Folgenden werden zitiert: S. Commager, The Odes of Horace, New Haven-London 1962; P. Keyser, Horace, Odes 1, 13, 3–8, 14–16, in: Philol. 133, 1989, 75–81; F. Quadlbauer, Laedentem Oscula, in: Monum. Chilon., Festschrift für E. Burck, Kiel 1975; F. Radici Colace, Il poeta si diverte, Giorn. Ital. di filol. 37, 1985, 53–71; C. Segal, Felices ter et amplius, in: Latomus 32, 1973, 39–46; D. West, Reading Horace, Edinburgh 1967; W. Wili, Horaz, 2. Auflage Basel 1965; L. P. Wilkinson, Horace and His Lyric Poetry, 2. Auflage Cambridge 1951; G. Williams, Tradition and Originality in Roman Poetry, Oxford 1968; ders., Figures of Speech in Roman Poetry, Oxford 1980; J. C. Yardley, Lovers' Quarrels, Hermes 104, 1976, 124–128.

[208] Das Schwärmen drückt sich in der Namenswiederholung besonders deutlich aus, zu der man Soph. El. 148; Verg. Buc. 7, 70 und weiter Anacr. frg. 3 D; Archil. frg. 70 D vergleichen mag.

[209] In „rosengleich" ist wohl primär an die Farbe gedacht, beim Wachs ist nicht allein die Farbe interessant, auch die taktile Konnotation ist es, und man könnte daran denken, dass diese taktile Anspielung auch dem „rosengleich" die Nuance des Weichen verleiht, das heißt, man mag sich an das „Schema Horatianum" erinnern, das E. A. Schmidt, Wien. Stud. 133, 1991, 66 ff. nachdrücklich in Erinnerung gerufen hat (dazu schon Wendel, Vorlesungen über die Horazischen Oden, Coburg 1822, 79).

und erbleicht im Wechsel, was man mit Sappho, frg. 31 Lobel-Page vergleichen kann, wo das Vergehen von Sprechen, Sehen und Hören genannt und auch das Erbleichen aufgezählt sind (Syndikus 1990, Band 1, 153–7 führt den Vergleich mustergültig durch); man kann bezüglich des Kommens und Schwindens der *mens* auch auf altlateinische Stellen verweisen (Plaut. Cist. 211; Merc. 589), wie man bei der Untersuchung horazischer Motive überall teils nach griechischen Vergleichsstellen, teils aber auch nach altlateinischen fahnden, nie das eine ohne das andere untersuchen sollte.

Hinzu kommt das Weinen; *in genas*, nicht *per genas*, meint dabei die *ersten* Tränen; ein verräterisches Nass, denn es zeigt die Ursache des Zorns: Das Ich liebt Lydia im Stillen selber, und zwar „tief drinnen" (vgl. c. 1, 21, 4 zu *penitus*). Man sollte nicht übersehen, dass hier in v. 8 am Strophenende ebenso wie am Strophenschluss von v. 4 mittels eines Partizips eine füllige Beschreibung gegeben wird: Beschwerung als Abschlusszeichen (Maurach 1995, 203f.).

V. 9–12: Das Motiv des Brennens (*uror*) knüpft zwar äußerlich an v. 4 und 8 an, aber nun ist es kein Brennen vor Zorn mehr, sondern ein Brennen vor Eifersucht: Der Bezug richtet sich nicht mehr auf Lydia, sondern nunmehr auf das sprechende Ich selber. Die Eifersucht quält das Ich, wie der Schmerz, den Lydia erlitt, es quält. Es kränkt das Ich, wie die sonst so (Maurach 1995, 109) wunderbar weißen Schultern verunziert, die Lippen verunstaltet sind (Syndikus a. O. 157, Anm. 18). Handgreiflicher Streit (*rixae*, v. 11[210]) und dann wieder wildes Küssen – so schwankt die unbeherrschte Jugend, lust- und lebensvoll; doch dem von heimlicher Eifersucht gequälten Ich bereitet das bittere Kränkung.

V. 13–16: Ein scharfes, hartes *non* lässt deutlich werden, wie jetzt die Überlegung einsetzt: Das „nicht, wenn du recht auf mich hörst"[211] zeigt die mühsam errungene Ruhe des Ratgebens. „Nüchterne Besinnung" (Syndikus a. O. 158, Abs. 2) ist das, aber vor allem ein Absehen von sich selbst und seinem Zorn und Leiden, ein Sichzuwenden zu dem Mädchen beginnt. Um *sie* geht es jetzt: Ein *perpetuus* kann nicht sein, wer das Mündchen, das „süße barbarisch" (so das Oxymoron) verletzt – ein Mündchen, *oscula*,[212] das Venus selbst mit ihrem herrlichen Nektar benetzt hat.[213] Diese Umschreibung ist recht „dick aufgetra-

[210] Wahrscheinlich hat Yardley Recht, wenn er an Streitigkeiten denkt, denn dies ist die bei Horaz herrschende Bedeutung des Wortes; aber zu behaupten, Wein entfache den Mann beim Liebeskampf nicht, erscheint dann doch seltsam lebensunkundig.

[211] Die Kommentare häufen Belege für *si me audias* und Ähnliches (s. Thes. Ling. Lat. 2, 1288, 31ff.), übersehen aber das in Bezug auf diese Redewendung unbelegte *satis*, das Horaz zum geläufigen Ausdruck hinzusetzt. Mir war weniger die gewisse Skepsis wichtig, die sich in dem Zusatz ausdrückt (obschon Syndikus 158, Anm. 22 mir darin zustimmte), als vielmehr die Phrasenfeinerung (Maurach 1995, § 96; 136 Mitte), das Vermeiden des allzu Geläufigen.

[212] *Oscula* konnte vormals das kleine Mündchen bedeuten, das Wort war aber längst zu „Kuss" geworden; Horaz scheint eine Rück-Etymologisierung zu versuchen (so auch Wickham zu Verg. Aen. 1, 256; Commager 155; Thes. Ling. Lat. 9, 2; 1115, 21ff.).

[213] Die griechischen Parallelen für die verzwickte Ausdrucksweise für den Honig („fünfter Teil des Nektars") brachte schon Orellis Kommentar (4. Auflage Berlin 1886) bei, vgl. jetzt Syndikus a. a. O. 158, Anm. 23. Manche Kommentatoren bemühen die „Quintessenz", doch davon kann wegen *sui nectaris*, das heißt des Nektars der Aphrodite, gar keine Rede sein, denn die Quintessenz liegt kaum auf den Lippen eines schönen Mädchens.

gen", was erneut der Beschwerung des Strophenschlusses zu dienen scheint, also der Abschlussmarkierung.

V. 17–20: Die Seligpreisung, über die F. Bömer zu Ov. Fast. 1, 297 und B. Gladigow, Hermes 95,1967, 404ff. gesprochen haben, in der Form des „dreimal und mehr", vermeidet die üblich gewordene Formel des „drei- und viermal" (Hom. Od. 5, 306; Verg. Aen. 1, 94; Prop. 3, 12, 15; A. Bal verweist auf H. Usener, Rh. Mus. 58, 1903, 357); sie erhebt sich nun vollends aus der Sphäre der Leidenschaft, ja über die Gestimmtheit des Ratgebens hinaus ins Allgemeine. Sie nennt ja keine Namen mehr. Das Ende der Strophe und des Liedes ist beschwert und damit markiert durch eine verzwickte Formulierung (Maurach 1995, § 200 Abhebungen 2). Nicht nur liegt gewissermaßen eine Tautologie („unzerrissenes Band" und „unzerrüttete Liebe" scheinen einander gleich) vor, sondern das *inrupta* ist eine einmalige Formulierung. Aber was sagt diese Strophe? Dient sie einer Warnung, an Lydia gerichtet, und zugleich dem Ausdruck eigener Sehnsucht, wie Heinze 1955, 68 nahe legte? Spricht sie von der Sehnsucht des Mannes Horaz, wie W. Wili 183 meinte? Ist sie eine Werbung (Syndikus a. O. 159 oben)? Meint sie Resignation (Wilkinson 49) oder gar absichtliche Unklarheit (Commager 155), welche Erklärung allerdings immer Ausdruck der Kommentatorenverzweiflung ist? Es ist also Zeit für die Literatur-Kritik.

D. Kritik der Literatur

Unterscheiden wir dabei Arbeiten zu *Teilen* des Gedichtes von solchen zum ganzen; beginnen wir mit dem Partikulären.

Zu Teilen des Gedichts

§ 329 D. West nahm *fervens* (v. 4) und *uror* (v. 9) wörtlich: „Horace is being cooked right through" (S. 66), und West schrieb dies nicht zuletzt deswegen, weil er zu Recht vor einem vorschnellen Entleeren drastischer Ausdrücke hin zu bloßen Metaphern warnen wollte (68): Horaz spreche von sich in kulinarischen Ausdrücken, als von einer „Leber im Kochtopf". Er begründet seine Auffassung mit Beispielen aus Hom. Od. 20, 24ff.; Enn. ann. 338 Skutsch und Prop. 3, 24, 13, nur: An diesen Stellen stehen in der Tat die „mots propres", *coquit* z. B. und *torrebar aeneo*, was bei Horaz nicht der Fall ist. Somit ist Vorsicht geboten. West nimmt sein „Leber im Kochtopf" (wäre nicht die Pfanne passender?) ganz ernst, sonst würde er nicht hinzufügen, auch die Leber, wenn gekocht, wechsele die Farbe – welche Skurrilität! G. Williams 1968, 564, Anm. 1 spürte „some exaggeration", was rücksichtsvoll formuliert ist.

§ 330 Auf Wests Worten gläubig fußend spricht auch F. Radici Colace von Metaphorik, will aber eher eine medizinisch-psychologische Metaphorik anerkennen: Der Zorn werde mit den Ausdrücken der Gallen-Pathologie beschrieben, ja sogar der *umor* in v. 6 sei keine Träne, sondern meine den Ausfluss bei Gallen- und Verdauungsstörungen (S. 58), was damit begründet wird, dass *difficilis* ja „unverdaulich" bedeute, was oben bereits in § 328 z. St. als unnötig und unnütz abgelehnt wurde. Radici Colace wird darin Recht behalten, dass die Metaphorik eher den Zorn als die Liebe bezeichne; aber die Medicinalia sind nicht nur widerwärtig, sie sind philologisch nicht haltbar: Ein Prinzip „Fort mit den Metaphern, her mit den wörtlichen Bedeutungen!" wird über die Verse gestülpt, und was dabei herauskommt, ist ebenso unerquicklich wie philologisch anfechtbar. „Wenn man eine Entdeckung gemacht hat", schreibt Viktor Pöschl (Wien. Stud., NF 20, 1986, 203), „besteht immer die Gefahr der Übertreibung".

§ 331 P. Keyser hält ebenfalls eine „medical interpretation" für nötig, diesmal kommt aber Unbalanciertheit des Säftesystems ins Spiel. Daher versteht er den *umor* als Ausfluss von Phlegma. Und jetzt kommt ein Zauberstückchen, eines David Copperfield würdig: Phlegma ist hell und weißlich; das erinnere an Sappho, frg. 31, 10, wo die Dichterin klagt, sie sei „bleicher als trockenes Gras"; also liege ein Sappho-Zitat vor! Erstaunlich, dieser Schlangenpfad: Festgelegt auf wirkliches Phlegma, wird über die Farbe dieses Saftes auf Sappho geschlossen – keinem Proseminaristen würden wir dergleichen durchlassen. Man lernt von Keyser, dass es sich in v. 4 nicht um die schwarze, sondern die gelbe, dem Warmen nahe Galle handele – wenn es sich darum handelt; zu tadeln aber ist wiederum, dass diese eine Neuentdeckung (wenn sie denn eine ist) zum Ausufern geführt hat. Dazu: Der Rösselsprung von Phlegma-Farbe zu Heu-Farbe, will sagen: von Sappho zu Horaz ist kaum plausibel.

§ 332 Yardley hat wohl richtig daraus, dass *rixa* bei Horaz sonst immer nur den handgreiflichen Streit bedeutet, auf S. 124ff. geschlossen, dass auch in c. 1, 13 von einem echten Streit die Rede sei. Wenn er das aber damit begründet, dass Wein bei der Liebe oder dem Liebesakt nicht „immoderate" mache, dann fragt man sich, aus welcher Erfahrung derlei stammt. Und nun Yardleys Resultat: Der junge Mann prügelt im Streit; prügeln im Streit, das tue aber nur der Eifersüchtige; wer aber eifersüchtig ist, der liebe auch, und eben dies, dass der *puer* die Lydia liebt, mache Horaz vor Eifersucht zornwütig (126f.). Welch eine Reise über wie viele Stationen! Welch blutleeres Gerede! Merkt man denn nicht, wie auch hier in diesem Horaz-Gedicht die Bewegung des Näherkommens angelegt ist, von den Schultern zum Mündchen und von da zur reizvollen Benennung als „süß"? Properz (1, 4, 14) geht noch weiter, nicht Horaz in den Oden. Nicht minder beachtenswert ist doch auch die Bewegung von Lydia zu sich, dem Sprechenden und seinem Zorn, dann zu ihr zurück in besorgtem Rat, dann der Seufzer am Ende, alle Liebe betreffend: „Wie schön ist doch unverbrüchliche Liebe!"

§ 333 Ein Blick auf die Seligpreisung: Ch. Segal glaubt (S. 41), am Ende des Gedichts einen „more artificial tone" zu hören, eine Atmosphäre von „removal and emotional control" zu spüren;[214] der Makarismos stelle, obschon keine Personen mehr genannt würden, eine Werbung dar; Ähnliches meinte dann Syndikus (159 oben). Aber es gibt auch ganz andere Stimmen: G. Williams 1968, 567 fand den Schluss „erstaunlich", und zwar deswegen, weil er ernst klinge (ähnlich 1980, 217: „suddenly shifts into an unexpected seriousness"). Warum erstaunt ihn das? Weil er, Wests Einfall der „Küchenmetaphorik" folgend (S. 564, Anm. 1), die ersten Strophen für „amused irony" hält (564); ja, K. Quinn, Horace [1980] 149 nennt sie geradezu „absurd"; ähnlich Commager 1962, 154. Man legt sich also auch hier gleich auf die Ironie fest und muss dann den Schluss für „erstaunlich"

[214] Ähnlich F. Cupaiuolo, Lettura di Orazio lirico, 1967, 31: „distacco".

halten.[215] Die Willkür des Hineininterpretierens findet dann bei Segal ihren Höhepunkt, wenn er sagt: Horaz spreche hier am Ende von unverbrüchlicher Liebe, habe sich aber in den ersten Stropen als zutiefst in Leidenschaft verstrickt gezeigt und somit müsste Lydia, wenn sie nur „recht zuhört", auch diesem Makarismos gegenüber skeptisch werden, denn ihn spreche einer, der sich selber durch den Gedichtanfang desavouiert habe (44). Segal übersieht einfach dies, dass der „Horaz" des Gedichtes mit seiner bisher nie offenbarten Liebe (*arguens*) von ganz anderem Kaliber ist als der wilde Bursch. Wie bereit Segal war, etwas in den Text hineinzulegen, was in diesem selber mit keinem Wort angedeutet ist, zeigt seine folgende Unterstellung: Der schöne Telephus war dem Dichter an Jugend und Erscheinung überlegen; also versucht es Horaz in der Endstrophe, mit Klugheit zu imponieren („resorts to mind", 42), aber „wisdom cannot quite compensate for youthful vitality" (45). In „Gym." 509, Anm. 31, Ende quittierte ich diese hineingepferchte Weisheit catullisch mit *di magni, salaputium disertum!*, ein wenig frech, aber nicht ganz unzutreffend.

Zum ganzen Gedicht

§ 334 Nun zu den Ansichten über das Gesamt des Gedichts. Doch wie soll man die extrem auseinander driftenden Meinungen übereins bekommen? Da ist Heinzes „scheues Bekenntnis tiefer Liebesglut", bei dem Horaz das „Ideal einer lebenslangen Liebe vor Augen sieht" (Heinze 1955, 68) und Wilis „Kraft des beseelten Eros", der – so fährt Wili etwas rätselhaft fort – „die Konvention persönlich adelt", der die „stille Sehnsucht und Erfahrung des Dichters" darstellt (Wili 1965, 183). Von persönlicher Erfahrung spricht auch Wilkinson 1950, 49, doch sei sie voll der Resignation, Horaz rate, „not to expect love to be either perfect or lasting". Das Ideal vor Augen und tiefe Resignation – das sind zwei Extreme, die nur schwer vereinbar scheinen.

§ 335 Krass gegenläufig ist die ästhetisierende Auffassung: Ziel des Gedichts sei es, „to capture in perfect verse a palpably absurd and palpably conventional situation", das Ganze sei eine „purely aesthetic exploration" (so Commager 1962, 154; ähnlich G. Pasquali, Orazio lirico, 2. Auflage Florenz 1964, 341). Wie also Brücken schlagen von „deep emotion" (so schon A. W. Verrall, Studies Literary and Historical in the Odes of Horace [1884] Nachdruck 1969, 165) zum „casual appeal to the frame-work (of marriage)", wie G. Williams 1980, 217 schrieb? Tiefer Ernst oder Ironie, ja bloßer Spott, ausgegossen über die Konventionalität und die „Absurditäten des hellenistischen Epigramms", wie Nisbet-Hubbard 1970, 170 unten schrieben? Extreme also auch hier: Wo ist ein Ausweg?

§ 336 Zunächst ist des ganz neuen Ansatzes von Syndikus 1990, 154ff. zu gedenken. Das Zurückfinden von der leidenschaftlichen Stimmung zu ruhiger, ratender Gestimmtheit, am Ende zu einem Makarismos der unzerrütteten Liebe soll das *Mädchen* fortrufen aus einer Verbindung voll sinnloser Leidenschaft und das *lyrische Ich* hinführen zu einer ruhigen Zufriedenheit. Diese Bewegung zu beobachten, war ein neuer Ton in der Beschäftigung mit dem Gedicht, und dies besonders deswegen, weil nun nicht mehr irgendetwas in

[215] N. E. Collinge, The Structure of Horace's Odes, London 1961, 60 spricht in der Anmerkung davon, die Schluss-Strophe sei ein „counterblast", doch mit „Gegenwind" ist nichts Wesentliches gesagt.

das Lied hineingedrückt wurde, sondern der Bewegung des Carmen nachgegangen war. An der „ruhigen Zufriedenheit" allerdings wird man zweifeln: So könnte man nur sprechen, wenn das, wovon der Makarismos spricht, innerhalb des Gedichts ausdrücklich einträte oder als erlebbar gekennzeichnet wäre; das aber kann man nicht behaupten, die Worte des Liedes legen es nicht zwingend nahe. Also welche Bewegung ist festzustellen? Erst leidenschaftliche Gefühlserregung (Syndikus 1990, 158), die bis zu dem Aufschrei des *vae* führt und die das Ich bis zu Brennen, Verfärbung und Besinnungslosigkeit und der Lösung der Erregtheit im Weinen treibt. Da ist kein narzisstisches Verweilen bei sich, sondern der Zorn wird erregt von dem, was mit der anscheinend vom Ich selber geliebten Frau an Verletzendem geschieht. Aus dem Betrachten des Angerichteten erwächst der Rat, von dem Rücksichtslosen abzulassen. Und dann die Seligpreisung, die nicht verheißt, sondern eher wie ein Seufzer ein Ideal beschwört, das doch nie zu erreichen ist. Denn man denke auch daran, dass diese Art der Liebe ja nie zu einem unverbrüchlichen Beieinander bis zum Tode führen konnte: Die Frauen von der gesellschaftlichen Stellung einer Cynthia waren sozusagen unheiratbar – eine Grundgegebenheit allen Eros der lateinischen Liebeslyrik. Was Horaz mit dem Makarismos meinte oder gar bezweckte, dürfte nicht mehr auffindbar sein; lassen wir es bei Commagers „uncertainty" (S. 155): Lieber ein Offenlassen (§ 202, 6) als eine willkürliche Festlegung.

§ 337 So weit soll das Referat meines Aufsatzes im Gymnasium reichen; ob er hilft, Sekundärliteratur einzuordnen, möge der Leser entscheiden. – V. Pöschl, Antike Tradition und neuere Philologien, Festschrift für R. Sühnel (1984) schrieb auf S. 24 (s. auch Anm. 9), dass „Mitgefühl" einer der Grundzüge horazischer Liebesgedichte sei, ein anderer das Streben nach „Serenität"; c. 1, 13 dürfte ein schönes Beispiel für beides sein. Mir scheint, eine bessere Gesamtinterpretation ist kaum möglich, denn beides ist dem Text klar und deutlich zu entnehmen. Aber wenn wir von hier aus alle anderen Auffassungen kritisieren, dann machen wir selber den Fehler, den wir anderen vorwarfen, nämlich von einer These auszugehen und dann zu versuchen, die Worte unter die These zu zwingen. So gehen Nisbet-Hubbard 1970, 170 unten davon aus, dass Horaz sich mit Sappho messen wollte: „It is particularly regrettable from our point of view that Horace seems to be challenging Sappho; yet in fact his wit is directed elsewhere", nämlich auf Parodie hellenistischer Epigramme, was Nisbet-Hubbard „skit" nennen, ein Spotten. „Seems", sagen Nisbet-Hubbard, also sicher sind sie sich dessen nicht, dass von hier aus das ganze Gedicht zu erklären sei. Und H. P. Syndikus hat ja auch eine ganz andere Auffassung von Horazens Verhältnis zum Sappho-Gedicht frg. 31: Horaz konzentriere die Symptome auf das Brennen, auf das innere Feuer; damit gebe er der Symptomen-Reihe Sapphos einen Haltepunkt, eine „zusammenfassende Raffung" (156, Abs. 2), schreibe er doch den „Stil einer bewussteren Zeit". Syndikus erkennt also in Horazens Sappho-Ämulation das, was man auch in Catulls Auseinandersetzung mit der Dichterin von Eresos erkennt (vgl. Gymnasium 105, 1998, 412 ff.). Der Einfall, es handele sich um einen „skit", verdarb bei Nisbet-Hubbard viel; viel dagegen hilft, mit Syndikus sich über die *Art* der Ämulation klar zu werden.

§ 338 Nicht minder verderblich ist es, wenn man von einem Einzelfund ausgeht, so z. B. von der Einsicht, dass Horaz medizinische Fachtermini verwendet. Wer dann die medizinischen oder gar kulinarischen Fachausdrücke wörtlich nimmt, kommt zu Absurditäten wie der „Leber im Kochtopf". Auch die neueste „Interpretation" des Gedichtes, die von E. H. Sutherland, „Writing (on) Bodies", Class. Philol. 100, 2005, 52ff., geht von wörtlicher Auffassung der Einzelwörter aus und kommt zu abscheulichen Resultaten.

Das mag man dann als absurd beiseite legen, was bleibt, ist der methodische Fehler, von der medizinischen Terminologie her dann auch die Wortbedeutungen zu verfälschen (*umor* als wirklicher Ausfluss aus einem kranken Körper, s. § 331). Ob die folgende Bemerkung Richtiges trifft, möchte ich nicht fest behaupten, ich stelle sie zur Debatte: Man sollte bei der Bewertung von Interpretationen aus vielen Jahrzehnten eben diese Jahrzehnte in Rechnung stellen und damit rechnen, dass die Sechziger-Jahre in schroffem Abstoß von den Jahrzehnten davor Abschied nehmen wollten von sich einfühlenden Ansichten (etwa der von Heinze, Wili, Klingner) und danach strebten, nüchterner zu schreiben. Das führte dann einerseits dazu, durch Wörtlichnehmen von bisher als metaphorisch Bezeichnetem besondere Effekte zu gewinnen oder durch die Einführung literarischen Ironisierens (z.B. griechischer Epigramme) Horaz aus der Sphäre des Emotionalen in die des Spötters zu schaffen.

§ 339 Da war es geradezu eine Befreiung, als in jüngerer Zeit H. P. Syndikus zurückführte zu den Gedichten selbst, indem er nach der Bewegung in ihnen fragte. Mir selbst schien es dann an der Zeit, dadurch von all dem Hineinzaubern und Drumherumreden wieder zu den Gedichten selbst zurückzugelangen, dass ich die Dichtersprache beobachtete und die Tektonik, z.B. die Technik der Schlussmarkierungen (Maurach 1995, 203f.). Zu diesen will ich weiter unten etwas sagen (vgl. § 340), hier aber erneut darauf hinweisen, wie der Dichter sich bemüht, seine Sprache zu „entautomatisieren".[216] In v. 12 zum Beispiel wird *memor* aktiv verwendet; „erinnernd" ist da ein Mal, das an etwas gemahnt, nämlich an die Gewalttätigkeit des Mannes; das scheint Horaz zum ersten Male gewagt zu haben (vgl. c. 3, 11, 51). Oder *si me satis audias*: Allein durch den kleinen Zusatz des *satis* ist die Sphäre des Üblichen verlassen, die Phrase geneuert. Und in v. 15 geht der Gebrauch des *oscula* rück-etymologisierend auf die ursprüngliche Bedeutung des Wortes zurück. Auf diese Weise kann man gleichsam die Handwerksarbeit des Dichters beobachten.

Zu den Strophenschlüssen

§ 340 Eine Bemerkung zur Handwerksarbeit an den Strophenschlüssen: Es fällt auf, dass am Ende sowohl der vorletzten als auch der letzten Strophe eine „verzwickte" Formulierung steht: In v. 16 ein Rätselausdruck, in v. 20 eine gedrängte Tautologie. In beiden Fällen ist also das Strophenende durch Ballung, Füllung oder wie man sonst sagen möchte, markiert. Warum? Offenbar sollte der gedankliche oder meinetwegen: emotionale Unterschied der Strophen, sollten die Einschnitte deutlich werden.

§ 341 Dies und die Beobachtung, dass Horaz hier überdeutlich (v. 3ff.) und ungemein laut formuliert, führte mich dann zu der Frage, ob diese Kennzeichen – da auch in anderen in die Frühzeit seiner Odendichtung datierte Gedichte solches aufweisen – nicht Hin-

[216] Dazu Th. A. Schmitz 2006, 34f. Die Entautomatisierung ist jedoch ein Begriff, mit dem man im Einzelfall nichts anfangen kann; da müsste man denn schon beobachten, *wie* der Dichter sich von der Gemeinsprache abhebt und *warum*.

weise auf eine relativ frühe Abfassung sein könnten; so in meinem Horaz-Buch (Maurach 2001, 135ff.). Das Buch hat zwei recht subalterne, um nicht zu sagen: alberne Rezensionen erhalten, weil die Rezensenten sich vor lauter Druckfehlersuchen und Vergleichungen mit Ed. Fraenkels „Horace"[217] (in der Absicht, Plagiate festzustellen), sich nicht die Mühe gemacht haben, den Gedanken zu folgen; doch ganz zuerst von Michael Lobe (Forum Classicum 4, 2002, 275f.) und ganz zuletzt von B. Dunsch (Bryn Mawr Classical Review 2006.05.06) und K. Gantar (Gnomon 77, 2005, 173ff.) ist dann Adäquateres gesagt worden. Auf S. 147–9 brachte ich einige Argumente für eine Frühdatierung zusammen; ob sie zutreffen, kann ich noch nicht entscheiden.

§ 342 Aber werfen wir zum Abschluss doch noch einen freundlichen Blick zurück auf das Gedicht c. 1, 13. Oft schwärmt Lydia da von Telephus, immerzu von Telephus – da „schwillt auf die Leber mit unüberwindbarer Galle".[218] Der Horaz des Liedes ist einfach böse. Warum? Warum schwindelt ihm, wechselt ihm die Gesichtsfarbe und warum stiehlt sich ihm eine Zähre auf die Wange? Er ist böse, eifersüchtig und enttäuscht, weil er selber das Mädchen liebt. „Ja, ich brenne", so könnte man die Wiederaufnahme des Motivs in v. 9 durch *uror* wiedergeben, er brennt vor Schmerz , um seiner selbst willen (v. 8) und um ihretwillen, die da so wüst verunstaltet ist. Sie tut ihm leid, verletzt wie sie ist. (Nur der Romanschreiber wird hier davon phantasieren, dass Horaz ihr Besseres würde bieten können – ein hübscher Roman, aber eben nur dies.) Darum greift das Ich des Liedes ein und rät, von so einem Wilden Dauer nicht zu erhoffen, und er tröstet das Mädchen, indem er nun selber schwärmt, schwärmt von ihren herrlich honig-süßen Lippen. Mitgefühl äußert sich, das Mitgefühl, von dem Pöschl so schön gesprochen hat. Und dann der sehnsuchtserfüllte Seufzer: „Glücklich ungebrochene Liebe", Seufzer des Sehnens danach, was ihr, was ihm versagt war.[219] Aber vielleicht sage ich damit schon zu viel. Schön ist aber, das darf man gewiss behaupten, diese Bewegung vom eifersüchtig-neidischen Zorn hin zu liebevollem Mitleid, in das sich die Sorge mischt, sie könnte sich an einen Unwürdigen verplempern, sie, die doch dem Ich selber so reizvoll schön ist; und zum Ende das sehnsuchtsvoll resignierte Hinausschauen; schön das alles und sehr, sehr wahr.

[217] Der Sinn meiner wiederholten Zu- und Übereinstimmungen mit Fraenkel war, die Horaz-Interpretation zu ihm zurück- und fortzuführen von den unsäglichen Pseudo-Interpretationen jüngerer Zeit. Das hat B. Dunsch, Bryn Mawr Classical Review 2004. 02. 30 deutlich gesehen.

[218] Die Leber kann als Sitz leidenschaftlichen Begehrens angesehen werden (c. 1, 25, 15; Syndikus 1990, Band 1, 244, Anm. 28) und die Galle als Sitz des Ärgers und Zorns (epist. 1, 19, 20), ja des Wahnsinns (sat. 2, 3, 141). Aber sat. 1, 9, 66 warnt vor allzu scharfen Festlegungen: Als der „Freund" lachend davongeht, ärgert sich Horaz weidlich, von Begehren ist in *meum iecur urere bilis* („ich kochte vor galligem Ärger") keine Spur.

[219] Vgl. Prop. 2, 15, 25 und im Anschluss an Properz, wie Enk im Kommentar meint, Tibull 4, 5, 15, und auch schon 1, 6, 85.

Teil V: Rückschau und Arbeitsanleitung

§ 343 Am Ende dieses Buches zum Selbstlernen soll nun nicht eine abstrakte, also fade Zusammenfassung stehen, sondern ein – unmaßgeblicher – Vorschlag, wie Sie am besten an ein Interpretationsreferat herangehen. Diesmal ohne Textbeispiel, denn deren haben Sie nun genug gelesen, sondern mit etwas Systematik. Teilen wir der Einfachheit halber die Arbeit an einem Interpretationsreferat in drei Phasen: in die Kommentier- und Bibliographierphase, in die Phase der eigenen Einfälle und der Hinweise aus der Sekundärliteratur, und zuletzt in die Überprüfungsphase, in der Sie sowohl die eigenen Einfälle als auch die Gedanken der anderen und früheren Philologen prüfen.

1. Die Kommentier- und Bibliographierphase

§ 344 Naturgemäß haben Sie das Lexikon zu Verfügung (OLD und in der Nähe Thes. Ling. Lat.), haben die beiden Grammatiken zur Hand (KS und HSz) und selbstverständlich Ihren Text mit einem textkritischen Apparat. Ich schlage vor, dass Sie sich ein großformatiges Heft vorbereiten oder einen großen Kollegblock, um alles, was Sie nachschlagen, festzuhalten, auch Ihre Probleme und erste Übersetzungsversuche.

Jetzt beginnt, Sie kennen das schon, das mehrmalige Lesen und das Nachschlagen (vgl. § 200, 249) von all und jedem in den Lexika und in den Grammatiken mit der Frage: Ist, was ich da lese, ganz normal oder zeigt es Abweichungen, vielleicht gewollter Art, um etwas auffallen oder nachdrücklich klingen zu lassen, um zu spielen und zu verfeinern (eine Fülle von Beispielen bei Maurach 1995) oder um etwas Besonderes auszudrücken.

§ 345 Beim Lesen schauen Sie, wie Sie es gewohnt sind, in den textkritischen Apparat, um zu sehen, ob das, was Sie da lesen, eindeutig überliefert ist und somit mit mehr oder weniger großer Wahrscheinlichkeit auf den lateinischen Autor zurückgeführt werden kann, oder ob die HSS verdorben sind und Ihr Text auf Vermutungen von Gelehrten beruht.

§ 346 Nun muss auch einmal das Bibliographieren einsetzen, am besten dann, wenn Sie vom Lesen und Nachschlagen ermüdet sind. Nehmen Sie zunächst die letzten fünf, sechs Bände der „Année Philologique" und des „Gnomon", worin Sie hinten stets acht Abschnitte mit bibliographischen Angaben alljährlich finden werden, oder aber Sie legen eine CD-ROM ein, auf der die „Année" und der „Gnomon" gespeichert sind, und suchen nun geduldig, ob irgendjemand über Ihren Text irgendetwas geschrieben hat. In den nächsten Tagen machen Sie sich daran, das Gefundene zu lesen. Und zwar chronologisch, sagen wir: von 1920 an; warum? Weil vieles zwei- und dreimal gesagt wird, einer nicht selten vom anderen abschreibt oder einer einen Früheren nicht zitiert oder zitieren will. Möglichst vollständig sollte die Bibliographie sein, aber ich gestehe, dass ich schwer zugängliche Tagungsberichte oder Aufsätze in seltenen Sprachen nicht lese: Wer glaubt, Wichtiges zu schreiben, wird es in einigermaßen leicht zugänglicher und verständlicher Form schreiben.

§ 347 Am Ende dieser Phase stehe eine erste Grobübersetzung. Sie werden erstaunt sein darüber, wie viele Schwierigkeiten Ihnen beim Nachschlagen und Literaturlesen entgangen sind, Schwierigkeiten, die erst beim Übersetzen deutlich werden.

2. Die Phase der Einfälle und Literaturverarbeitung

Teilen wir diese Phase in den Teil, der das immanente Nachdenken über den Text allein und isoliert betrifft, und einen zweiten, der das Nachdenken über die Einbettung angeht.

Immanentes Bedenken

§ 348 Sie sind nun sicherlich so weit, dass sich die ersten Einfälle zu Sinn, zu Struktur und Leserführung (s. § 41, 67, 148, 178, 210), zum Stil (s. § 53, 99, 273) und zur Tendenz (s. § 306, 322f.), dann auch zur Qualität (z.B. § 88) Ihres Textes einstellen. Die muss man sich genau notieren.

Sie werden darüber nachdenken, ob der Text bloße Mitteilung ist (Gesetzestafeln zum Beispiel) oder ob der Verfasser etwas aus seiner Sicht erzählt (Geschichtsschreibung, Epos, Teile von Satiren, usw.) oder ob er zu etwas ermahnt (s. § 65, 178), z.B. zum *verae numerosque modosque ediscere vitae* (Hor. epist. 2, 2, 144) oder ob er ganz einfach erfreuen will, z.B. als Dichter mit einem schönen Gedicht, denn *aut prodesse volunt aut delectare poetae* (Hor. a. p. 333). Das *prodesse* bewirkt der römische Dichter teils in Satiren, teils auch in sog. lyrischen Gedichten (z.B. Horaz in c. 3, 1–6), das *delectare* dagegen in so Schönem wie Vergils Hirtengedichten.

Bedenken der Einbettung

§ 349 Das bedeutet, dass Sie sich natürlich auch Ihre Gedanken zur Einbettung Ihres Textes in den Kontext eines ganzen Buches oder Werkes (s. § 10, 53, 67, 201) machen, ja auch dazu, ob das, was Sie gelesen haben, ganz und gar römisch gedacht ist oder ob sich der Verfasser mit Griechischem auseinander gesetzt hat, und zwar so, dass sich Spuren des Griechischen erhalten haben (s. § 210); hierauf beruhen ja ganze Forschungsrichtungen, die zum Beispiel der Frage nachgehen, was in Ciceros Philosophischen Schriften direkt aus dem Griechischen übertragen wurde (man denkt an die Forschungen von Karl Reinhardt und Max Pohlenz).

§ 350 Jetzt, wenn Sie den einen oder anderen Gedanken zu Ihrem Text gefasst haben, wäre es an der Zeit, darüber nachzudenken, was andere über ihn geschrieben haben. Sie sind jetzt so weit mit Ihrem Text bekannt, mit seinen Wörtern, Syntagmen, Motiven, etc., dass Sie das, was in der Sekundärliteratur steht, beurteilen können. Haben Sie den Mut, Gedrucktes zu prüfen und zu kritisieren! Vieles, zu vieles wird gedruckt, und die Zeitschriftenherausgeber sind unkritisch geworden; oben finden Sie genügend Beweise für diese Behauptung. Was dann stehen bleibt, was Ihrem Urteil Stand hält, das ist nun dazu angetan, entweder Ihre vorgefasste Meinung zu ändern oder gar umzuwerfen; oder aber Ihre genaue Kenntnis des Textes ermöglicht es Ihnen, manches Gedruckte umzuwerfen.

§ 351 Diese Phase ist ungemein wichtig, weil lehrreich: Nicht nur werden Sie lernen, sich ein Urteil zu bilden über Ihre eigenen Einfälle, Sie werden auch lernen, Geschriebenes zu prüfen. Sie werden lernen, bei jedem Ihrer Einfälle oder anderer das Ausgedachte oder Gelesene am Text zu kontrollieren, ob jedes einzelne Wort in Ihren Gedanken in die gedruckte Meinung passt – oder aber, wenn es Ihnen zwingend erscheint, was ein anderer gesagt hat, ob nicht Ihre bisherige Ansicht über einzelne Wörter oder das Ganze zu revidieren ist.

Ferner werden Sie jetzt, wenn Sie wirklich Herr über Ihren Text geworden sind, die Lage der Überlieferung besser überschauen können, um so einen – für Sie – endgültigen Text zu finden.

§ 352 Ans Herz aber möchte ich Ihnen legen, immer auch zu fragen, wer denn der Gelehrte war, mit dessen Ansicht Sie sich beschäftigt haben; was er sonst geschrieben, wo er gelehrt und wie er gelebt hat. Sollte man nicht wenigstens in Umrissen die Biographien der ganz Großen, eines Wilamowitz, eines Reinhardt, eines Gilbert Murray, eines Pasquali, eines Bruno Snell, usw. kennen? Überhaupt: Entwickeln Sie eine Kenntnis der Großen und der Kleinen dadurch, dass Sie sich mit dem Gedruckten beschäftigen und die sichere Hand der Großen spüren und das oft so Haltlose mancher Möchtegerne. Wenn ich das so persönlich sagen darf: Es ist mir immer eine Freude gewesen, den Meistern zu begegnen, denen, die das waren, was wir Kleineren nie wurden.

3. Die Phase des Formulierens

§ 353 Jetzt, wo Sie Ihre Argumente bezüglich des Textes, seines Sinnes, seiner Absicht, seiner Perfektion oder gar seiner Schönheit bereitliegen haben, auch Ihre Argumente für oder gegen Gedrucktes, jetzt ist es so weit, dass Sie sie hinschreiben. Das ist nicht immer einfach, aber – wenn ich einen ganz simplen Rat geben darf – es hilft da etwas, was gern vergessen wird: Vor allem Schreiben stehe eine genaue Gliederung. Bedenken Sie, was Sie sagen wollen, und fassen Sie es in einem Schema zusammen. Das wird Ihnen helfen, Ihre Argumente logisch scharf aufeinander aufbauen zu lassen. Und in diese Gliederung fügen Sie dann das Material ein.Was ist der Vorteil? Nicht nur die Klarheit der Gedankenführung, sondern auch dies, dass Sie merken, wie Sie bereits Herr der Sache geworden sind: Eine Gliederung nimmt die Angst vor der Sache, vor der Aufgabe des Hinschreibens.

§ 354 Bei all diesem gilt es, sich selber vor einem ebenso schweren wie häufigen Fehler zu bewahren: Identifizieren Sie sich nie mit Ihren Ergebnissen! Wenn Sie sich sozusagen persönlich mit dem identifizieren, was Sie gerade für richtig halten, sind Sie nicht mehr offen für konstruktive Kritik, komme sie nun von Ihnen selbst oder von anderen. Bedenken Sie: Auch wenn man noch so genau recherchiert und nachgedacht hat, es gibt immer etwas, das man nicht bedacht hat – sonst gäbe es ja die Wissenschaften längst nicht mehr. Lernen Sie, dass Sie niemals alles herausfinden können und freuen Sie sich, wenn Sie verbessert werden, sei es durch den Text selber oder eine fremde Meinung oder durch Sie selbst (s. § 263): Es geht doch darum, den Text immer besser zu verstehen, und nicht darum, Recht zu behalten. Freuen Sie sich auch daran, dass – wenn Sie die Texte recht haben begreifen gelernt – sie zu Ihnen sprechen, aufhellend, ermahnend, beglückend. Immer gibt es ja etwas zu entdecken, was, aufs sog. allgemein Menschliche gesehen, ertragreich ist (s. § 111, 131, 148,202, 7; 217 und 235).

§ 355 Mit anderen Worten: Das Erlernen der Philologie bedeutet ein intellektuelles und auch psychisches Reifen der Studierenden.[220] Diese Reifung des Urteils, des Verhaltens zu

[220] Zum Reifen gehört dann auch der Erwerb von Wissen, nicht nur auf dem altphilologischen Wissen, denn es ist immer gut, auch einmal vom Hauptweg seitab zu wandern, zum Beispiel den

den Texten (s. § 197), des Verhaltens auch zu den anderen, die sich um das Gleiche bemühen: Vielleicht ist dies das Wichtigste am Studium überhaupt. Darum lassen Sie sich Zeit! Lassen Sie sich Zeit bei Ihrer Arbeit und bei Ihrem Studium. Nicht minder wichtig ist die Freude an der eigenen Arbeit, am Lernen und Reifen: Ist es nicht schön zu sehen, wie man's immer besser kann, den bescheidenen Dienst an den großen alten Texten?

Nun genug der Systematik und des Anratens: Segeln Sie jetzt hinaus auf die hohe See mit all ihren Schwierigkeiten und all ihren Schönheiten. Ich habe Sie, hoffe ich, ein klein wenig vorbereiten dürfen.

großen Liebhaber der klassischen Dichter Roms kennen zu lernen, Dante Alighieri. Liest man seine Comedia Divina, merkt man alsbald, wie wichtig ein fundiertes Wissen z. B. antiker Naturkunde für die Dante-Lektüre ist. Ein Beispiel: Warum vergleicht er in Paradiso 27, 67 ff. die Seelen der zur Seligkeit Auffliegenden, als sie den neunten Himmel, den des Saturn, erreichen, mit Schneeflocken? Nun, der Saturn ist ein kalter Planet (Nachweise in meinem „Der Kristallhimmel – Von Empedokles zu Dante", Abh. Braunschw. Wiss. Gesellschaft 43 [1992], 1993, 334 ff.). Oder, um im latinistischen Bereich zu bleiben: Was soll der winzige Auftritt der alten Sophrona zu Beginn von Terenzens „Eunuchus" 5, 3 (v. 910 ff.)? Sie sagt nur ein einziges Wort (*moveo*, 913) als Antwort auf das *move vero ocius te, nutrix!* („Beeile dich!") des Chremes: „Ich beeile mich ja schon." Es gibt zwar einige Kurzauftritte bei Menander und Terenz (J. Barsby 1999, 253), aber keiner ist so kurz wie dieser – was liegt vor? Wenn man ganz einfach weiß, dass es die Eigenart des Terenz ist, über seine Originale hinaus zusätzliche Figuren um der Fülle willen auftreten zu lassen, z. B. Charinus in der „Andria" (s. P. Kruschwitz 2004, 32, Anm. 30; ferner meine Kleine Geschichte der antiken Komödie, Darmstadt 2005, 102), dann erkennt man den Sinn des Kurzauftritts der Amme.

Verzeichnisse

Verzeichnis der behandelten Textstellen

Bibliographie

Abkürzungen

HS	=	„Handschrift“
HSS	=	„Handschriften“
ANRW	=	„Aufstieg und Niedergang der römischen Welt, Geschichte und Kultur Roms im Spiegel der neueren Forschung, Berlin–New York 1972ff.
RWZ 1998	=	P. Riemer, M. Weißenberger-B. Zimmermann, Einführung in das Studium der Latinistik, München

Lexika

OLD = Oxford Latin Dictionary, Oxford 1968–1982
Thes. Ling. Lat. = Thesaurus Linguae Latinae, Leipzig 1900ff.

Grammatiken

KS = R. Kühner–C. Stegmann, Ausführliche Grammatik der lateinischen Sprache, Vierte Auflage durchgesehen von Andreas Thierfelder, Satzlehre, 2 Bände, Darmstadt 1962
HSz = Lateinische Syntax und Stilistik, von J. B. Hofmann, bearbeitet von A. Szantyr, München 1960

Sekundärliteratur

Albrecht 1992 = M. von Albrecht, Geschichte der römischen Literatur, 2 Bände, Bern–München
Arnott 1970 = W. G. Arnott, Phormio Parasitus, Greece and Rome, S. II, 17
Barsby 1999 = J. Barsby, Terence, Eunuchus, Cambridge
Blümner 1911 = H. Blümner, Die römischen Privataltertümer, München
Büchner 1955 = K. Büchner, Publius Vergilius Maro, RE 8 A, 1021ff.
Büchner 1974 = K. Büchner, Das Theater des Terenz, Heidelberg
Büchner 1984 = K. Büchner, M. Tullius Cicero De Republica, Heidelberg
Büchner 2002 = K. Büchner, Boethius. Trost der Philosophie, übersetzt von K. Büchner, Reclam, Stuttgart
Burkert 1977 = W. Burkert, Griechische Religion der archaischen und klassischen Epoche, Stuttgart
Clausen 1994 = W. Clausen, A Commentary on Virgil's Eclogues, Oxford
Commager 1962 = S. Commager, The Odes of Horace, New Haven and London
Dziatzko–Hauler = K. Dziatzko-E. Hauler, Ausgewählte Komödien des P. Terentius Afer, 1. Bändchen: Phormio, 4. Auflage Leipzig 1913
Farrar 2000 = L. Farrar, Ancient Roman Gardens, paperback
Fraenkel 1957 = E. Fraenkel, Horace, Oxford (es wird die ursprüngliche Fassung zitiert, weil in die Übersetzung von G. und E. Bayer, Darmstadt 1963, sich Fehler eingeschlichen haben)
Gaiser 1972 = K. Gaiser, Zur Eigenart der römischen Komödie, in: ANRW I 2, Berlin–New York, 1027ff.
Gelzer 1960 = M. Gelzer, Caesar. Politiker und Staatsmann, Wiesbaden
Grimal 1978 = P. Grimal, Seneca, übersetzt von K. Abel, Darmstadt
Gruber 1978 = J. Gruber, Kommentar zu Boethius: De Consolatione Philosophiae, Berlin
Harrison 1991 = S. J. Harrison, Vergil Aeneid 10, Oxford
Heinze 1955 = Q. Horatius Flaccus, Oden und Epoden, erklärt von A. Kiessling, 8. Auflage besorgt von R. Heinze, Nachdruck Berlin
Heinze 1957 = Qu. Horatius Flaccus, Briefe; erklärt von A. Kiessling, 5. Auflage bearbeitet von R. Heinze, Nachdruck Berlin
Hofmann 1951 = J. B. Hofmann, Lateinische Umgangssprache, 3. Auflage Heidelberg
Hunger 1959 = H. Hunger, Lexikon der griechischen und römischen Mythologie, 5. Auflage, Wien

Kienast 1999	=	D. Kienast, Augustus, 3. Auflage Darmstadt
Kolb 1995	=	F. Kolb, Rom, 2. Auflage, München
Kroll 1959	=	W. Kroll, Catull (1922), 4., durch Zusätze vermehrte Auflage, Stuttgart
Kruschwitz 2004	=	P. Kruschwitz, Terenz, Hildesheim
Landfester 1997	=	M. Landfester, Einführung in die Stilistik der griechischen und lateinischen Literatursprachen, Darmstadt
Lesky 1993	=	A. Lesky, Geschichte der griechischen Literatur (1957/58), München
Lobel–Page 1963	=	E. Lobel–Denys Page, Poetarum Lesbiorum Fragmenta, 2. Auflage Oxford
Lowe 1998	=	J. C. B. Lowe, Terence Adelphoe: Problems of Dramatic Space and Time, Classical Quarterly 92, N. S. 48, 470 ff.
Ludwig 1973	=	Von Terenz zu Menander (1959/1971), in: Die römische Komödie: Plautus und Terenz, hrsg. von E. Lefèvre, Darmstadt, S. 354 ff.
Marquardt-Mau 1886	=	J. Marquardt, Das Privatleben der Römer, 2. Auflage besorgt von A. Mau, Leipzig (Nachdruck Darmstadt 1990)
Maurach 1988	=	G. Maurach, Der Poenulus des Plautus, Heidelberg
Maurach 1995	=	G. Maurach, Lateinische Dichtersprache, Darmstadt
Maurach 1998	=	G. Maurach, Methoden der Latinistik, Darmstadt
Maurach 2000	=	G. Maurach, Seneca. Leben und Werk, 3. Auflage, Darmstadt
Maurach 2001	=	G. Maurach, Horaz. Werk und Leben, Heidelberg (s. § 341)
Maurach 2003	=	G. Maurach, Caesar der Geschichtsschreiber, Münster
Maurach 2005	=	G. Maurach, Kleine Geschichte der antiken Komödie, Darmstadt
Maurach 2006	=	G. Maurach, Geschichte der römischen Philosophie, 3. Auflage, Darmstadt
Mayer 1994	=	R. Mayer, Horace Epistles Book I, Cambridge
Meusel 1968	=	C. Julii Caesaris Commentarii de Bello Gallico, erklärt von F. Kraner, W. Dittenberger und H. Meusel (1913) 21. Auflage des 1. Bandes, Dublin–Zürich
Meusel 1960	=	Cai Julii Caesaris Commentarii de Bello Gallico, Band 2, 18. Auflage, Dublin–Zürich 1960
Mynors 1994	=	Virgil Georgics, ed. R. A. B. Mynors, Clarendon Paperbacks
Nisbet–Hubbard 1970	=	R. G. M. Nisbet–M. Hubbard, A Commentary on Horace: Odes Book I, Oxford
Nisbet–Hubbard 1978	=	R. G. M. Nisbet–M. Hubbard, A Commentary on Horace: Odes Book II, Oxford
Nisbet–Rudd 2004	=	R. G. M. Nisbet–N. Rudd, A Commentary on Horace Odes: Book III, Oxford
Norden 1913	=	E. Norden, Agnostos Theos, Leipzig–Berlin
Page 1955	=	D. Page, Sappho and Alcaeus, Oxford
Pöschl 1991	=	V. Pöschl, Horazische Lyrik, Heidelberg, 2. Auflage
Rasmussen 1980	=	D. Rasmussen (Hrsg.), Caesar, Wege der Forschung 43, Darmstadt
Richter 1977	=	W. Richter, Caesar als Darsteller seiner Taten, Heidelberg
Schmidt 2004	=	M. G. Schmidt, Einführung in die lateinische Epigraphik, Darmstadt
Schmitz 2006	=	Th. A. Schmitz, Moderne Literaturtheorie und antike Texte, 2. Auflage, Darmstadt
Syndikus 1984	=	H. P. Syndikus, Catull, Darmstadt
Syndikus 1990	=	H. P. Syndikus, Die Lyrik des Horaz, 2. Auflage, Darmstadt

Walde–Hofmann 1972 = A. Walde–J. B. Hofmann, Lateinisches etymologisches Wörterbuch, 1. Band, 4. Auflage Heidelberg 1965; 2. Band, 5. Auflage Heidelberg 1972
Williams 1968 = G. Williams, Tradition and Originality in Roman Poetry, Oxford
Wissowa 1912 = G. Wissowa, Religion und Kultus der Römer, Berlin

Verzeichnis von Personen, Wörtern und Sachen

(Die Abkürzung „M" bezeichnet die Kleinabschnitte „Zur Methode", die Abkürzung „N" meint die „Nachträge".)